Johann Georg August Galletti

Lehrbuch der deutschen Staatengeschichte

Johann Georg August Galletti

Lehrbuch der deutschen Staatengeschichte

ISBN/EAN: 9783743687639

Hergestellt in Europa, USA, Kanada, Australien, Japan

Cover: Foto ©ninafisch / pixelio.de

Weitere Bücher finden Sie auf **www.hansebooks.com**

Lehrbuch der deutschen Staatengeschichte

nebst einer

Uebersicht

der

allgemeinen Geschichte Deutschlands

zu Vorlesungen bestimmt

von

Johann Georg August Galletti

Prof. am gothaischen Gymnasium.

Gotha,

bey Karl Wilhelm Ettinger.

1787.

Vorrede.

Unter allen Geschichten, die einen Gegenstand des Unterrichts auf Gymnasien ausmachen, verdient die deutsche Geschichte, die Geschichte des Vaterlandes, unstreitig eine der ersten Stellen. Noch scheint sie aber das Glück, in Schulen gelehrt zu werden, höchst selten genossen zu haben. Wenigstens fehlt uns durchaus ein Lehrbuch, das die zu dieser Absicht erforderlichen Eigenschaften besäße. Wenn ich mir von dem Ganzen einer Stadt eine richtige Vorstellung machen will, so muß ich erst, auf einem Platze nach dem andern, in einer Gasse nach der andern, mich umsehen, und nun bin ich im Stande, mir, von einem

Vorrede.

Thurme herab, eine Uebersicht zu verschaffen, welcher selbst die kleinsten Theile nicht unenthüllt bleiben. Wenn es, die Geschichte Deutschlands gründlich kennen zu lernen, meine Absicht ist, so muß ich, nach einer allgemeinen Bekanntschaft mit dem Ganzen, eine Specialgeschichte nach der andern studieren, aus jeder eine Anzahl von Begebenheiten herausheben, die zur Erklärung des heutigen Zustandes nöthig sind, alle diese zuletzt in ein System bringen, und so bekomme ich endlich ein geographisch-historisch-statistisches Bild von Deutschland, das mir von der gegenwärtigen Verfassung dieses so zusammengesetzten Staates den vollständigsten und richtigsten Begriff verschafft. Eigentlich sollte ich zwar mit der Geschichte und Verfassung eines jeden von den dreyhundert großen und kleinen Staaten, aus welchen das deutsche Reich zusammengesetzt ist, bekannt seyn; allein viele von diesen Staaten sind in Ansehung ihrer Schicksale einander so ähnlich, daß mir einige der vornehmsten unter denselben auf die Geschichte und den jetzigen Zustand der übrigen sicherlich keinen falschen Schluß machen lassen.

Es

Vorrede

Es giebt unter den deutschen Staaten eine beträchtliche Anzahl solcher, deren Schicksale in die Begebenheit des Ganzen sehr merklich verwebt sind. Diese machen nothwendig die vornehmsten Gegenstände der deutschen Specialgeschichte aus. Andre, wie z. B. manche Fürstenthümer, Bißthümer, Grafschaften und Reichsstädte, haben nur zusammengenommen eine für die Aufklärung des Ganzen wichtige Seite. Mehrere derselben können daher zusammengestellt werden. Dieses sind nun die Grundsätze, die mich bey der Ausarbeitung des gegenwärtigen Lehrbuchs geleitet haben. Noch haben wir, selbst den Michaelis nicht ausgenommen, kein vollständiges Aggregat der deutschen Specialgeschichte. Ich sah mich daher meistens genöthigt, die besten Werke dieser Art selbst durchzustudieren, um aus ihnen die für meine Absicht zweckmäßigen Begebenheiten herauszuheben. Dieses Lehrbuch ist also in jedem Betrachte ein Versuch, der unmöglich fehlerfrey und vollkommen ausfallen konnte. Nur gar zu oft sagt mir bey der Durchsicht desselben schon jetzt mein Gefühl, daß ich hier und da die Begebenheiten nicht

Vorrede.

sorgfältig gewählt, die Verbindung derselben nicht natürlich und lichtvoll eingerichtet, den Vortrag nicht bestimmt und deutlich ausgedrückt habe. Auf die Nachsicht der Kenner kann ich mir aber sichere Rechnung machen, und andre mögen, ehe sie rasch ein Urtheil fällen, eine ähnliche Arbeit erst selbst unternehmen. Dürfte ich nur noch einen Wunsch hinzusetzen, so ist es der, daß mein Lehrbuch auf recht vielen Gymnasien und Schulen Gelegenheit geben möge, deutsche Jünglinge mit ihrem Vaterlande, auf welches sie stolz seyn können, frühzeitig bekannt zu machen. Gotha, im October 1786.

Galletti.

Inhalt.

Inhalt.

I. Oestreich . . . . . . S. 1
II. Pfalzbayern 29
III. Maynz 56
IV. Trier 62
V. Cöln 62
VI. Salzburg 67
VII. Würtemberg 69
VIII. Baden 78
IX. Hessen 89
X. Sachsen 103
XI. Anhalt 140
XII. Kurbrandenburg . . . 149
XIII Brandenburg-Anspach-Bayreuth 174
XIV. Braunschweig . . . 179
XV. Meklenburg 200

XV.

XVI. Holstein 214
XVII. Einige der vornehmsten Fürsten und Grafen 226
XVIII. Einige der vornehmsten Reichsstädte 233
XIX. Ueberſicht der allgemeinen Geſchichte und Verfaſſung Deutſchlands 237
XX. Verzeichniß der gebrauchten Werke 277
XXI. Tafel zur Ueberſicht der Macht der deutſchen Staaten. ult.

I. Oestreich.

A. Oestreich an sich selbst.

Land.

1. Ein großer, gebirgiger, mit verschiedenem Himmelsstriche versehener Landstrich.

> Gränzen: Die Schweitz, Schwaben, Bayern, Böhmen, Mähren, Ungern, Slavonien, Dalmatien, Croatien.
> Größe: 2230 Quadr. Meilen.
> Boden: meistens sehr gebirgig und waldig; doch giebt es auch ebene und fruchtbare Gegenden, als in Oestreich unter der Ens.
> Flüsse: Donau, und lauter Flüsse, die zum Donaugebiet gehören, als die March, Theya, Ens,

I. Oestreich.

Ens, Drau, Muer, Sau, Laubach u. a. m. Im Vorderösterreichischen: der Rhein.
Seen: der cirknitzer See im Herzogthume Krain; der Bodensee in Vorderöstreich.
Luft: bald rauhe und kalte Bergluft, bald sehr warm.

2. Es besteht aus den Herzogthümern Oestreich, Steyermark, Kärnthen, Krain, aus der gefürsteten Grafschaft Tyrol, aus dem östreichischen Friaul, aus dem Littorale, und aus den vorderöstreichischen Landen in Schwaben.

Geschichte.

A. Bis auf das Haus Habsburg, oder — 1281.

1. In den ältesten Zeiten waren diese Länder durch die Donau von dem übrigen Deutschlande getrennt.

Der östliche Strich von Krain, Kärnthen, Steyermark und Oestreich gehörte zu Pannonien; das übrige zu Noricum. Tyrol machte einen Theil von Rätien aus. Die vorderösterreichischen Lande wurden von Alemannen bewohnt.

In der Mitte des sechsten Jahrhunderts ließen sich in dem östlichen Theile dieser Länder slavische Winden nieder.

2. Unter Karl dem Großen wurden sie mit dem deutschen Reiche verbunden.

Oestreich ob der Ens gehörte bis dahin zum Lande der Bayern, welches Karl der Große unter seine Herrschaft brachte. Er vereinigte

mit

mit demselben denjenigen Theil Pannoniens, der sich von der Ens bis an den Raab erstreckt, und vertraute ihn Markgrafen an. Hieraus entstand Oesterrichi, d. i. östliche Mark.

Ludwig der Deutsche bestimmte Oestreich, so wie Bayern, seinem Sohne Karlmann. Dieser machte seinen Sohn Arnulf zum Statthalter in Kärnthen.

Der Markg. f Leopold wurde von den Ungern zuletzt in einem Treffen getödtet. — 907.

3. Oestreich bekömmt erbliche Markgrafen aus dem babenbergischen Hause.

Leopold, Graf von Babenberg (Bamberg) bekam die markgräfliche Würde erblich, und jagte die Ungern über den Kahlenberg zurück.

Sein Sohn, Leopold der Heilige, des Königes Heinrichs IV Zeitgenoß, sollte deutscher König werden. Leopold V erhielt, als Heinrich der Großmüthige in die Acht erklärt wurde, das Herzogthum Bayern, das er aber nicht behaupten konnte. — 1138.

4. Es verwandelt sich in ein Herzogthum.

Heinrich II (Jasamergott) vermählte sich, um Bayern zu behaupten, mit Heinrichs des Großmüthigen Wittwe; aber Heinrich der Löwe entriß es ihm wieder. Dagegen trennte Kaiser Friedrich I das Land ob der Ens von dem Herzogthume Bayern, schlug es zu dem Lande unter der Ens, oder zur Markgraffschaft Oestreich, und erhob dieses vereinigte Land zu einem Herzogthume. Der erste Herzog Heinrich, der seine Residenz nach Wien verlegte, starb 1177. — 1142. 1154.

Leopold VI lieferte den König Richard von Engeland dem Kaiser aus.

5. Der Herzog von Oestreich erbt das Herzogthum Steyermark.

Auch dieses Land, dessen östlicher Theil im sechsten Jahrhunderte von Winden oder Wenden

1. Oestreich.

ben besetzt wurde, bekam unter Kaiser Otto I besondere Grafen, und wurde von Kaiser Friedrich I zum Herzogthume erhoben. Der letzte Herzog, Ottocar VI, vermachte das Land seinem Schwiegervater, dem Herzoge Leopold zu Oestreich.

eopolds Söhne theilten; Friedrich bekam Oestreich und Leopold Steyermark. Jener starb auf einem Kreuzzuge; auch dieser (der Glorreiche) focht wider die Ungläubigen in und außer Europa.

einer Herrschaft wird auch das Herzogim Krain unterworfen.

ie gemeinen Leute in demselben stammen meistens von Winden, der vornehmste Adel aber von Deutschen her. Unter Kaiser Otto II hatte zu Krainburg schon ein Markgraf seinen Sitz. Im 13ten Jahrhundert gehörte der größte Theil von Krain zu dem Herzogthume Kärnthen; die Herzoge von Oestreich, besonders Friedrich der Streitbare (Leopolds des Glorreichen Sohn) breiteten sich aber in Krain so sehr aus, daß sie sich Herzoge von diesem Lande nennten, und Kaiser Friedrich II bestätigte es.

e diese Länder kommen an den König Otr II von Böhmen.

iedrich der Streitbare machte einen unglücklichen Versuch, König von Ungern zu werden, und war darüber in Gefahr, sein Land zu verlieren. Zuletzt blieb er in einer Schlacht gegen die Ungern. Die Oestreicher luden nun die Söhne ein, die seine Tochter Constantia mit dem Markgrafen Heinrich dem Erlauchten von Meißen erzeugt hatte; der König Wenzeslay von Böhmen brachte es aber dahin, daß sie sich seinem Sohne Ottocar unterwarfen. Dieser vermählte sich mit Friedrichs ältester Schwester Margarethe; dessen Nichte Gertrud trat aber ihre Rechte

an

I. Oestreich.

an den König Bela von Ungern ab, und Ottocar mußte Steyermark mit dessen Sohne Stephan theilen. Dies dauerte aber nur einige Jahre.   bis 1260.

8. Dieser vereinigt auch Kärnthen mit demselben.

Die alten Bewohner desselben waren die Carnier oder Carentaner. In der Folge ließen sich Slaven unter ihnen nieder. Unter den Karolingern entstanden in dieser Gegend Markgrafen, die Kaiser Heinrich IV zu Herzogen erhob. Sie stammten aus verschiedenen Familien. Ein Erbvergleich verschaffte dieses Land König Ottocar II.   1269.

B. Unter Beherrschern aus dem Hause Habsburg bis auf Karln V. oder von 1281 — 1519 = 238 J.

1. Kaiser Rudolph von Habsburg wendet diese Länder seinem Hause zu.

Der erste bekannte Vorfahr der Grafen von Habsburg, Ethich oder Adelrich, Herzog in Alemannien und Elsaß, lebte im 7ten Jahrhunderte. Mit Guntram dem Reichen fängt sich aber erst die sichere Reihe der Grafen von Habsburg an. Er besaß im Turgau, im Breißgau und im Elsaß viele Güter. Sein Enkel Werner, Bischof zu Strasburg, baute das Schloß Habsburg. Unser Rudolph erbte von seinem Vater, Albrecht dem Weisen, die Grafschaft Habsburg, nebst der Ober-Landgrafschaft Elsaß, ingleichen die Grafschaften Kyburg, Baden und Lenzburg. Durch seine Tapferkeit und andern großen Eigenschaften bekannt, ward er von den Deutschen zu ihrem Könige erwählt. Ottocar wurde von verschiedenen östreichischen und steyermärkischen Herren bey ihm verklagt; er erschien auf   im 10 Jh.

    1273.

I. Oestreich.

1276. verschiedene Vorladungen nicht, und bewirkte hierdurch, daß Krieg gegen ihn beschlossen wurde. Er verglich sich mit Rudolphen, brach diesen Vergleich, und verlohr darüber Schlacht und Leben.

1281. Rudolph belehnte hierauf, mit Bewilligung der Reichsstände, seine Söhne Albrecht und Rudolph, mit Oestreich, Steyermark und Krain; Kärnthen überließ er dem Grafen Mainhard von Tyrol, mit dessen Tochter Albrecht vermählt war.

2. Albrecht I verräth eine gar zu große Begierde, sein Land zu vergrößern.

Als Vater von 26 Kindern glaubte er nicht genug besitzen zu können; aber seine meisten Anschläge mislungen ihm. In Thüringen **1307.** erndete er Schande ein. Die von ihm zu sehr gedrückten Schweizer setzten sich in Freyheit. Sein eigener Brudersohn, Johann von **1308.** Schwaben, beraubte ihm des Lebens.

3. Friedrich der Schöne mußte wegen der Kaiserwürde kämpfen.

Der älteste von Albrechts 5 hinterlassenen Söhnen. Der Graf Heinrich von Luxemburg entzog ihm nicht nur die Kaiserkrone, sondern wollte ihm auch sogar die östreichischen Länder entreissen. Nach dessen Tode wurde er von einigen Kurfürsten zum Könige gewählt. Bey **1322.** Mühldorf gerieth er aber in des Kaiser Ludwigs von Bayern Gefangenschaft, die sich erst nach drey Jahren endigte. st. 1330.

4. Seine Nachfolger vergrößern ihr Land durch Kärnthen und Tyrol.

Tyrol kam im sechsten Jahrhunderte größtentheils unter die Herzoge zu Bayern; über den südlichen Theil breiteten die Longobarden ihre Herrschaft aus. Ansehnliche Stücke desselben besaßen die Bischöfe zu Trident und Brixen. Außer ihnen gab es verschiedene mäch-

mächtige Grafen und Herren, unter welchen sich besonders die Grafen von Meran auszeichneten, denen Kaiser Friedrich I den herzoglichen Titel verlieh. Nach ihrem Abgange kam ein Theil ihrer Besitzungen an die Grafen von Tyrol. Mainharden VI erhob Kaiser Rudolph I zum Fürsten. Seine Enkelin Margaretha Maultasch vermachte Tyrol, nebst den Ansprüchen auf die Grafschaft Görz, ihren Oheimen, den Herzogen von Oestreich. Bayern wurde durch 116000 Goldgulden abgefunden. Nach der Erlöschung der Grafen von Tyrol, fiel auch das Herzogthum Kärnthen den Herzogen von Oestreich zu. 1248.
1286.

1363.

Das Breisgau kauften sie den Grafen von Fürstenberg für 55000 Gulden ab. 1367.

5. **Sie verbessern den Zustand der Kirchen und Schulen.**

Rudolph IV erhob die wienerische Stephanskirche in ein Collegiatstift, und verbesserte die hohe Schule zu Wien. 1363.

6. **Albrecht V spielte eine kurze, aber glänzende Rolle.**

Der Kaiser Siegmund gab ihm seine Tochter Elisabeth und die Markgrafschaft Mähren; auch ward er durch dessen Unterstützung König von Böhmen, von Ungern, von Deutschland und — starb zu frühzeitig. 1422.

1438.

Sein Sohn Ladislav konnte kaum Ungern behaupten, und starb unbeerbt. 1457.

7. **Die Herzoge von Oestreich kämpfen mit den Schweitzern, mit dem Kaiser, und mit dem Herzoge von Burgund.**

Leopold der Fromme (Albrechts Großvatersbruder) vermehrte sein Land bey jeder Gelegenheit, verlohr aber bey Sembach Schlacht und Leben. 1386.

I. Oestreich.

riedrich mit der leeren Tasche (Leopolds Sohn) beförderte des Pabstes Johann XXIII Flucht von der Kirchenversammlung zu Kostnitz; er wurde deswegen vom Kaiser in) die Acht erklärt, von seinen Lehnsleuten verlassen, und von seinen Nachbarn auf allen Seiten angegriffen. Er mußte sich bemüthigen, und mit seinem eignen Bruder Ernst Krieg führen. st. 1439.

Sein Sohn Siegmund wurde, eines Bischofs wegen, vom Pabste in den Bann gethan, wußte sich aber gut zu vertheidigen. Er verpfändete dem Herzog Karl dem Kühnen von Burgund verschiedene Besitzungen in der Schweitz; der König von Frankreich Ludwig IX bewog ihn aber, sie wieder einzulösen, und Siegmund half jetzt den Schweitzern, Karls Truppen aus dem Lande jagen. Zum Glücke ereignete sich die Schlacht bey Nancy.

:iedrich gab über 50 Jahre einen meist hätigen Kaiser ab.

iegmunds Vatersbruders-Sohn. Als er seinen jungen Vetter Wladislav nicht ausliefern wollte, wurde er von den Oestreichern in Neustadt belagert. Nach dem Tode desselben fiel ihm Niederöstreich bis an die Ens zu. Er führte mit seinem Bruder Albrecht beständig Krieg. Der König Matthias von Ungern nöthigte ihn sogar, ihm seine Länder abzutreten. st. 1495.

irimilian vereinigte nicht nur die östreichen Länder, sondern vermehrte sie auch erordentlich.

arie, die Tochter des burgundischen Herzogs, Karls des Kühnen, brachte ihm die meisten niederländischen Provinzen zu. Als Vormund seines Sohnes Philipp machte er sich ey den Niederländern so verhaßt, daß sie hn neun Monathe gefangen hielten. König Karl VIII von Frankreich entriß ihm die Erbin

bin von Bretagne. Er brachte die östreichischen Länder wieder zusammen, nachdem sie 134 Jahre lang getrennt gewesen waren; auch erbte er die Grafschaft Görz. Ueberhaupt gründete er die Größe seines Hauses, von der er selbst nichts als Mühe und Gefahr einerndete. st. 1519.

C. Seit Karl V oder seit 1519, 277 J.

1. **Karl V. und Ferdinand I vergrößern die Macht ihres Hauses immer mehr.**

Karl, Maximilians Enkel, erbte von seinem Vater Philipp die spanische Monarchie, und von seinem Großvater Maximilian, dem er auch als Kaiser folgte, die östreichischen Länder, die er aber seinem Bruder Ferdinand abtrat.

Ferdinand I wurde seiner Gemahlin wegen, König von Ungern. Seine 3 Söhne stifteten eben so viele verschiedene Linien. Der älteste, Maximilian II, folgte ihm als Kaiser.   1526.

   1564.

2. **Die Beherrscher Oestreichs wollen es ihren Unterthanen nicht gestatten, sich zur protestantischen Religion zu bekennen.**

Schon Ferdinand I suchte dieses mit aller Strenge zu verhindern; doch erlaubte er den Niederöstreichern den Gebrauch des Kelches.

Maximilian II gestattete seinen Ständen, aller Gegenvorstellungen des Pabstes ungeachtet, ihre freye Religionsübung. st. 1576.

Rudolph II verfolgte die Protestanten von neuen, und verursachte durch seine Reformation einen gefährlichen Bauernaufstand. Den Böhmen und Schlesiern mußte er den sogenannten Majestätsbrief ertheilen. Da er sich mehr um die Wissenschaften als um die Regierung bekümmerte, so nöthigten ihn zuletzt seine Brüder   1609.

1611.] der und Vettern, ihnen seine Länder einzuräumen. st. 1612.

3. Die Strenge, die sie in diesem Betrachte gegen die Böhmen beweisen, giebt zum dreyßigjährigen Kriege Gelegenheit.

Mathias nahm seinen Vetter, den Erzherzog Ferdinand, an Sohnes Statt an, und ließ ihn zum Könige von Ungern und Böhmen krönen; dieser machte ihm aber vielen Verdruß. st. 1619.

Ferdinand II, Ferdinands I Enkel, von seinem jüngsten Sohne Karl, der die steyermärkische Linie stiftete, machte sich durch seinen übertriebenen Eifer für die katholische Religion, bey den Ständen von Böhmen, Mähren, Schlesien und der Lausitz, so verhaßt, daß sie ihm die Krone absprachen, und den Kurfürsten Friedrich V von der Pfalz zu ihrem

1619. Könige wählten. Auch die Ungern und die Oestreicher verweigerten ihm die Huldigung.

1620. Doch die Schlacht auf dem weißen Berge entschied zu Ferdinands Vortheile. Nunmehr bestrebte er sich, einem Gelübde zufolge, die evangelische Religion völlig auszurotten; hierüber liefen in den östreichischen Ländern auf 38000 Bauern zusammen.

4. Sie bestreben sich während desselben, die uneingeschränkte Oberherrschaft über Deutschland zu erlangen.

Dänemark war Ferdinands II stolzem Entwurfe, an dessen Ausführung besonders Wallenstein arbeitete, wenig hinderlich; nur der schwedische Gustav Adolph rettete Deutschlands Freyheit. Ferdinand II starb 1637.

Ferdinand III, des vorigen Sohn, hatte an den Schweden, und besonders an dem Herzoge Bernhard, und sodann an Frankreich, furcht-

1648. bare Feinde. Endlich setzte der westphälische Friede

I. Oestreich.

Friede den ehrgeizigen Absichten des östreichischen Hauses bestimmte Gränzen.

5. **Leopold sucht die Ansprüche seines Hauses auf die spanische Monarchie durchzusetzen.**

Ferdinands III Sohn. Er erlebte das Aussterben der tyrolischen Linie, erlangte, nach großen Siegen über die Türken, die Erbfolge in Ungern, und bahnte durch den Krieg, den er der spanischen Monarchie wegen, mit Frankreich anfieng, seinem Sohne Karl den Weg zum Besitze eines ansehnlichen Theiles derselben zu gelangen. st. 1703.

1687.

6. **Karl VI. endigte den Mannsstamm seines Hauses.**

Sein Bruder, Kaiser Joseph I machte ihm frühzeitig Platz. st. 1711. Der Utrechter Friede verschaffte ihm die spanischen Niederlande, Neapel, Sardinien und Mayland; statt Neapels und Sardiniens fiel aber dem Hause Oestreich in der Folge das Großherzogthum Toskana zu. Mit den Türken führte Karl einen unglücklichen Krieg. Die ostindische Gesellschaft, durch die er den Handel in seinem Lande blühend machen wollte, mußte er wieder aufheben. Die Verfassung und die Staatskasse hinterließ er in einem schlechten Zustande. st. 1740. Zum Besten seiner Töchter machte er die pragmatische Sanction.

1714.

bis 1739.

7. **Marie Therese behauptet sich mit Ruhm bey dem Besitze der väterlichen Länder.**

Nach dem Tode ihres Vaters wurde sie, der pragmatischen Sanction ungeachtet, auf allen Seiten angegriffen. Dem Könige von Preussen mußte sie den größten Theil von Schlesien überlassen, das sie in zwey verschiedenen Kriegen vergebens wieder zu erobern suchte. Hauptsächlich aber hatte sie den eben so treuen als tapfern Ungern ihre Rettung zu dan-

1748.

danken. Ihr Gemahl, der Herzog Franz von Lothringen, ward Kaiser. Durch den Bayerschen Erbfolgekrieg verschafte sie dem Hause Oestreich ein beträchtliches Stück von Bayern. Mit dem liebenswürdigsten Charakter vereinigte sie das eifrigste Bestreben, sich um ihre Unterthanen verdient zu machen. st. 1780.

8. Joseph II. sucht mit unermüdetem Eifer, sein Volk auf die höchste Stufe des Wohlstandes zu erheben.

Die Religionsfreyheit, der Handel, die Einsichten der Nation — alles hat durch seine vielfältigen und weisen Verordnungen mächtig gewonnen.

Verfassung.

1. Die österreichischen Erbstaaten sind mit allen Bedürfnissen und Bequemlichkeiten des Lebens reichlich gesegnet.

Oestreich unter der Ens ist fruchtbar an Wein und edlen Obstarten, auch ist es mit Bergwerken und warmen Bädern reichlich versehen. Oestreich ob der Ens hat viel Obst, ziemlich gute Viehzucht und ansehnliche Waldungen. Am ärmsten ist Oestreich an Getreide und Vieh, und besonders an Pferden. — Steyermark liefert besonders Flachs, Obst und Vieh; auch hat es Holz und Mineralien im Ueberflusse. In Untersteyermark wächst Wein und Getreide. — Kärnthen zeichnet sich durch keine besondern Producte aus — In Krain wird des Jahres zweymal geerndet. — Tyrol hat an ergiebigen Bergwerken und vortreflichem Marmor einen großen Schatz.

2. Sie

I. Oestreich.

2. Sie gehören unter die wohlgebauten und bevölkerten Landschaften Deutschlands.

Oestreich	48 St.	85 Fl.	2153 D.
Steyermark	20	95	
Kärnthen	11	21	
Krain	21	35	
Tyrol	12		

Volksmenge:

Oestreich	1,700,000 Menschen.
Steyermark	750,000
Kärnthen	290,000
Krain	420,000
Tyrol	600,000
Vorderöstreich	500,000
	2,260,000

3. Sie machen einen Theil des deutschen Reiches aus.

Titel, Wappen und Vorrechte der Erzherzoge von Oestreich. Erbämter. Hohe Landescollegien; die böhmische und östreichische Hofkanzeley.

Stände: Prälaten, Herren, Ritter, Städte und Märkte; in Tyrol auch die Bauern.

Adel: zahlreich und vermögend.

4. Die römischkatholische Religion ist die herrschende.

Oberhaupt der östreichischen Geistlichkeit ist der Erzbischof zu Wien.

Seit Josephs II Regierung werden alle christlichen Religionen geduldet.

5. Manufacturen und Handel befinden sich in einem vielversprechenden Zustande.

Wien ist der Sitz aller möglichen Arbeiten von Künstlern und Handwerkern. In Steyermark giebt es Fabriken von Eisen und Stahl; auch verfertiget man grobes Tuch und Leinewand. Krain ist an Webereyen und Eisenhämmern reich. In Tyrol beschäftigen sich viele Leute, die Metalle und andern Mineralien aufzusuchen, und zu bearbeiten. Der östreichische Haupthandel geht nach der Türkey, wo man gegen Gläser, Spiegel, Tücher, östreichische Thaler und Eisenwaaren, Baumwolle, Kämelgarn, Leder, Kaffe u. s. w. eintauscht. Josephs Verbot aller ausländischen Waaren. Das Littorale (die östreichischen Küsten am adriatischen Meere) enthält vortrefliche Seehäfen.

In diesem Jahre rechnete man die Summe alles geprägten Geldes in den Kaiserlichen Erblanden auf 68 Mill. K. Gulden. Hierzu noch 20 Mill. Bancozettel, und 140 Mill. an Silber und Kupfer.

6. Die Einkünfte sind sehr beträchtlich.

Im Jahr 1770 rechnete man die jährlichen Einkünfte der ganzen östreichischen Monarchie auf 60 Mill. Thaler. Hierzu entrichtete:

Oestreich	23 Mill. Gulden.
Steyermark fast	6
Kärnthen	2,400,000
Krain	2,090,000
Tyrol	3,660,000
	37,150,000

7. Die Kriegsmacht gehört unter die furchtbaresten in Europa.

I. Oestreich.

Sie beträgt in Friedenszeiten
- Infanterie 242949 M. 74 R.
- Cavallerie 44777 38
- Artillerie 10337 3

   298063   115

Im Kriege 363395

Deutsche, ungrische und polnische adliche Leibwache.
Im Jahr 1770 kostete der ganze Kriegsstaat jährlich 18 1/2 Mill. Gulden. Marie Theresie-Orden.

B. Böhmen.

Land.

1. Ein beträchtlicher und hochliegender Landstrich.

Gränzen: ringsherum Berge und ungeheure Wälder — Schlesien, Mähren, Bayern, Franken, Meißen.
Größe: 961 Quadr. Meilen.
Boden: im innern Lande meistens eben, obgleich hochliegend, und größtentheils fett.
Flüsse: Elbe, Mulde, Eger.

Geschichte.

A. Unter Herzogen und Königen von dem Geschlechte des Premysl — 1306.

1. Böhmen wurde in den ältesten Zeiten von Boiern und Marcomannen bewohnt.

Die Boier, ein celtischer Haufe, der 590 Jahre v. C. aus Gallien über den Rhein wanderten derte, gab diesem Lande den Nahmen Bojohemum. Die Boier wurden unter dem August größtentheils von den Marcomannen vertrieben. Furchtbare Monarchie des Marbods.

2. Die Urväter seiner jetzigen Einwohner waren Slaven.

Eigentlich Tschechen, ursprüngliche Bewohner des mäotischen Sees und des schwarzen Meeres. Von Stamme derselben war vermuthlich der slavische Freystaat in der Gegend von Prag, der die übrigen nach und nach vereinigte. Prempsl fieng die Reihe ihrer Herzoge an.

3. Sie bekennen sich zur christlichen Religion.

966.
Ihre ersten Lehrer im Christenthume waren Methodius und Cyrillus, die Apostel der Slaven. Boleslav (der Gütige) vertauschte die griechischen gottesdienstlichen Gebräuche mit den römischen. Er stiftete auch das Bißthum zu Prag.

4. Ihre Beherrscher müssen einige Zeit hindurch die deutschen Könige für ihre Oberherren erkennen.

938.

950.

1004.
Schon Karl der Große machte sie auf eine kurze Zeit zinsbar. Otto der Große behauptete des deutichen Reichs Oberherrschaft von neuen. Boleslav I hatte seinen Bruder Wenzeslav den Heiligen ermordet, regierte, ohne sich um Otto den Großen zu bekümmern, und beunruhigte seine Nachbarn. Nach verschiedenen Feldzügen mußte er aber dem K. Otto I sich völlig unterwerfen. Boleslav III hatte das Schicksal, von Boleslav von Polen seiner Augen und seines Landes beraubt zu werden. Otto zog gegen den letztern zu Felde; er scheint aber wenig ausgerichtet zu haben. An Konrads II Wahl nahm Herzog Ulrich von Böhmen Theil. Dessen Sohn Bretislav wollte

te den hergebrachten Tribut von 500 Mark
Silber nicht bezahlen. Kaiser Heinrich III
demüthigte ihn aber.   1002.

5. **Diese ertheilen ihnen die königliche Würde.**

Wratislav machte sich um den Kaiser Heinrich
IV so verdient, daß er ihn zum Könige ernenn=
te. Die folgenden Beherrscher der Böhmen
nannten sich aber bis zum Anfange des 13ten
Jahrhunderts meistentheils nur Herzoge.

6. **Sie breiten ihre Macht in den benachbar=
ten Provinzen Deutschlands aus.**

Przemysl oder Ottocar II besaß —— und verlohr
Oestreich, Steyermark, Kärnthen, Krain
und Istrien. (Oben S. 4.)

Wenzeslav II, des vorigen Sohn, war auch
König von Polen. Sein Schwager, Kaiser
Albrecht I, verlangte von ihm den Zeheten
von den böhmischen Bergwerken, und Böh=
men wurde darüber in zwey Feldzügen von
ihm verwüstet. Sein Sohn Wenzeslav III
beschloß sehr jung den ganzen Mannsstamm.

B. Könige aus verschiedenen Häusern, von 1306 — 1526 = 220 J.

1. **Kaiser Albrecht bestrebt sich, Böhmen an sein Haus zu bringen.**

Nach Wenzeslav III Tode wählten die böhmi=
schen Stände zuerst seinen Schwager, den
Herzog Heinrich von Kärnthen. Albrecht ver=
mählte aber seinen Sohn Rudolph mit dessen
Mutter, und als dieser schon im folgenden
Jahre sein Leben endigte, so gab er sich alle   1307.
Mühe, seinen zweyten Sohn Friedrich an des=
sen Stelle zu bringen. Die Böhmen zogen
ihm jedoch den Herzog Heinrich von Kärn=
then vor. Da es dieser versäumte, sich vom

I. Oestreich.

K. Heinrich VII belehnen zu laſſen, ſo wurde er von demſelben abgeſetzt, und Böhmen bekam nun des Kaiſers Sohn, den Herzog Johann von Lützelburg zum Könige. Unter der Regierung deſſelben wurden die ſchleſiſchen Fürſten Lehnsleute von Böhmen.

2. **Karl VII erwirbt ſich um Böhmen außerordentliche Verdienſte.**

Des Königs Johanns Sohn. Er vereinigte den egeriſchen Kreis mit Böhmen, verwandelte unmittelbare Reichslehne in böhmiſche Afterlehne, verleibte dieſem Reiche Schleſien ein, ſtiftete die hohe Schule zu Prag, ſuchte Böhmens Wohlfarth auf alle Weiſe zu vergrößern, und deſſen Krone ſeinem Hauſe erblich zu machen. Er beſaß auch die Mark Brandenburg, die er 1375 gekauft hatte. ſt. 1378.

3. **Wenzel ſpielt meiſtens eine unglückliche und verächtliche Rolle.**

Seine harte Regierung veranlaßte die böhmiſchen Stände frühzeitig in Unruhen auszubrechen. Da er nun ſeinen Bruder Siegmund von der Erbfolge ausſchließen wollte, und dabey immer ſtrenger verfuhr, ſo wurde er einſt überfallen, und zu Prag ins Gefängniß gelegt. Nach funfzehn Monaten entwiſchte er, und nun ließ er ſich von ſeinen Landsſtänden einſchränken. Endlich wurde er aber auch in Deutſchland abgeſetzt. ſt. 1419.

1393.

4. **Huſſens Verbrennung giebt zu einem langen blutigen Kriege Gelegenheit.**

1415.

Johann Huß wurde, weil er wider die Hoheit des Pabſtes geprediget hatte, auf der Kirchenverſammlung zu Coſtnitz verbrennt. Seine Anhänger, die ſich durch ganz Böhmen ausgebreitet hatten, wollten ſich deßwegen dem Kaiſer Siegmund nicht unterwerfen. Ihre Anführer waren: Nicolaus von Huſſinetz und
Johann

I. Oestreich.

Johann von Trocznow (Zischka.) Sie theilten sich in Taboriten und Calixtiner. Sechsmahl mußte Siegmund gegen sie zu Felde ziehen, 1420 ‐ 1431; und sie fielen sogar in die benachbarten Länder ein. Zuletzt wurden sie mit einander selbst uneinig, und nun erst gelang es Siegmunden, die böhmische Krone ruhig zu besitzen. st. 1437.

1436.

5. Unter mehrern Königen, die nur kurze Zeit regieren, zeichnet sich besonders Georg Podiebrat aus.

Albrecht, Siegmunds Schwiegersohn, mußte erst den polnischen Casimir bey Breslau schlagen. Er starb während großer Unruhen, 1439. Seinen nachgebohrnen Sohn Wladislav wollten die Böhmen erst nicht für ihren König erkennen. Wegen seiner Minderjährigkeit erwählten sie den Georg von Podiebrad zu ihrem Könige. Der Pabst that ihn, als einen eifrigen Hussiten, in den Bann, und die Böhmen trugen noch bey seinem Leben dem Wladislav, Albrechts Enkel, ihre Krone an. Ein solches Schicksal hatte der vortrefliche Podiebrad.

1457.

1465.

Wladislav und sein Sohn Ludwig, waren zugleich Könige von Ungern.

C. Könige aus dem Hause Oestreich, seit 1526 = 260 J.

1. Die Böhmen werden, der evangelischen Religion wegen, von ihren östreichischen Beherrschern sehr gedrückt.

Ferdinand, den sie, nach Ludewigs bey Mohatz erfolgten Tode, zu ihrem Könige wählten, sprach ihnen, als sie ihre Religionsfreyheit zu behaupten droheten, ihre Vorrechte ab, und erklärte Böhmen für ein erbliches und eingeschränktes Reich. — Die Taboriten, die

1444.

1447.

I. Oestreich.

die sich nun ganz von den Calixtinern abgesondert hatten, und böhmische Brüder genennt wurden, wanderten, aus ihrem Vaterlande vertrieben, größtentheils nach Polen und Preussen.

2. **Der Ausbruch ihres Mißvergnügens giebt das Zeichen zum dreyßigjährigen Kriege.**

1609.

1618.

1627.

Maximilian II versprach ihnen eine völlige Gewissensfreyheit, und Rudolph II ertheilte ihnen den Majestätsbrief. Aber Ferdinand II, den sie unter der Bedingung, daß er ihnen keinen Religionszwang anthun sollte, für ihren König erkannten, handelte so sehr darwider, daß sie endlich zu den Waffen griffen. (Man vergleiche S. 10.) Der erzürnte Ferdinand beraubte sie hierauf aller Rechte des Majestätsbriefes, und die Nichtkatholiken mußten das Land räumen. Ihre Güter, die er einzog, wurden auf 53 Mill. Thaler angeschlagen. Auch überließ dieser Kaiser die Lausitz an Kursachsen.

3. **Böhmens Wohlstand ist seit dem vorigen Jahrhunderte merklich gestiegen.**

Die Bedrückungen der Protestanten haben, besonders durch Josephs II väterliche Veranstaltungen, ihr Ende erreicht. Auch seufzet der leibeigene Bauer jetzt weniger unter dem tyrannischen Joche seiner Herren. Künste und Wissenschaften blühen immer schöner.

Verfassung.

1. **Böhmen versorgt seine Einwohner mit einer großen Menge herrlicher Producte.**

Gutes Getreide, besonders Buchweitzen und Hirsen; vortreflicher Hopfen; Saffran; Ingwer;

wer; Kalmus; gute rothe Weine; schöne Viehzucht; vortrefliche Wildbahn; ergiebige Bergwerke an Silber, Kobold, Zinn, Kupfer, Bley, Granaten in großer Menge; alley Marmorarten; Diamanten, Rubinen, Chrysolithen und andere Edelsteine; Perlen — warme Bäder, bittere Wasser und Sauerbrunnen.

2. Die Anzahl derselben ist ziemlich beträchtlich.

Man zält 244 Städte, 303 Marktflecken, und 11,284 Dörfer.

Die Anzahl der Einwohner beläuft sich auf 2,270,000. Also kommen auf die Quadratmeile 2362 Menschen.

Die Bauern sind Leibeigene; aber ihr Zustand ist sehr gemildert worden. Landstände: Prälaten, Herren, Ritter und Städte. Sprachen: die slavonische und deutsche.

3. Das Land ist ein Erbreich des Hauses Oestreich.

Der König ist Erzschenk des h. römischen Reiches und der erste Kurfürst. Wappen: ein silberner Löwe, mit doppeltem Schwanze im rothen Felde. Oberste Reichsbeamten. Hofkanzley. Landesgouvernium.

Das Reich ist in 16 Kreise eingetheilt.

Die Einkünfte betrugen 1770 fast 15,740,000 Gulden.

4. Die römischkatholische Religion ist die herrschende.

Erzbischof zu Prag. Bischöfe zu Leutmeritz und Königsgrätz.

Duldung der Nichtkatholiken.

I. Oestreich.

5. Die Wissenschaften werden immer eifriger getrieben.

Hohe Schule zu Prag. Normalschulen.

6. Manufacturen und Handel sind beträchtlich.

Jene erstrecken sich fast über alle Bedürfnisse.

Gegenstände des Handels sind: Getreide, Malz, Hopfen, Pottasche, Holz, Wolle, Sauerbrunn, Papier, Töpfe, Gläser, Spitzen, Zwirn, Leder, Garn, Tücher, Leinewand (die bis nach Amerika geht) u. s. f. Die Juden handeln sehr stark.

C. Mähren.

Land.

Gränzen: Böhmen, Schlesien, Oestreich, Polen und Ungern.
Boden: größtentheils gebirgig und waldig, oder voller Sümpfe und Moräste.
Flüsse: March (Morawa) und Teya.
Größe: 417 Quadr. M.

Geschichte.

1. Seine jetzigen Einwohner stammen meistens von Slaven ab.

In den ältesten Zeiten bewohnten es Quaden und Marcomannen.

Im 6ten Jahrhunderte ließen sich Slaven in demselben nieder, die sich nach der Morawa, Morawer nennten.

2. Die

I. Oestreich.

2. **Die slavischen Morawer oder Mährer errichten ein mächtiges Reich.**

Es erstreckte sich bis an den Gran in Ungern und wurde das großmährische Reich genannt.

3. **Die deutsche Oberherrschaft führte ihm das Christenthum zu.**

Schon Karl der Große nöthigte den mährischen König, sich taufen zu lassen.   791.

Methodius und Cyrillus gaben auch die eigentlichen Apostel der Mähren ab.

Ludwig der Deutsche nahm den König Ratschko gefangen. Arnulf bezwang mit Hülfe der Hunnen den Swatopolk.

4. **Der größte Theil verwandelt sich in eine Markgrafschaft.**

Der Böhmen zunächst gelegene Theil begab sich   908. in den Schutz des böhmischen Herzogs Wratislavs, der die Ungern zurückschlug, und den ganzen Landstrich bis an die March sich unterwürfig machte.

Die folgenden böhmischen Herzoge vergrößerten es sowohl gegen Ungern, als gegen Polen.

Zuweilen hatte es besondere Herren aus dem böhmischen Königsgeschlechte.

Kaiser Heinrich IV erklärte es zur Markgrafschaft.   1085.

Verfassung.

Ein ziemlich wohl angebauter Landstrich, der seine Einwohner gut ernährt.

Producte: Getreide, Hanf, Flachs, Saffran — große Wälder — Wölfe, Bären, Rysowe, Biber — Marmor, unächte Diamanten, allerley Metalle. Kein Salz.

Man zählt 99 Städte, 159 Marktflecken und 2478 Dörfer, welche eine Million Einwohner haben. Wlachen und Hanaken.

I. Oestreich.

Landstände. Landesbedienten. Gouvernium. Fünf Kreise.
Olmütz, der Sitz eines Bischofs und einer hohen Schule.
Manufacturen: Tücher, Plüsche, Sammete, Leinewand, Hüthe, Papier u. s. w.
Einkünfte: (1770) fast 5,800,000 Gülden.

D. Schlesien.

Das östreichische macht vom ganzen nur 1/15 aus. Es erstreckt sich an der mährischen Gränze hin. Den sehr gebirgigen Boden durchströmen die Oder und Weichsel.

Die Größe beträgt 81 Quadr. M. und die Volksmenge 200,000 Menschen.

Es gehören zu demselben Stück von den Fürstenthümern Neisse, Jägendorf, Troppau, und das Fürstenthum Teschen.

E. Niederlande.

Land.

Ein ziemlich großer, meistens ebener Landstrich.

An der Niederschelde und Niedermaas; aber nicht überall zusammenhängend — zwischen Westphalen, Frankreich, der Nordsee und den vereinigten Niederlanden.
Boden: ziemlich abwechselnd; im Westen, Norden und Osten meistens eben; im Süden gebirgig und waldig.

Größe :

I. Oestreich.

Größe: 469 Quadr. M.

Bestandtheile desselben sind: der größte Teil der Herzogthümer Brabant, Limburg und Luxenburg; ein Theil der Grafschaften Flandern, Hennegau, Namur, und ein Theil des Oberquartiers Geldern.

Geschichte.

1. Diese Länder waren, als ein Theil der allgemeinen Niederlande, einige Zeit hindurch den Herzogen von Burgund unterwürfig.

Schon die Herzoge von Burgund, aus der Capetingischen Linie, welche im 14. Jh. ausstarben, besaßen Flandern und Antwerpen.   1361.

Die Tochter des letztern Herzogs der vorigen Linie vermählte sich mit Philipp dem Kühnen, dem Sohne des Königes Johann von Frankreich.   1369.

Anton, Philipps Sohn, erbte die Herzogthümer Brabant und Limburg. (Brabant ehedem ein Theil des niederlotheringischen Reiches, wurde bis zum Anfange des 11ten Jh. von besondern Herzogen aus Karls des Großen Stamme beherrscht. Ihr Land erbten die Grafen von Loeven. Die Erbin des letzten Herzoges vermachte es dem Enkel ihrer Schwester, dem Herzoge Anton. Die Herzoge von Brabant besaßen auch das Herzogthum Limburg, das ihnen nach dem Aussterben seiner vorigen Herren zugefallen war. So kam auch dieses damahls an den Herzog Anton von Burgund.   1280.

Philipp der Gute vermehrte die Länder seines Hauses durch die Grafschaften Namur, Hennegau und durch das Herzogthum Luxemburg. (Namur kaufte er 1421 für 132,000 Kronen. Hennegau trat ihm 1436 der Kaiser Ludewig von Bayern ab. Luxemburg hatte, nach verschiedenen andern Herren, eine Reihe von Besitzern

I. Oestreich.

Besitzern aus dem limburgischen Hause, welche Kaiser und Könige abgaben. Z. B. Kaiser Heinrich VII, König Johann von Böhmen. Dessen Sohn, der König Wenzeslav, überließ es seiner Brudertochter Elisabeth, und diese trat alle ihre Rechte dem Herzoge Philipp dem Guten ab.)

2. Die Einwohner derselben zeichneten sich frühzeitig durch ihre Manufacturen und durch ihren Handel aus.

Die Flandrer gaben sich unter allen neuern Europäern zuerst mit Webereyen ab; auch erfanden sie die Kunst, Tücher und Zeuge zu färben — Wilhelm von Beukelszon. — Johann von Eyck — Antwerpen war zu Ende des 15ten Jahrhunderts eine der berühmtesten Handelsstädte; die noch um 1550 auf 200,000 Einwohner und Fremde zählte.

1321.

1550.

Die Stadt Loewen in Brabant besaß schon im 14ten Jahrhundert vortreffliche Tuch- und Wollenmanufakturen, die über 150,000 Arbeiter ernährten; durch harte Einschränkungen bewogen, giengen aber 1382 viele derselben nach England. Diese Stadt war auch schon der Sitz einer hohen Schule.

3. Karls des Kühnen Erbin wendet sie dem Hause Oestreich zu.

Karl der Kühne, Philipps des Guten Sohn, der beynahe den Besitz der ganzen Niederlande vereinigte, und deßwegen auf die königliche Würde Anspruch machte, zog dem Erzbischof Ruprecht von Köln mit 60,000 Mann zu Hülfe, und verlohr gegen die Schweitzer in einem Jahre drey Treffen, und in dem letztern sein Leben. König Ludwig IX von Frankreich nahm sogleich Burgund und Artois in Besitz; die übrigen Länder brachte aber Marie, Karls Tochter, ihrem Gemahle, dem Erzherzoge Maximilian von Oestreich, zu.

1474.

1476.

Schon Maximilian erklärte die Niederlande für einen Kreis des römischen Reiches deutscher Nation.

Nation. Karl V bestätigte und befestigte diese Einrichtung. **1548.**

4. Sie wurden, nachdem sie über 200 J. zur spanischen Monarchie gehört hatten, wieder mit den Ländern des Hauses Oestreich vereinigt.

Unter Philipp II setzten sich die vereinigten Niederländer in Freyheit, und Frankreich riß auf der andern Seite ansehnliche Stücke ab.

Durch den utrechter Frieden kamen sie wieder an das Haus Oestreich. **1714.**

Verfassung.

1. Sie gehören unter die fruchtbarsten und angebautesten Provinzen der östreichischen Monarchie.

Brabant liefert schönen Flachs, Limburg gute Käse, Flandern baut viel Getreide und Gartengewächse; auch hat es gute Viehzucht. In Hennegau und Namur giebt es Steinkohlen, Marmor, Eisen, Bley, Kupfer u. s. w.

Die Anzahl der Einwohner beläuft sich auf 2,000,000; nach andern nur auf 1,600,000.

2. Die Einwohner desselben wissen seine Producte sehr gut zu bearbeiten.

In Brabant und in Flandern verfertigt man Tücher, Strümpfe, Kamelotte, Spitzen, Leinwand u. s. w.

Zum Besten des Handels von Antwerpen suchte Joseph II die freye Schiffarth auf der Schelde zu behaupten.

3. Sie werden von Oestreich durch einen Statthalter beherrscht.

Generalgouverneut zu Brüssel. Landstände (Staaten): Aebte, Edelleute, Städte.

Religion: Die römischkatholische — hohe Schule zu Loeven.

Einkünfte (1770) fast 3,700,000 Gulden.

I. Oestreich.

Uebersicht der ganzen östreichischen Macht.

	Flächenraum.	Volksmenge	(auf 1 Quadr. M.)	Einkünfte.
(In Deutschland)				
Oestreichischer Kreis	2227 Quadr. M.	4,150,000	1,864	37,960,000
Burgundischer	469	2,000,000	4,261	3,700,000
Böhmen	961	2,266,000	2,506	15,740,000
Mähren und Schlesien	498	1,248,000	2,357	5,800,000
	4155	9,664,000		63,200,000
(Außer Deutschland.)				
Oestreichische Lombardey	235	1,340,000	5702	
Ungern und Siebenbürgen	4406	5,500,000	1249	ungefähr 27 Mill.
Gallizien und Ludomirien	1280	2,800,000	2187	
	5921	9,640,000		

Ueberhaupt 10,076 Quadr. M. 19,304,000 Einwohner 90,000,000 fl.

II.

II. Pfalzbayern.

A. Die Pfalz am Rheine.

Land.

Ein schöner, ungemein fruchtbarer Landstrich.
> Gränzen: zwischen den drey geistlichen Kurfürstenthümern Mainz, Trier, Cöln, und andern am Rhein gelegenen Landschaften zerstreut.
> Boden: zwar gebirgig aber ungemein fruchtbar.
> Bergstraße. Odenwald..
> Flüsse: Rhein und Neckar.
> Größe: 145 Quadr. M.

Geschichte.

A. Bis auf das Haus Wittelsbach oder — 1215.

1. Die Pfalzgrafen am Rheine spielten frühzeitig eine ansehnliche Rolle.
> Schon die karolingischen Könige hatten in der Rheingegend einen Pfalzgrafen, der die übrigen an Vorrechten und Ansehen übertraf.

2. Diese stammten einige Jahrhunderte hindurch von verschiedenen Geschlechtern ab.
> Der erste bekannte unter demselben ist Eberhard, Kaiser Konrad I Bruder, welcher bey der Wahl des Kaisers Ottos I den Truchsetzen vorstellte.
>   Hier-

Hierauf waren einige Nachkommen des bayerschen Herzogs Arnulfs I Pfalzgrafen — 1095. Nun folgten wieder andere, die einen Fürsten aus dem anhaltischen Hause zum Stammvater hatten — 1140.

Konrad von Hohenstaufen, Kaiser I Friedrichs I Halbbruder, erhielt von demselben die Stadt Heidelberg, und baute daselbst ein Schloß.

Herzog Heinrich von Braunschweig, des vorigen Schwiegersohn, und dessen Sohn gleiches Nahmens.

b. Unter dem Hause Wittelsbach seit 1215.

1. Ludewig, Pfalzgraf von Wittelsbach, erwirbt seinem Hause die Pfalzgrafschaft am Rheine.

Die Herren dieses Hauses nennten sich anfangs Grafen von Scheiern.

Einer derselben verwandelte diesen Ort in ein Kloster, und nun entlehnten sie ihren Nahmen von dem neuen Schlosse Wittelsbach.

um 1100.

1180. Otto V erhielt vom Kaiser Friedrich I das Herzogthum Bayern. Seinem Sohne Ludewig wurde die dem Braunschweigischen Hause abgenommene Pfalzgrafschaft am Rheine vom Kaiser verliehen; er konnte sie aber gegen den Pfalzgrafen Heinrich den Jüngern von Braunschweig nicht behaupten. Durch einen Vergleich wurde sie seinem Sohne Otto dem Erlauchten, der Heinrichs Tochter beyrathete, zu Theil.

1215.

1225.

2. Dessen Urenkel stiften zwey Hauptlinien des pfalzbayerschen Hauses.

st. 1253. Von Ottos des Erlauchten Söhnen bekam Ludwig der Strenge die Pfalzgrafschaft und Oberbayern, Heinrich aber Niederbayern. Jener beför-

beförderte die Aufnahme des rheinischen Bundes, der die Verfolgung der Straßenräuber und die Zerstöhrung der Raubschlösser zur Absicht hatte. Ihm hatte Rudolph von Habsburg vorzüalich seine Wahl zu danken. Er vermählte sich, nachdem er seine erste Gemahlin unschuldigerweise hatte enthaupten lassen, mit einer Tochter desselben. st. 1294. Sein ältester Sohn Rudolph behielt sich bey der Theilung mit seinem jüngern Bruder Ludewig die Kurwürde vor.

3. Diese beyden Linien schließen den merkwürdigen Erbvergleich zu Pavia.

Rudolph II welcher unter die angesehensten Reichsfürsten seiner Zeit gehörte, gerieth, der Theilung wegen, mit seinem Bruder Ludewig in Uneinigkeit, und wurde, als er ihn nicht für einen Kaiser erkennen wollte, von demselben aus dem Lande gejagt. Der Vergleich zu Pavia verschaffte seinen Söhnen nicht allein 1329. den Besitz von der Unter- und Oberpfalz wieder, sondern setzte auch die künftige Abwechselung in Ansehung der Kurwürde fest.

4. Die pfälzische Linie vermehret ihr Land durch die sogenannte junge Pfalz.

Rudolphs zweyter Sohn, Rudolph der Blinde, erlebte das Aussterben der Niederbayerschen 1340. Linie. Von dem Lande derselben fiel ihm die junge Pfalz oder Neuburg und Sulzbach zu.

5. Sie erlangt den beständigen Besitz der Kurwürde.

Ruprecht der Rothe verkaufte dem Kaiser Karl IV einen ansehnlichen Theil der Oberpfalz. 1355. Dieser hob dagegen die durch den pavischen Vergleich festgesetzte Abwechselung in Ansehung der Kurwürde wieder auf, und sprach sie in der goldnen Bulle dem pfälzischen Hause allein 1356.
zu.

zu. Ruprecht II forderte vom Kaiser Wenzel, die seinem Vater Karln IV verkauften Stücke der Oberpfalz wieder zurück, und schlug bey Speyer die Mannschaft des rheinischen Bundes, den derselbe gegen ihn aufgehetzt hatte.

1346. Dieser Kurfürst erweiterte die Stadt Heidelberg, verbesserte den Zustand der hohen Schule, welche Ruprecht der Rothe gestiftet hatte, und führete die Untheilbarkeit in der Pfalz ein.

1400. 4. **Ruprecht III wird zum Kaiser erwählt.**
Er that deswegen einen Zug nach Italien, der aber unglücklich ablief. Dagegen vermehrte er sein Land durch die Grafschaften Simmern und Kirchheim, und durch einen Theil der Grafschaft Spanheim. Der hohen Schule zu Heidelberg, wo er sich meistens aufhielt, verschaffte er einen ansehnlichen Vorrath von
st. 1410. Handschriften. Sein ältester Sohn Ludewig III, der ihm als Kurfürst folgte, trug zu Hus-
st. 1437. sens Verdammung sehr viel bey. Seine Brüder stifteten verschiedene Nebenlinien; Johann in der Oberpfalz, Stephan in Simmern und Zweybrüken, Otto zu Mosbach.

5. **Friedrich der Siegreiche, macht sich dem ganzen deutschen Reiche furchtbar.**
Ludewigs III jüngerer Sohn. Er führte mit seinen Nachbarn beständig Krieg. Er unterstützte den Grafen Adolph von Nassau gegen den Grafen Dietrich von Isenburg, der, vom Kaiser begünstigt, jenem das Erzbißtum Maynz streitig machen wollte. In der Folge schlug er sich aber zu dessen Parthey, und er erfocht über Adolphs Bundesgenossen bey Heidelberg
1472. einen großen Sieg, der ihn, außer dem Marsgrafen von Baden, und dem Grafen von Würtenberg, auf 350 Grafen, Herren und andere Edelleute in die Hände lieferte, die sich durch große Summen und viele Oerter lösen mußten. Der Pabst that ihn in den Bann. Der Kaiser

ser erklärte ihn in die Acht, er baute aber bei Heidelberg den Trutzkaiser, und strebte, so wie vorher, bey seinen Unterthanen sich Liebe, und bey seinen seinen Nachbarn Furcht zu verschaffen. st. 1476.

6. **Philipp ward hingegen durch den bayerischen Erbfolgekrieg unglücklich.**

Des vorigen Brudersohn. Ein Gönner der Gelehrten, der von seinen Unterthanen geliebt, und von den übrigen Reichsfürsten geachtet wurde —— Der letzte Herzog von Bayern Landshut, Georg der Reiche, setzte Philipps Sohn, den Pfalzgrafen Ruprecht, der mit seiner einzigen Tochter vermählt war, zum Erben seines Landes ein. Die Seitenverwandten, die Herzoge zu München, beklagten sich deßwegen bey dem Kaiser Maximilian I, dessen Ausspruche zufolge der Pfalzgraf nur zwey Theile bekommen sollte. Da dieser aber darüber mißvergnügt war, so schlug die Sache zu einem verderblichen Kriege aus, an welchem ein großer Theil der Fürsten Oberdeutschlands Theil nahm. Der Kaiser, der schwäbische Bund, die Fürsten von Brandenburg, Braunschweig, Würtemberg, Hessen, Baden und noch viele andere, stunden dem Herzoge von Bayern bey; den Pfalzgrafen Ruprecht unterstützten, auffer seinem Vater, Böhmen, Würzburg, Leuchtenburg und Henneberg. Ruprecht erlitt bey Regensburg eine Niederlage, und wurde nebst seiner Gemahlin vergiftet. Sie hinterließen zwey Söhne, die Otto Heinrich und Philipp hießen. Diese bekamen die sogenannte junge Pfalz oder das Herzogthum Neuburg. Ihr Großvater Philipp, der fast alles verlohren hätte, mußte dem Kaiser und seinen Bundesgenossen viele Oerter und Bezirke abtreten. 1504.

7. **Seine Nachfolger nehmen verschiedene Religionsveränderungen vor.**

Lude-

II. Pfalzbayern.

Ludewig der Friedfertige, Philipps Sohn, zeigte für Luthern und seine Grundsätze eine besondere Anhänglichkeit. st. 1544.

Friedrich der Weise, des vorigen Bruder, führte die evangelische Religion in seinem Lande ein, und trat dem schmalkaldischen Bündnisse bey. Bald nöthigte ihn aber der unglückliche Ausgang desselben, sich vor dem Kaiser zu demüthigen, und das Interim anzunehmen. st. 1556.

Otto Heinrich, Ruprechts Sohn, setzte als Kurfürst die Reformation eifrigst fort, und verbesserte, nach Melanchtons Rathschlägen, den Zustand der heidelbergischen hohen Schule. Er endigte die alte Linie der Kurfürsten von der Pfalz.

1559.

C. Unter dem simmerschen Geschlechte, seit 1559.

1. Die Religionsveränderungen dauern auch noch unter den Kurfürsten aus der simmerschen Linie eine Zeitlang fort.

Urheber dieser Linie war Stephan, der fünfte Sohn des Kaiser Ruprechts.

Friedrichen III machten die Zänkereyen seiner Theologen vielen Verdruß. Er trat zu den Reformirten über, und stand seinen Glaubensgenossen in Frankreich und in den Niederlanden bey. st. 1676. Sein Sohn Ludewig VI führte das unveränderte augspurgische Glaubensbekenntniß wieder ein. Der Reformirten, die er verfolgte, nahm sich sein Bruder, der Pfalzgraf wieder an. Eben derselbe gerieth wegen des Schutzes, den er dem evangelischgesinnten Kurfürsten Gebhart von Cöln verlieh, in grosse Gefahr. st. 1592.

Friedrich IV, Ludewigs VI Sohn, brachte die Union der Evangelischen zu Stande. st. 1612.
— Unter ihm ward Manheim eine Stadt.

2. Frie=

II. Pfalzbayern. 35

2. Friedrich V ward zu seinem Unglücke zum Könige von Böhmen gewählt.

Ferdinands II Feindschaft zog er sich schon durch das Bestreben zu, womit er ihm in der Erlangung der kaiserlichen Krone hinderlich zu sein suchte. Seine Gemahlin, eine Tochter des Königes Jacobs I von England, und sein Hofprediger bewogen ihn, die böhmische Krone anzunehmen. Bald verscherzte er aber die Achtung und Liebe seiner neuen Unterthanen. Nach der unglücklichen Schlacht bey Prag, nahm er zu den Holländern seine Zuflucht. Spanier und Bayern verwüsteten indessen sein Land. Vergebens suchte er mit seinen Freunden es zu retten. Tilly plünderte Heidelberg, und der Herzog Maximilian von Bayern schickte die vortreffliche Büchersammlung größtentheils nach Rom. Eben demselben verlieh der Kaiser Friedrichs Kurwürde. Auch räumte er ihm die ganze Ober- und Unterpfalz ein. Der Tod des schwedischen Helden Gustaph Adolphs, auf den er sein ganzes Vertrauen gesetzt hatte, zog durch die empfindlichste Kränkung auch den seinigen nach sich. 1619. 1620. 1632.

3. Karl Ludewig wird nach vieler Mühe in die väterliche Rechte wieder eingesetzt.

Zwar eroberten die Schweden verschiedene pfälzische Oerter; nach der Schlacht bey Nördlingen gieng aber alles wieder verlohren. Der westphälische Friede verschaffte dem pfälzischen Hause die Unterpfalz wieder; die Oberpfalz und die Kurwürde blieben dem Herzoge von Bayern. Für jenes wurde die achte Kurwürde errichtet, und einige Jahre hernach erhielt es das Erzschatzmeisteramt. 1652.

4. Er bestrebt sich den Wohlstand seines Landes zu befördern.

Vor allen Dingen suchte er dasselbe wieder zu bevölkern. Um die hohe Schule zu Heidelberg mach-

machte er sich durch die Anlegung einer neuen Büchersammlung, und eines schönen Münzkabinets, ingleichen durch die Stiftung einer Professur des Staats- und Völkerrechts, ausserordentlich verdient. Endlich gab er sich auch alle Mühe, die verschiedenen Religionspartheyen zu vereinigen.

1619. 5. Aber den größten Theil seiner Regierung bezeichneten Unglücksfälle von aller Art.

1620. Er wurde nicht nur mit seinen Nachbarn, sondern auch mit seinem eigenen Bruder Ruprecht in Streit verwickelt. Mit seiner Gemahlin lebte er in der größten Unreinigkeit. Ludwig XIV von Frankreich wollte ihm, als er den vereinigten Niederländern den Untergang zugedacht hatte, keine Neutralität zugestehen. Sein Kriegsvolk verwandelte die
1674. Pfalz in einen schrecklichen Schauplatz der Verwüstung. Einige Jahre hernach ließ er sogar ein ansehnliches Stück derselben in Besitz nehmen. Während dieser traurigen Lage starb
1680. Karl Ludewig.

1637. 6. Mit dem Tode seines Sohnes Karl hört der simmersche Mannsstamm völlig auf.

Karl überließ die Regierung zu sehr seinen Ministern, die er nicht sorgfältig genug wählte. Lustbarkeiten und Geschenke verzehrten die Einkünfte des Landes. Man trat an Ludwig XIV das Amt Germersheim ab, und man
1685. hintergieng den Kurfürsten noch bey seinem Tode.

D. Unter Kurfürsten aus der zweybrückischen und sulzbachischen Linie, seit 1685.

1. Die Kurwürde und die Kurlande fallen an die zweybrückische Linie.

Ur-

II. **Pfalzbayern.**

Urheber derselben war Ludewig der Schwarze, der jüngste Sohn Stephans, der die Grafschaften Veldenz, Zweybrücken u. s. w. bekam. Den Nachkommen desselben überließ der Kurfürst Otto Heinrich noch das Herzogthum Neuburg und die Grafschaft Sulzbach. Durch ihre mannigfaltigen Theilungen, entstanden noch Pfalzgrafen zu Veldenz, zu Landsberg, zu Kleeberg, zu Birkenfeld und zu Sulzbach. Johann Kasimir von der kleebergischen Linie ward des Königes von Schweden Gustaph Adolphs Schwager. Sein Sohn Karl Gustaph stiftete eine neue Reihe der Könige von Schweden.

1556.

1721.

Der Pfalzgraf Philipp Ludewig zu Zweybrücken erwarb durch seine Vermählung seinem Hause auf die Länder des letzten Herzogs von Jülich, Cleve und Berg ein Recht. Sein Sohn, Wolfgang Wilhelm, schloß mit dem Markgrafen von Brandenburg den dortmunder Vergleich. Demungeachtet entstand einige Jahre hernach ein Krieg, in den sich nicht nur die Bayern, sondern auch die Niederländer und die Spanier mischten. Endlich machte der westphälische Friede diesem Erbstreite ein Ende.

1609.
1613.

2. **Philipp Wilhelm erlebt eine zweyte Verwüstung der Pfalz.**

Nachdem er zweymahl König von Polen zu werden, sich bestrebt hatte, bekam er als Kurfürst mit Frankreich, welches wegen der Schwester des letzten simmerschen Kurfürsten große Allodialansprüche machte, einen harten Kampf. Die Franzosen verfuhren mit der Pfalz abermahls sehr barbarisch. Philipp Wilhelm starb während dieser Unruhen. Unter Johann Wilhelm, seinem Nachfolger, setzten die Franzosen ihre Grausamkeit fort. Nur der Friede zu Ryßwick befreyte die Pfalz von denselben.

1688.
1690.

1699.

Im spanischen Erbfolgekriege unterstützte Johann Wilhelm den Kaiser mit Mannschaft. Dafür hatte

II. Pfalzbayern.

hatte er einige Jahre lang das Vergnügen, die bayersche Kurwürde nebst der Oberpfalz zu besitzen: ist. 1716.

1720. 3. **Karl Philipp drückt seine protestantischen Unterthanen.**

1721. Des vorigen Bruder. Er erlaubte sich gegen seine reformirten Unterthanen einige Gewaltthätigkeiten, die sie zur Auswanderung in fremde Staaten bewogen. Er verlegte eben deßwegen seine Residenz von Heidelberg nach Manheim. st. 1742.

4. **Der jetzige Kurfürst, Philipp Theodor, stammt von der sulzbachischen Linie ab.**

1778. Er ist 1724 gebohren. Durch den Anfall von Bayern hat er seinen Staat zu einem der ansehnlichsten in Deutschland gemacht. Auch gereicht seiner Regierung das lobenswürdige Bestreben, Künste und Wissenschaften, Manufacturen und Fabriken, Handel und Gewerbe, in Aufnahme zu bringen. Allerdings zur Ehre.

Verfassung.

1. **Wenig deutsche Länder kommen der Pfalz in Ansehung der Fruchtbarkeit gleich.**

1688. Ihre vorzüglichsten Producte sind: Getreide, Hülsenfrüchte, Obst, Kastanien, wälsche Nüsse, Toback, Krapp, Rhabarber, Neckar- und Rheinweine, Mandeln, Rheingold, Seide.

1680. 2. **Und dennoch ist sie nicht genug bevölkert.**

1690. Man zählt 41 St. 16 A. 388 D. die von 250,000 Menschen bewohnt werden. Andre rechnen 500,000 Einwohner; wahrscheinlich aber zu viel. Unter die vornehmsten Ursachen der Entvölkerung gehören die Auswanderungen.

3. Die

II. Pfalzbayern.

3. Die Einwohner bekennen sich zu verschiedenen Religionen.

Man rechnet 300 reformirte, 400 katholische und 85 lutherische Geistliche, und ungefähr 50,000 Lutheraner.

4. Wissenschaften ingleichen Künste und Manufacturen steigen seit einiger Zeit merklich höher.

Hohe Schule zu Heidelberg; Academie der Künste zu Manheim seit 1757; der Wissenschaften seit 1763. Deutsche Gesellschaft seit 1775. Manufacturen und Fabriken zu Frankenthal, Heidelberg und Manheim.
Ausfuhre von Krapp, Toback, Wein.

5. Der Kurfürst ist einer der ansehnlichsten Reichsfürsten.

Seit 1777 Erztruchseß des h. römischen Reiches und fünfter Kurfürst. Als Besitzer der Pfalz ist er Reichsvicar am Rhein, in Schwaben und in Franken. Titel. Wappen. Ritterorden. — Es giebt in der Pfalz keine Landstände.

Die Einkünfte der Pfalz allein betragen beynahe 1,800,000 Gulden.

Der Kriegsstaat bestand 1777 aus der Leibgarde, 6 Regimentern zu Pferde und 6 zu Fuß, die zusammen 11,110 M. ausmachten, und deren jährliche Verpflegung 824,244 Gulden kostete.

Der Hofstaat ist einer der zahlreichsten.

B. Jülich und Berg.

Land.

Gränzen: die östreichischen Niederlande, Lüttich, Köln, Nassau-Siegen, Westphalen, Mark, Cleve u. s. w.
Boden: in Jülich eben und fruchtbar; in Berg größtentheils bergig und waldig.
Flüsse: Maas, Rhein, Roer, Sieg, Wipper.
Größe: 130 Quadr. M.

Geschichte.

Diese beyden Herzogthümer wurden, nach mannichfaltigen und langwierigen Streitigkeiten, dem pfälzischen Hause zu Theil.

Die ehemaligen Grafen von Jülich verwandelten sich im 14ten Jahrhundert erst in Markgrafen, und hernach in Herzoge. Durch Erbschaft fiel ihnen das Herzogthum Geldern und die Grafschaft Zütphen zu.

1437. Nach ihrem Aussterben kam Jülich und Geldern an den Herzog von Berg, welcher Geldern dem Hause Egmond abtrat, und dagegen sein Land durch die Grafschaft Ravensberg vermehrte.

1511. Alle diese Länder erbten, als der bergische Mannsstamm erlosch, die Herzoge von Cleve.

1609.
1685. Die letzten besaßen es beynahe 100 Jahr, und lange hernach gelangte endlich der Kurfürst von der Pfalz zum ruhigen Besitz dieser Länder.

Ver-

II. Pfalzbayern.

Verfassung.

Die beyden Herzogthümer gehören unter die einträglichsten Landstriche Deutschlands.

Jülich hat reichhaltigen Ackerbau und gute Pferdezucht; Berg ist mit Mineralien versehen.

Jülich enthält 9 Städte und 43 Aemter; Berg 9 Städte und 8 Flecken. Im letztern giebt es wenig eigentliche Dörfer. 260,000 Einwohner.

In Jülich webt man vortreffliche Leinewand; in Berg giebt es allerley Schmiedte und Weber.

Die meisten Einwohner bekennen sich zur katholischen Religion.

Hohe Collegia zu Düsseldorf.

C. Zweybrücken.

Land.

Gränzen: Unterpfalz, Lothringen, Trier; überhaupt ein nicht zusammenhängender Landstrich.

Boden: sehr bergig und waldig — Quecksilber, Steinkohlen.

Kleine Flüsse.

Bestandtheile: die ehemalige Grafschaft Zweybrücken, einige Stücke der Grafschaft Veldenz u. s. w.

Geschichte.

Die Grafschaft Zweybrücken kam zu Ende des 14. Jh. an die Pfalz.

Ludewig der Schwarze, Stephans Sohn, (S. 32.) stiftete die zweybrückische Linie, deren Land die birkenfeldische geerbt hat — Der Herzog von Zweybrücken Karl II, (geb. 1746) sieht dem Besitze aller Länder des pfalzbayerschen Hauses entgegen.

1731.

D. Bayern.

Land.

1. **Ein großer, mit abwechselndem Boden versehener Landstrich.**

   Gränzen: Oestreich, Steyermark, Kärnthen, Tyrol, Schwaben.
   Boden: in Oberbayern, abwechselnd Gebirge, Wälder, Sümpfe, Seen und Ebenen; in Niederbayern eben und fruchtbar; in der Oberpfalz fast lauter Berge, die auf ihrem Rücken Aecker, Wälder oder Wiesen, und in ihrem Innern Eisen oder Bley tragen.
   Größe 714 Quadr. M.

2. **Es besteht aus dem Herzogthume Bayern, und aus der Oberpfalz.**

Geschichte.

A Unter Herzogen aus dem agilolfingischen Hause — 788.

1. **Als die ältesten Einwohner von Bayern kennt man die Boier.**

   Das Land gehörte zu Vindelicien und Noricum. Die Boier, eine celtische Colonie, ließen sich, von den Marcomannen vertrieben, erst in Vindelicien nieder, und breiteten sich in der Folge immer weiter im Noricum aus.

2. **Sie werden von Herzogen aus dem agilolfingischen Stamme beherrscht.**

   Diese wurden es durch freye Wahl der Bayern. Erst standen sie mit den Ostgothen, und sodann

II. Pfalzbayern.

dann mit den Longobarden in Italien in Verbindung. Bald versuchten es aber die Franken, die sich um ihre Aufklärung und Nationalbildung verdient machten, sie ihrer Herrschaft zu unterwerfen.

3. Bonifacius giebt dem bayerschen Kirchenstaate seine ordentliche Gestalt.

Vor ihm gaben schon Ruprecht und Corbinian zwey eifrige Apostel der Bayern ab. Bonifacius stiftete die Bißthümer Regensburg, Passau, Salzburg und Freysingen.

4. Die Franken benutzen die Familienunruhen der bayerschen Herzoge, um die Oberherrschaft über dieselben an sich zu reissen.

Theodor II Landestheilung gab zu großen politischen Unordnungen Gelegenheit. Grimoald wollte seinem Neffen Hugbert das väterliche Land entziehen; Karl Martell zog diesem aber zu Hülfe, und Hugbert gelangte zuletzt zur Herrschaft über ganz Bayern.
Odilo, Hugberts Nachfolger, wurde von Karlmannen und Pipinen am Lech überwunden.

725.

-743.

5. Karl der Große verwandelt Bayern in eine fränkische Provinz.

Der junge Thassel II, der am fränkischen Hofe erzogen wurde, mußte einen Lehneid schwören. — Als er in der Folge seine Unabhängigkeit zu behaupten suchte, rückte Karl zugleich mit 3 Heeren gegen ihn an. Thassel mußte sich demüthigen. Er verband sich hierauf ins geheim mit den Hunnen. Nun zwang ihn Karl, in ein Kloster zu wandern.

.50

.110

788.

B. Un-

B. Unter Markgrafen und Herzogen aus verschiedenen Geschlechtern, bis auf das Haus Wittelsbach, von 788 — 1180, fast 400 J.

1. Es macht einige Zeit hindurch einen eignen Staat aus.

Nach dem Tode Karls des Großen, der es gegen Ungern erweitert hatte, wurde es als ein eigenes Reich Ludewig I zu Theil. Hierauf fiel es an Ludewig den Deutschen, und es bekam in der Folge noch mehrere Fürsten aus dem karollingischen Stamme zu Regenten —. Die Landstände übten damahls noch eine Art von Wahlrecht aus.

2. Bald wird es aber Markgrafen und Herzogen anvertraut.

895.

Der König Arnulf ernennte den Luitpold, den man für einen Abkömmling der Agilolfinger hält, erst zum Markgrafen in Ostbayern oder Oestreich, und sodann im Nordgaue; zugleich übertrug er ihm die Gewalt eines königlichen Abgeordneten in Bayern. Dieser Luitpold kam in einem Treffen gegen die Ungern um,

907.

die so manchmahl von ihm geschlagen worden waren.

911.

Als Ludewig das Kind, Arnulfs Sohn, gestorben war, wählten die Bayern Arnulfen I einen Sohn des tapfern Luitpolds, zu ihrem Herzoge, der der überlegenen Macht der deutschen Könige, Konrads I und Heinrichs I, zwar nicht widerstehen konnte, aber als einer der erhabendsten Fürsten und größten Helden seiner Zeit, den Nahmen des Bösen gewiß nicht verdiente. st. 937.

3. Die-

3. Diese erfahren die Obermacht der Beherrscher Deutschlands sehr nachdrücklich.

Arnulf I hinterließ 3 Söhne, die Eberhard, Arnulf und Hermann hießen. Eberhard, den die Stände, ohne sich um den Kaiser zu bekümmern, zum Herzoge wählten, wurde von Otto dem Großen vertrieben. Dieser nahm hierauf mit Bayerns Verfassung große Veränderungen vor. Das Herzogthum Bayern verlieh er Bertholden, Arnulfs I Bruder; seinen Neffen Arnulf ernannte er zum Pfalzgrafen von Bayern, und Hermannen schenkte er ein Stück von der Pfalz am Rheine. Nach Bertholds Tode vergab Otto das Herzogthum Bayern an seinen Bruder, Heinrich den Zanksüchtigen, gegen den Arnulfs I Söhne nichts ausrichten konnten. 938.

947.

Um diese Zeit fielen die Ungern öfters in Bayern ein, die aber Otto und Heinrich tapfer zurückschlugen.

Heinrichs Sohn, Heinrich II, hatte mit verschiedenen Nebenherzogen zu kämpfen. Er entführte den jungen Kaiser Otto III, und ließ sich zu Quedlinburg selbst zum Könige ausrufen. Er konnte sich aber nicht behaupten. 984.

4. Herzog Heinrich III wird zum deutschen Könige gewählt.

Er folgte auf den Kaiser Otto III. Bayern überließ er seinem Schwager, dem Grafen Heinrich von Luxemburg. 1002.

Nach einigen Herzogen aus verschiedenen Familien, kam dieses Herzogthum an den Grafen Otto von Nordheim, dem es Kaiser Heinrichs III Wittwe, Agnes abtrat. Dieser wurde mit ihrem Sohne, dem Kaiser Heinrich IV in heftige Streitigkeiten verwickelt, die ihn zum lebhaftesten Gegner desselben machten. 1061.

5. Bayern befindet sich eine Zeitlang unter der Herrschaft des welfischen Hauses.

1071. Der Kaiser, Heinrich IV, verlieh es Ottens Schwiegersohne, Welfen IV. Er leistete dem Kaiser wider die Sachsen anfangs nachdrücklichen Beystand; in der Folge suchte er aber, nebst seinem Schwiegervater und einigen andern deutschen Fürsten, Heinrichs großer Macht Einhalt zu thun, und dieser beraubte ihn deßwegen seines Landes. Er bekam es aber in der Folge wieder. st. 1101.

Auf Welfen IV. folgte sein zweyter Sohn, Heinrich der Schwarze, und sodann Heinrich der Stolze. Dieser zog sich Kaiser Konrads III Ungnade zu, und bewirkte dadurch, daß derselbe das Herzogthum Bayern an seinen Stiefbruder, den Markgrafen Leopold von Oestreich, und hernach an dessen Bruder Heinrich II vergab. S. 4.) Heinrich der Stolze starb, 1139. als er Bayern wieder erobern wollte.

Sein Bruder Welf setzte dieses Bestreben zum Besten seines unmündigen Sohnes, Heinrichs des Löwen, vergeblich fort. Allein Heinrich der Löwe selbst behauptete seine Ansprüche auf Bayern so ernstlich, daß der Herzog Heinrich II von Oestreich, Bayern zurückge- 1154. ben, und sich mit Oestreich begnügen mußte. Wegen seiner furchtbaren Macht von Kaiser Friedrich I aufs feindseligste verfolgt, verlohr aber auch Heinrich der Löwe unter anderm das 1180. Herzogthum Bayern, welches der Kayser dem Pfalzgrafen Otto von Wittelsbach verlieh.

Der bayerischen Hoheit entzog sich damals der Graf von Andechs, der zum Herzoge von Meran erhoben wurde; und die Stadt Regensburg, die sich zu einer Reichsstadt emporschwang.

C. Un-

II. Pfalzbayern. 47

C. Unter Herzogen aus dem Hause Wittelsbach, von 1180 — 1620 = 440 J.

1. Otto der Erlauchte macht sich den Kaisern seines Zeitalters furchtbar.

    Ottos von Wittelsbach Enkel. Er lebte sowohl mit dem Kaiser Heinrich IV, als mit dem Kaiser Friedrich II in Streit. st. 1253. Von seinen Söhnen erhielt Ludwig der Strenge die Pfalzgrafschaft und Oberbayern, Heinrich aber Niederbayern.

2. Ludewig der Strenge gehörte unter die angesehendsten Reichsfürsten seines Zeitalters.

    Er beförderte die Aufnahme des rheinischen Bundes, um die Straßenräuber in den Rheingegenden desto nachdrücklicher verfolgen zu können. Rudolph von Habsburg, dessen Schwiegersohn er wurde, hatte ihm vorzüglich seine Wahl zu danken. st. 1294.

3. Sein zweyter Sohn Ludewig stiftet die lange Reihe der Herzoge und Kurfürsten von Bayern.

    Sein Bruder Rudolph behielt sich bey der Theilung, welche überhaupt zu Ludewigs Mißvergnügen ausfiel, noch die Kurwürde vor. Doch wurde in der Folge ausgemacht, daß sie Rudolphs und Ludewigs Erben wechselsweise verwalten sollten.   1310.

4. Er vermehrt als Kaiser das Ansehn seines Hauses ungemein.

    Er wurde nach dem Tode des Kaiser Heinrichs VII von einigen Kurfürsten zum Könige gewählt. Sein Bruder Rudolf befand sich aber unter denjenigen, die sich für den Herzog Friedrich   1314.

drich von Oestreich erklärten. Ludewig nahm
ihm daher alle seine Städte und Schlösser
weg. Sein Feldherr Siegfried Schwepper-
mann erfocht bey Mühldorf in Bayern, über
seinen Gegner Friedrich einen entscheidenden
Sieg, der ihm denselben in die Hände lieferte. Einige Jahre hernach verglich er sich mit
demselben, daß sie die Regierung gemeinschaftlich führen wollten. Seine Streitigkeiten mit dem Pabste Johann XXII nöthigten
ihn, nach Italien zu ziehen. Zu Pavia söhnte er sich mit seinen Bruderssöhnen wieder
aus. (Oben S. 31.)

1315.
1322.
1325.
1329.

Die Macht seines Hauses vermehrte er mit vielem Glücke. Nach dem Abgange der niederbayerschen Linie (die Ludewigs des Strengen Bruder Heinrich gestiftet hatte) eignete
er sich, mit Ausschliessung seiner Bruderssöh-
ne, dessen Land allein zu. Seinem ältesten Sohne Ludewig verlieh er die erlediate Mark Brandenburg; auch verhalf er demselben zum Besitze der Grafschaft Tyrol.

1340.

Um sein Land machte sich Ludewig durch seine besondere Sorgfalt für die Gerechtigkeitspflege, und für die Erweiterung und Aufnahme der Städte verdient. st. 1347.

5. Von seinen sechs Söhnen pflanzt Stephan
sein Geschlecht ganz alleine fort.

Ludewig, der älteste Sohn, trat die Mark Bran-
deburg an seinen Stiefbruder, Ludewig den
Römer ab, der sie an Karln VI verkaufte.
Die Grafschaft Tyrol mußten die Brüder den
Herzogen von Oestreich wieder einräumen.
Diese mußten es auch geschehen lassen, daß
Karl IV dem pfälzischen Hause die Kurwürde
auf immer zusprach.

1375.

Stephans Söhne stifteten 3 Linien: zu Ingolstadt, Landshuth und München.

1392.

6. Lude-

6. Ludewig von der ingolstädtischen Linie macht sich durch sein unglückliches Schicksal bekannt.

Der Sohn Stephan II, des Stifters dieser Linie. Erst stritt er sich mit seinen Vettern zu München herum. Sodann wollte er seinen natürlichen Sohn Wieland Freyberger seinem ächten Sohne, Ludewig mit dem Buckel, vorziehen. Dieser bekam ihn gefangen, und verkaufte ihn für 19000 Goldgülden an den Markgrafen Albrecht den Achill von Brandenburg, der ihn dem Herzoge Heinrich von Landshuth für 32,000 Goldgülden auslieferte, und Ludewig mußte in der Gefangenschaft sterben. Mit ihm schloß sich seine Linie. 1447.

Während dieser Unruhen machte sich Donauwerth zur Reichstadt.

7. Heinrich der Reiche von der landshuthischen Linie, zeichnet sich durch seine genaue Wirthschaft aus.

Er drückte seine Unterthanen nicht nur durch Auflagen, sondern diente auch, um desto mehr sparen zu können, dem deutschen Orden in Preussen. Ein Priester brachte indessen seine Finanzen in Ordnung. Nach der Erlöschung der ingolstädtischen Linie nahm er sogleich von deren Lande Besitz.

8. Ludewig der Reiche ist sehr kriegerisch gesinnt.

Er jagte die von seinem Vater geschützten Juden wieder fort. Der Versuch, die Stadt Donauwerth der bayerschen Herrschaft wieder zu unterwerfen, wollte ihm nicht gelingen. Mit dem Markgrafen Albrecht von Brandenburg fieng er einen Krieg an, der für sein Land höchst verderblich ausfiel. st. 1479.

Stiftung der hohen Schule zu Ingolstadt. 1472.

9. Georg

II. Pfalzbayern.

9. Georg der Reiche beschließt die landshuthischen Linie.

1488. Seine Streitigkeiten mit Augsburg veranlaßten den schwäbischen Bund. Sein Land wollte er seinem Schwiegersohne Ruprecht zuwenden. (S. 31) st. 1503.

10. Albrecht der Weise von der münchenschen Linie bringt ganz Bayern wieder zusammen.

1436. Ernst ließ die Agnes Bernauerin, die Geliebte seines Sohnes Albrecht, ersäufen. Sein Sohn Albrecht III jagte die Juden aus München, zerstörte die Raubschlößer, und verordnete, daß nur die beyden ältesten von seinen Söhnen regieren sollten. Dieses verursachte viele Streitigkeiten unter denselben.

Albrecht der Weise bewog die Regensburger ihm die Oberherrschaft anzutragen, auf die er aber wieder Verzicht thun mußte. Er heyrathete Kaiser Friedrichs III Tochter, ohne sich um deßen Einwilligung zu bekümmern. Wegen der landshuthischen Erbschaft, mußte er mit dem Pfalzgrafen Ruprecht und dessen Vater Krieg führen. Er führte das Erstgeburthsrecht ein. st. 1508.

11. Wilhelm IV bewies einen großen Eifer für die katholische Religion.

1545. Sein Bruder Ludewig nöthigte ihn, ihm ein Drittel des Landes abzutreten. Er starb aber unvermählt, und Wilhelm befestigte jetzt das Erstgeburthsrecht noch stärker.

1546. Die Reformation suchte er in seinem Lande aus allen Kräften zu verhindern, und er berief deßwegen die Jesuiten nach Ingolstadt.

Sein Bestreben, Kurfürst und Kaiser zu werden. st. 1550.

12. Al-

II. Pfalzbayern.

12. Albrecht V und Wilhelm V waren eifrige Freunde der Jesuiten.

Diese erhielten zu Ingolstadt und zu München prächtige Sitze. Albrecht that der Kirchenversammlung zu Trident verschiedene Anträge, welche einige Aenderungen in der Kirchenzucht zur Absicht hatten, die aber nicht angenommen wurden. Wissenschaften und Künste hatten an ihm einen thätigen Verehrer. Seine Gemahlin Anne, Kaiser Ferdinands I Tochter, gründete die bayerschen Ansprüche auf die östreichische Erbfolge. —— Wilhelm V führte unter allen deutschen Fürsten zuerst den gregorianischen Kalender ein. Aus Frömmigkeitseifer trat er seinem Sohne Maximilian die Regierung ab. st. 1626.   1596.

D. Unter Kurfürsten aus dem wittelsbachischen Hause, von 1620 — 1777 = 157 J.

1. Maximilian der Große vermehrt die Macht und den Glanz seines Hauses ungemein.

Der Kaiser übertrug ihm die Achtsvollziehung gegen die Stadt Donauwerth, und diese kam hierdurch wieder unter bayersche Oberherrschaft. Die katholische Lige wählte ihn zu ihrem Oberhaupte. Er verband sich hierauf mit dem Kaiser Ferdinand II gegen den pfälzischen Friedrich, brachte Oberöstreich zum Gehorsame, siegte auf dem weißen Berge, und eroberte die Ober- und Unterpfalz. Der Kaiser räumte ihm, zur Vergütung von 13 Mill. Kriegskosten, nicht nur die Kurwürde, sondern auch das ganze Land des unglücklichen Friedrichs, ein. Nach der Schlacht bey Leipzig rückte Gustaph Adolph nach Bayern, nahm Donauwerth und München in Besitz, mußte aber, von Wallenstein genöthigt, sich nach Ingolstadt   1607.

   1619.

   1632.

1647.

stadt zurückziehen. Die Franzosen und Schweden behaupteten aber in Bayern zuletzt so sehr die Oberhand, daß sich Maximilian zur Neutralität bequemen mußte; sein Land wurde aber jetzt noch mehr als vorher verwüstet. Der westphälische Friede gewährte ihm die Oberpfalz und die Grafschaft Chamb. Auch vermehrte er sein Land durch die Grafschaft Mindelheim, und die Landgrafschaft Leuchtenburg st. 1651.

2. **Ferdinand Marias Regierung zeichnete sich desto weniger aus.**

Er überließ seiner Gemahlin Adelheid, einer Prinzessin von Savoyen, einen großen Antheil an der Regierung, verbath sich die Kaiserkrone, und blieb in dem Reichskriege mit Frankreich neutral. st. 1679.

3. **Maximilian Maria Emanuel leistete dem östreichischen Hause wichtige Dienste.**

1683.

Er zog der von den Türken belagerten Stadt Wien mit 11,000M. zu Hülfe; auch focht er gegen Oestreichs Feinde nicht nur in Ungern, sondern auch am Rheine. Dieß kostete dem bayerschen Lande 30,000 tapfere Männer, und 32 Mill. Gulden.

4. **An dem spanischen Erbfolgekriege nimmt er einen lebhaften Antheil.**

Er vermählte sich mit Kaiser Leopolds Tochter, Maria Antonia, deren Mutter des Königes Philipps IV von Spanien Tochter war. Dieß verschaffte ihm einige Ansprüche auf die spanische Monarchie. Sein Kurprinz hatte die größte Hoffnung, diese Ansprüche zu benutzen; aber sein frühzeitiger Tod vereitelte sie.

1699.

Beym Ausbruche des spanischen Erbfolgekrieges verband er sich insgeheim mit Frankreich, räumte die spanischen Niederlande, deren Statthalter er war, französischem Kriegsvolke ein,

und

und bemächtigte sich der Städte Ulm, Memmingen, Neuburg und Regensburg. Hierüber wurde er von dem Kaiser für einen Reichsfeind erklärt, und nach zwey verlornen Schlachten, auf dem Schellenberge und bey Höchstedt sein Land zu verlassen genöthigt. Dieses wurde nach seiner Achtserklärung unter mehrere getheilt. Der rastadter Friede verschaffte ihm aber alles wieder. st. 1726. 1704.
1706.

5. Karl Albrecht macht auf die östreichischen Erbstaaten Anspruch.

Er war mit Kaiser Josephs I Tochter Marie Amalie vermählt. Daher widersetzte er sich der pragmatischen Sanction. In dem Reichskriege mit Frankreich, den die polnische Königswahl veranlaßte, verhielt er sich neutral. Indessen vermehrte er aber seine Kriegsmacht bis auf 31,000 M., von welchen er dem Kaiser 7 — 8000 M. gegen die Türken schickte. 1733.

Nach Karls VI Tode machte er, wegen Albrechts V Gemahlin Anna, auf die östreichischen Länder Anspruch. Auch bemühte er sich um die Kaiserwürde. In beyden unterstützte ihn Frankreich, mit dessen Hülfe er Oberöstreich und Böhmen besetzte. Hierauf wurde er unter den Nahmen Karl VII Kaiser. Nun verlohr er aber nicht allein alle Eroberungen, sondern auch sein eigenes Land, zu dessen ruhigem Besitze er nie wieder gelangte. st. 1745. 1740.
1741.
1742.

6. Maximilian Joseph endigt den ganzen bayerschen Mannsstamm.

Er bekam alle väterlichen Länder wieder. Dagegen mußte er aber den Ansprüchen auf die östreichischen Staaten entsagen, und in Franz I Wahl willigen. Er sorgte, unter andern Verdiensten um sein Land, für eine zweckmäßigere Einrichtung der hohen Schule zu Ingolstadt. (des Herrn von Ickstadt Verdienste um dieselbe) Mit seiner Gemahlin Marie Anne

Anne Sophie, des Königes August III von Polen Tochter, hatte er keine Kinder gezeugt. st. am 30 Decembr. 1777.

7. Dieß veranlaßt den bayerschen Erbfolgekrieg.

1778.
d. 3. Jan.

1779.
May.

Die Kurwürde und das Erzamt wurde dem pfälzischen Hause zu Theil. Eben demselben hätten auch alle Länder des letzten Kurfürsten zufallen sollen; allein Marie Therese machte auf verschiedene Lehnstücke von Bayern, auf die Herrschaft Mindelheim, und auf die böhmischen Lehne in der Oberpfalz, Ansprüche. Karl Theodor erkannte sie für gültig; auch gieng er noch andere ihm und seinem Hause nachtheilige Dinge ein. Der Kaiser zog zugleich die Rechtslehne ein; allein Kursachsen, Pfalzzweybrücken, und Meklenburg hatten gleichfalls Ansprüche. Der König Friedrich II von Preussen that zu ihrem Besten erst Vorstellungen, und griff hernach zu den Waffen. Der Friede zu Teschen sprach dem östreichischen Hause nur ein Stück des Rentamtes Burghausen zu, und die Ansprüche des Kurfürsten von Sachsen wurden durch Geld befriedigt.

Verfassung.

1. Bayern ist noch zu wenig angebaut und bevölkert.

Seine vornehmsten Producte sind: Getreide, Vieh, Holz, Eisen und Salz.

Man zählt in Ober- und Niederbayern 35 St. 95 Fl. und in der Oberpfalz 13 St. und 28 Fl.

Die Anzahl der Einwohner beläuft sich auf 1,300,000. Ursachen des Volksmangels: lange Kriege und noch immer fortdauernde Auswanderungen. Ein Drittel des Landes liegt ganz

ganz öde — 40,000 Einöden oder Einsiedleböse.

Fabriken und Manufakturen sind unbedeutend, oder fehlen ganz.

2. Desto reichlicher ist es mit Geistlichen versehen.

Gegen 103 Seelen allemahl ein Geistlicher. Ueber 900 Klöster und 5000 Mönche. Neue Maltheserzunge, zu deren Errichtung 6 Mill. von den Jesuitergütern angewendet wurden.
Seit 1786 residirt zu München wieder ein päbstlicher Nuntius ordinarius.

3. Die Macht des Staates könnte ungleich beträchtlicher seyn.

Die Einkünfte von Bauern allein betragen etwas über 6 1/2 Mill. Gulden. Die Staatsschulden sind sehr beträchtlich.

4. Aufklärung kämpft noch immer mit entgegenstehender Finsterniß.

Akademie der Wissenschaften zu München. Hohe Schule zu Ingolstadt.

Uebersicht der ganzen pfalzbayerschen Macht.

Größe 1051 Quadr. M.
Einwohner 2,200,000. (2093 auf eine Quadr. M.)
Einkünfte 10,000,000 Gulden.
Kriegsmacht: noch nicht 20,000 M.

III. Maynz.

Land.

Ein in verschiedenen Gegenden Deutschlands liegender Landstrich.

Der Haupttheil liegt am Rheine und Mayne. Zu demselben gehören Stücke von Spessart, vom Odenwalde, und von der Bergstraße.

Das erfurthische Gebieth, mitten in Thüringen, wird von der Gera durchwässert, und hat einen schwarzen und fetten Boden.

Das Eichsfeld, zwischen Thüringen und Niedersachsen, hat einen theils bergigen, theils ebenen Boden. Auf demselben entspringen die Unstruth und andere Flüsse mehr.

Geschichte.

1. Das Bißthum Maynz verwandelt sich in ein Erzbißthum.

Schon um die Mitte des 4ten Jh. war Maynz, die Hauptstadt im ersten Germanien, der Sitz eines Bischofs.

Durch die große Völkerwanderung gerieth die mainzische Kirche in Verfall.

745. Bonifacius verlegte seinen erzbischöflichen Sitz nach Maynz.

2. Sein Erzbischof behauptet frühzeitig ein großes Ansehn.

Riculf, Karls des Großen Zeitgenosse, half den isidorischen Decretalien Eingang verschaffen.

Wil-

Willigis, ein Mann von geringer Herkunft, der von der Kanzlerstelle am königlichen Hofe bis zum Erzbischof von Maynz sich empor schwang, erhielt vom Pabste die Bestätigung des Primats.   975.

3. Er beweiset als erster Kurfürst einen großen Einfluß auf die Königswahl.

Den ersten Kurfürsten stellte er schon zu Anfange des 11ten Jh. vor. Siegfried nahm Gregors VII Parthey gegen Heinrichen VI Lothar. 1024.

Rudolph von Habsburg und Adolph von Nassau hatten ihre Wahl vorzüglich dem Kurfürsten von Maynz zu danken.

Das Erzkanzleramt wurde ihm zuerst von dem Kaiser Adolph bestätigt.   1292.

4. Dem Pabste widersetzt er sich nicht selten.

Der Erzbischof Heinrich von Werneburg wollte den päbstlichen Bann gegen den Kaiser Ludwig von Bayern nicht erkennen, und wurde darüber abgesetzt. Sein Nachfolger, der Graf Gerlach von Nassau, konnte aber nicht eher als nach seinem Tode zum ruhigen Besitze des Erzstiftes gelangen.   1353.

Einst stritten sich der Graf Diether von Isenburg, und der Graf Adolph von Nassau um die erzbischöfliche Würde. Diether hatte das Unglück, dem Pabste zu misfallen. Jetzt nahm sich aber der Pfälzische Kurfürst Friedrich der Siegreiche seiner an. Adolph behielt nun zwar das Erzstift auf seine Lebenszeit; aber Diether bekam 4 Aemter, und die Anwartschaft.   1463.

5. Sein Gebieth sucht er, besonders in Thüringen, immer weiter auszudehnen.

Ob Otto der Große seinem natürlichen Sohne Wilhelm, welcher Erzbischof von Maynz war, ganz Thüringen geschenkt hat?

1294.

Den größten Theil des Eichsfeldes kaufte das Erzstift den Grafen von Gleichen zu Gleichenstein ab. Das Untereichsfeld brachte es von dem braunschweigischen Hause an sich.

1654.

Ueber Erfurth behauptete es von alten Zeiten her, die landesherrliche Hoheit besessen zu haben. Nach dem dreyßigjährigen Kriege verlangte der Kurfürst zu Erfurth in das Kirchengebeth eingeschlossen zu werden. Die Widersetzlichkeit der Stadt zog ihr die Reichsacht zu.

1664.

Der Kurfürst, dem die Vollziehung derselben aufgetragen wurde, eroberte sie mit Hülfe französischen Kriegsvolkes. Zwar verglich er sich darüber mit dem Hause Sachsen; dieß hat aber seinen Ansprüchen noch nicht völlig entsagt.

6. Der jetzige Kurfürst bestrebt sich, gleich seinem Vorgänger, um die Wohlfahrt seines Landes, und besonders um die Aufklärung der Unterthanen sich verdient zu machen.

Der vorige Kurfürst, Emmerich Joseph von Breitbach-Buresheim, nahm viele Schulverbesserungen vor. Der jetzige, Friedrich Karl Joseph, Freyherr von Erthal, hat sich durch Verbesserung der maynzischen Schule ein unsterbliches Andenken gestiftet. — Er ist zugleich Bischof zu Worms.

Verfassung.

1. Die Länder des Erzstiftes Maynz sind meistentheils gut angebaut und bevölkert.

Sie enthalten 54 St. 21 Fl. und 748 D.

Das Erzstift selbst 208,057 Einwohner.
Das Eichsfeld   74,000
Erfurth   36,000
_____
                   318,057 Einwohner.

Unter

Unter diesen befinden sich 830 Mönche und 600 Nonnen.

2. **Die Einwohner desselben ernähren sich auf verschiedene Art.**

Im Erzstifte selbst giebt es einige Manufacturen und Fabriken, und man führet aus demselben Wein, Mandeln, Kastanien, Nüsse u. s. w. aus. Die Obereichsfelder verfertigen vielen Rasch und viele Leinewand; die Untereichsfelder nähren sich vom Tobacks und Flachsbau. Die Erfurther benutzen ihren Boden zu Getreide und Gemüßen.

3. **Sie bekennen sich größtentheils zur katholischen Religion.**

Auf dem Eichsfelde und zu Erfurt giebt es auch evangelische Glaubensgenossen.
Der Kirchenstaat besteht aus 14 Landdechaneyen, 288 Pfarreyen u. s. w.
Das Generalvicariat ist das höchste geistliche Gericht.
Hohe Schulen zu Maynz und Erfurth. Akademie der Wissenschaften zu Erfurth.

4. **Der Kurfürst stellt einen der ansehnlichsten und mächtigsten Reichsfürsten vor.**

Er wird vom Domkapitel gewählt. Als erster Kurfürst des deutschen Reiches genießt er grosse Vorrechte.
Erfurth und das Eichsfeld haben ihren eigenen Regierungsstaat, an dessen Spitze sich ein Statthalter befindet.
Einkünfte: 1,800,000 fl.
Kriegsstaat: Leibgarde, Schweizer, Dragoner, 3 Regimenter zu Fuß, und 3 Landregimenter.

Die

III. Mäynz.

Die dem Erzbißthume Mäynz unterworfenen Bißthümer.

Worms. Am Rheine und größtentheils eben.

Speier. Am Rheine und zum Theil waldig. Diese beyden Bisthümer sind schon vor 350 vorhanden gewesen.

Kostanz (Kostniz) Es hat auf dem Reichsboden 2 Städte, 7 Dörfer und 1458 Häuser. Sein Sprengel, einer der ältesten und der grössten in Deutschland, begreift 20 Collegiat-Kirchen, über 1000 Pfarren, 229 Klöster u. s. w. Die Hauptkirche ist zu Kostanz; der Siz des Bischofes aber befindet sich zu Mörsburg.

Augsburg. Es soll um 590 entstanden seyn. Sehr viel wendete ihm Kaiser Heinrich II zu. Man rechnet 100,000 Thaler Einkünfte.

Würzburg. In Franken, und vom Rheine durchflossen, liefert besonders guten Frankenwein. Der erste Bischof, der h. Burkhard, wurde 741 vom Bonifacius eingeweihet. Seine Nachfolger nennen sich Herzoge der Franken. Einkünfte 4 bis 500000 Gulden. Kriegsstaat: 5 Regimenter. Es hat zeither einerley Bischof mit dem benachbarten Bißthume.

Bamberg welches aber unmittelbar dem Pabste unterworfen ist. Der Boden des leztern, einer der fruchtbarsten Deutschlands, liefert besonders Wein, Safran und Süßholz. Oberherren des größten Theiles desselben waren ehedem die mächtigen Grafen von Babenberg. Als Albrecht, der lezte seines Hauses, 908 enthäuptet worden war, fiel seine Grafschaft dem Reiche zu. Kaiser Otto III schenkte sie seinem Schwestersohne, dem Kaiser Heinrich II, der sie in ein Bißthum verwandelte. Sein Kanzler Eberhard, der erste Bischof, ward vom Pabste

III. Mayntz.

Pabste von aller erzbischöflichen Gerichtsbarkeit befreyet. — Würzburg zählt 33 St. und 11 Fl.; Bamberg 18 St. und 15 Fl. Beyde enthalten 400,000 Einwohner.

Eichstedt. Zwischen der Oberpfalz, Oberbayern, Onolzbach u. s. w. Flüsse: Altmühl, Rezat. Der erste Bischof war Willibald, des Bonifacius Vetter. Das Land gehörte größtentheils den Grafen von Hirschberg. 10 St. 1 Fl. 5 Compagnien Soldaten.

Paderborn. In Westphalen, um die Weser und Ems. Gute Viehzucht. Ursprung unter Karln dem Großen. 23 St. 1 Fl. 136 D. Kriegsstaat: 6 Compagnien.

Hildesheim. Zwischen lauter braunschweigischen Ländern; größtentheils bergig und waldig. Flüsse: Leine, Fuse und Ocker. Zur Zeit der Reformation befand es sich größtentheils in der Gewalt der Herzoge von Braunschweig und Lüneburg, die es dem Bischofe Johann abgenommen hatten. 8 St. 4 Fl. 334 D.

Fulda. Größtentheils von Hessen eingeschlossen. Bergig und waldig. Das Kloster gründete der h. Sturm, des Bonifacius Schüler. Der Pabst erklärte es 1752 für ein exemtes Bißthum, worüber sich aber Maynz beschwerte. Es zählt 154 Kirchen.

VI. Trier.

Land.

Das kleinste unter den deutschen Erzbißthümern.

    Gränzen: Luxenburg, Lothringen, Kurpfalz, Hessen, Nassau, Cöln.
    Boden: bergig und waldig. Zu wenig Getreide, aber beträchtlicher Weinwachs an der Mosel, und allerley Mineralien.
    Flüsse: Mosel, Lahn.

Geschichte.

1. Trier, der Wohnsitz des Erzbischofes, gehört unter die ältesten Städte Deutschlands.

    Sie wurde von den Trevirern bewohnt. Unter den Römern wurde sie erst die Hauptstadt des ersten Belgiens, und sodann die Hauptstadt von ganz Gallien. Unter den fränkischen Königen stand hier ein königlicher Palast.

2. Das hiesige Bißthum steht in Ansehung seines Alters gleichfalls keinem nach.

    Zu Anfange des 4ten Jh. (315) hatte es mit Cöln und Tongern einerley Bischof, der es aber in diesem Jahre an einen andern abgab. Seine Nachfolger übten gar bald das Recht eines Metropolitans aus. Erst 1580 kam die Stadt völlig unter ihre Bothmäßigkeit.

Der

IV. Trier.

Der jetzige Kurfürst, Clemens Wenzeslaus, König Augusts III von Polen Sohn, ist zugleich Bischof zu Augsburg und Coajutor zu Elwangen.

Verfassung.

Der Erzbischof ist der zweyte geistliche Kurfürst. Sein Erzkanzleramt wird nicht mehr ausgeübt.
Unterworfene Bisthümer: Metz, Tull, Verdun.
Einkünfte: 500.000 Gulden.
Kriegsstaat: Garde und 11 bis 1200 M. Soldaten.

V. Cöln.

Land.

Ein nicht großer, mit abwechselndem Boden versehener Landstrich.

Gränzen: nicht zusammenhängend. Der Haupttheil liegt am Rheine, zwischen Jülich, Berg, und Trier.
Boden: theils sehr bergig und waldig. (Eifelgebirg) theils sandig, theils fett.
Größe: 140 Quadr. M.
Bestandtheile: das eigentliche Erzstift, das Herzogthum Westphalen, und die Grafschaft Recklingshausen.

Es

Geschichte.

1. **Der Erzbischof zu Cöln gehörte frühzeitig unter die vornehmsten deutschen Erzbischöfe.**

    Die Ubier, die alten Bewohner Cölns, wurden von den Römern hieher verpflanzt. Colonia Agrippinensis.

    Schon 313 hatte Cöln mit Trier und Tongern einen gemeinschaftlichen Bischof. Unter dem Bonifacius wurde es dem maynzischen Sprengel unterworfen. Karl der Große stellte die erzbischöffliche Würde wieder her, und untergab dem Erzbischofe die Bischöfe zu Lüttich, Münster, Osnabrück, Utrecht und Minden. Die beyden letztern haben sich aber seiner Aufsicht wieder entzogen.

    Im 10ten Jh. war der Erzbischof von Cöln schon Primas, und im folgenden erlangte er das Erzkanzleramt durch Italien.

2. **Er nahm an den Schicksahlen Deutschlandes lebhaften Antheil.**

    Hanno entführte den jungen Kaiser Heinrich IV Reinold zog unter dem Kaiser Friedrich I mit einem Herrn nach Italien. Adolph unterstützte den Kaiser Otto IV. Engelbert ward unter dem Kaiser Friedrich II Reichsverweser; er wurde von einem Grafen von Jienburg umgebracht. Konrad von Hohenstedt hatte auf Richards Wahl großen Einfluß.

3. **Er vermehrte sein Land beträchtlich.**

    Als Heinrich der Löwe in die Acht erklärt worden war, bekam der Erzbischof Philipp dasjenige, was Heinrich in Engern und Westphalen besessen hatte.

4. **Der Erzbischof Ruprecht wurde seines Amtes entsetzt.**

Ein Bruder des Pfalzgrafen Friedrich des Siegreichen. Er verunreinigte sich mit dem Domkapitel und mit den Landständen, weil er eine neue Steuer ausgeschrieben hatte. Dieß bewirkte seine Absetzung. Das Domkapitel wählte den Landgrafen Hermann von Hessen zum Administrator, und es entstand deßwegen ein Krieg. 1472.

5. Der Erzbischof Gebhard macht einen unglücklichen Versuch, die reformirte Religion einzuführen.

Von dem Geschlechte der Truchseße. Er erklärte daß er sich zur reformirten Religion bekennen, und diese in dem Erzstifte einzuführen wünsche; doch wollte er dasselbe nur auf seine Lebenszeit behalten. Er vermählte sich hierauf mit der Gräfin Agnes von Mannsfeld; allein der Pabst entsetzte ihn seines Amtes, und that ihn in den Bann. Das Domkapitel wählte den Herzog Ernst von Bayern zum Erzbischof. Gebhard suchte sich mit Gewalt zu behaupten; er mußte aber der Ueberlegenheit seines Gegners weichen, und sich mit der Domdechantenstelle zu Straßburg begnügen. 1582.

6. Die folgenden Kurfürsten bemühen sich vergebens, die Reichsstadt Cöln ihrer Herrschaft zu unterwerfen.

Es folgte jetzt eine Reihe von Erzbischöfen aus dem bayerschen Hause.

Der Hoheitsstreit, der schon seit einiger Zeit zwischen dem Kurfürsten und der Reichsstadt Cöln geherrscht hat, bekam zuletzt eine sehr ernsthafte Gestalt. Der Kurfürst wollte sie mit französischer Hülfe bezwingen; die Stadt machte aber, von holländischem Gelde und Kriegsvolke unterstützt, so gute Vertheidigungsanstalten, daß er seinen Zweck verfehlte. 1670.

E Joseph

66 V. Cöln.

Joseph Clemens behauptete sich gegen den von Frankreich unterstützten Fürsten von Fürstenberg.

Einige Erzbischöfe haben seit einiger Zeit auch noch andere Bißthümer, und besonders Münster, besessen.

seit 1784. Jetziger Kurfürst und Erzbischof ist der Erzherzog Maximilian von Oestreich, Hoch- und Deutschmeister, und Bischof zu Münster.

Verfassung.

1. **Das Erzstift ist, nach Verhältniß seiner Fruchtbarkeit, nicht hinlänglich bevölkert.**

   Die vornehmsten Producte sind: Weine und verschiedene Mineralien. Westphalen hat Viehzucht — Erzgebirge und Salzquellen.

   Ueberhaupt 52 St. und 17 Fl.

   Einwohner: höchstens 150,000. Religionsbedrückungen, besonders zur Zeit des trugsetzischen Krieges, haben sie sehr vermindert.

2. **Der Erzbischof macht einen der vornehmsten und ansehnlichsten Reichsfürsten aus.**

   Er ist der dritte Erzbischof und Kurfürst. Der Sitz des Domkapitels ist zu Cöln; die Residenz des Kurfürsten zu Bonn.

   Zu den Landständen gehören, ausser dem Domkapitel, Grafen, Ritterschaft und Städte.

   Einkünfte: wenigstens eine Mill. Gulden.

Die dem Erzstifte Cöln unterworfenen Bißthümer.

Lüttich. In den Niederlanden. 100 Quadr. M. 26 St. 1400 D. 10,000 Einwohner.

Mün-

Münster. Zwischen den Niederlanden und dem übrigen Westphalen. Meistens ebener Boden. Flüsse: Ems, Lippe u. a. m. Es entstand unter Karl dem Großen. Unter seinen Bischöfen zeichnete sich besonders der kriegerische Christoph Bernhard von Galen aus. — 24 St. st. 1678. 12 Fl. Einwohner 350,000. Kriegsstaat 7 Regimenter.

Osnabrück. In Westphalen. Größtentheils Heideland. Flüsse: Hase, Hunte. Größe: 56 Quadr. M. — Es entstand gleichfalls unter Karln dem Großen. Jetzt wechselt ein katholischer mit einem evangelischen Bischofe ab, und letzterer ist allemahl ein Prinz aus dem braunschweig-lüneburgischen Hause — 4 St. 3 Fl. 20,000 Feuerstellen, 117,000 Einwohner.

VI. Salzburg.

Land.

Ein ungemein bergiger Landstrich.
Gränzen: zwischen Oestreich und Bayern, und rundumher von Bergen eingeschlossen.
Boden: lauter Berge und Thäler.
Flüsse: Salza, Ens, Muhr.
Größe: 240 Quadr M.

Geschichte.

1. Dieses Bißthum erhob sich noch im 8ten Jh. über verschiedene andere Bißthümer.

VI. Salzburg.

Schon zu Juvavia, an dessen Stelle Salzburg kam, hatte ein Bischof seinen Sitz. Der erste eigentliche Bischof von Salzburg war der h. Ruprecht. Bonifacius gab auch diesem Stifte seine feste Gestalt. Noch zu Ende des 8ten Jh. erhielt der Bischof Arno vom Pabste das Pallium, und die Vorzüge eines Metropoliten. Der salzburgische Sprengel erstreckte sich damahls nicht nur durch Bayern, sondern auch durch einen Theil von Oestreich, Böhmen, Mähren und Ungern. Kaiser Heinrichs IV Zeitgenoß Gebhard wurde zum Legaten des h. Stuhles in Deutschland ernennt.

716.

798.

2. Es streitet sich, der geistlichen Hoheit über eines Theiles seines Sprengels wegen, mit dem Bißthume Passau.

977. Der Bischof von Passau erlangte den Titel eines Erzbischofs von Lorch, dessen Sitz 616 von den Hunnen zerstöhrt worden war, und er erhielt zugleich die geistliche Aufsicht über Oberpannonien. Hierüber entstand zwischen Salzburg und Passau ein Exemtions=Streit, der erst 1694 zum Vortheile des erstern entschieden wurde.

3. Es wird durch die Religionsstrenge eines Erzbischofes eines großen Theiles seiner Einwohner beraubt.

1731. Der Erzbischof Anton Leopold Eleuther jagte viele tausend evangelische Unterthanen aus dem Lande, die in den preussischen Staaten und in Amerika mit Vergnügen aufgenommen wurden.

Der jetzige Erzbischof Hieronymus, ein gebohrner Graf von Colleredo, einer der aufgeklärtesten Prälaten Deutschlands, hat sich durch seine weisen Anordnungen in seinem Erzstifte ein unsterbliches Verdienst gemacht.

VI. Salzburg.

Verfassung.

1. Das Land ist viel zu wenig angebaut und bevölkert.

   Den Mangel an Getreide ersetzen seine vortreffliche Pferdezucht, seine ergiebigen Salzbergwerke und andre Mineralien.

   6 St. 25 Fl. und 250,000 Einwohner.

   Bewaffnete Bauern. Kein Landadel.

   2. Im Lande verfertigt man vielen Stahl und Messing, ingleichen grobes Tuch und Leinewand.

2. Der Erzbischof macht einen der vornehmsten geistlichen und weltlichen Reichsfürsten aus.

   Unter seine großen Vorrechte gehören das Primat, die Cardinalskleidung u. s. w.

   Einkünfte: 4 Mill. Gulden.

   Hohe Schule zu Salzburg.

   Dem Erzstifte Salzburg sind unterworfen: die Bischöfe zu Freysingen, Regensburg, Brixen, Chiemsee, Seckau und Lavant.

V. Würtemberg.

Land.

Ein beträchtlicher, ungemein fruchtbarer Landstrich.

Gränzen: Speyer, Pfalz, Oestreich, Baden und eine Menge Grafschaften, Herrschaften und Reichsstädte.

VII. Würtemberg.

Größe: ungefähr 200 Quadr. M.
Boden: einer der wärmsten und fruchtbarsten in Deutschland. Am niedrigsten und wärmsten, liegt das Unterland zwischen Heilbronn und Stuttgard; höher und kälter ist der mittlere Landstrich, zwischen dem Unterlande, der Alb und dem Schwarzwalde; der kälteste Himmelsstrich herrscht auf dem letztern.
Flüsse: Neckar, Ens, Murr.
Bestandtheile: viele zusammengebrachte Graf und Herrschaften. Man theilt das ganze Herzogthum in das Land ob und unter der Staig.

A. Unter Grafen — 1495.

1. Bald zeichneten sich die würtembergischen Grafen unter den übrigen schwäbischen Herren vorzüglich aus.

    Sie waren schon zu Ende des 10ten Jh. so mächtig, daß sie sich dem schwäbischen Bunde widersetzen konnten; auch leistete Albrecht III dem Kaiser Konrad III wider den Herzog Heinrich den Stolzen Beystand.
    Die meisten Grafen dieser Zeit kommen nur als Wohlthäter von Klöstern vor. Doch waren sie zugleich auf die Vermehrung ihrer Schlösser und Güter bedacht.

2. Graf Ulrich mit dem Daumen war zu seiner Zeit der berühmteste Graf in ganz Schwaben.

    Ein Ritter von ausgezeichneter Tapferkeit, der, nebst andern schwäbischen Herren, dem König Heinrich Raspe sich widersetzte, sein Land durch die Grafschaft Urach vermehrte, und von dem unglücklichen Conradin das Marschallamt in Schwaben, die Vogten über Ulm, und das Landgericht in der Pfürs erhielt. st. 1265.

3. Eber-

3. **Eberhard der Durchlauchtige gehörte unter die berühmtesten deutschen Krieger seines Zeitalters.**

> Ulrichs Sohn. Er widersetzte sich nebst andern dem Kaiser Rudolph von Habsburg. Die Händel zwischen diesem und Eberharden hörten fast nicht auf. Endlich unterlag Eberhard, und Stuttgard sollte geschleift werden. Sein Sohn vermählte sich aber mit einer Gräfin von Hohenburg, die mit Rudolphen nahe verwandt war. Auch der Kaiser Adolph zwang ihn zum Gehorsame; er schlug sich aber in der Folge zu Albrechts Parthey. Er vermehrte sein Land ansehnlich, und konnte dennoch grosse Summen vorschießen. Seine Länderbegierde verwickelte ihn aber auch in manchen Krieg mit den Nachbarn. Zuletzt vereinigten sie sich gegen ihn, und er hätte beynah alles verlohren. st. 1325. Sein Sohn Ulrich IV vermehrte sein Land durch friedliche Mittel. — In 150 J. wurde ganz Würtemberg zusammengekauft. Am meisten beförderten dies gute Sparsamkeit wenig Familie, und lange Regierung der Grafen.

4. **Eberhard der Greiner war sein ganzes Leben hindurch in Fehden verwickelt.**

> Ein geschworner Feind der Reichsstädte. Er behandelte sie so unbarmherzig, daß Karl IV mit 3 Heeren gegen ihn anrückte. Eberhard 1360. mußte sich demüthigen. Der Krieg mit den Reichsstädten dauerte aber demungeachtet fort. Eine Niederlage bey Reutlingen schwächte ihn 1377. gewaltig. Er trat jedoch zur Löwengesellschaft, und siegte wieder. st. 1392.

5. **Seine Nachfolger erlangten immer mehr Macht und Ansehn.**

> Eberhard der Milde, des vorigen Enkel, einer der mächtigsten Reichsstände, sollte an Wenzels

VII. Würtemberg.

        zels Stelle Kaiſer werden. Zu ſeinem gewöhnlichen Hofſtaate gehörten 6 Fürſten, 8 Grafen, 5 Freyherren und 70 Edelleute. Er machte aber auch große Schulden. ſt. 1417.

1430.   Ludewig, des vorigen Enkel, zog mit 232 Grafen, Freyherren und Edelleuten in den Huſſitenkrieg. Er mußte aber, ſeines großen Aufwands wegen, manches verpfänden. Er theil-

1442.   te das väterliche Land mit ſeinem Bruder Ulrich. Ihrer Mutter wegen erbten ſie die Grafſchaft Mömpelgart. Ulrich macht ſich durch ſeine unglücklichen Kriege berühmt. Er wur-

1462.   de in der Schlacht bey Eckingen gefangen, und mußte ſich mit 100,000 Gulden löſen. (Oben S. 32.) ſt. 1480.

B. Unter Herzogen, ſeit 1495.

1. Erberhard I (der Bärtige) verſchafft ſeinem Hauſe die herzogliche Würde.

     Ludewigs zweyter Sohn. Die ausſchweifenden Geſinnungen ſeiner Jugend vertauſchte er frühzeitig mit ernſthaftern. Nun zog er nach Paläſtina, ſtiftete Klöſter, ſchätzte den Umgang mit Gelehrten, führte die Untheilbar-

1477.   keit ein, legte die hohe Schule zu Tübingen an, und erhielt vom Kaiſer Maximilian die herzogliche Würde, nach der ſein Vatersbruder Ulrich vergeblich geſtrebt hatte. ſt. 1496 ohne Kinder.

2. Eberhard II wird durch ſeine Unbeſonnenheit unglücklich.

     Ulrichs Sohn, mißhandelte ſeine Gemahlin, verwarf die weiſen Rathſchläge ſeiner Miniſter, machte immer neue Entwürfe, die nichts taugten, und erſchöpfte die Einkünfte des Landes durch großen Aufwand, wozu Hans Truchſeß von Stetten, und Conrad Holzinger ihn am meiſten ermunterten. Die Landsſtände

VII. Würtemberg. 73

de setzten endlich die gedachten Minister gefangen, und bemächtigten sich der wichtigsten Festungen. - Eberhard mußte die Regierung niederlegen, und alle seine Bemühungen, sie wieder zu erlangen, waren vergeblich, st. 1504. 1498.

3. **Ulrich macht sich bey seinen Landständen äußerst verhaßt.**

Sein Vater Heinrich, Eberhards II Bruder, war blödsinnig, und seine Vormünder ließen ihn selbst schlecht erziehen. Jagd, Turniere und Feldzüge verzehrten erstaunliche Geldsummen. In dem landshuthischen Erbfolgekrieg zog er mit 20,000 M. Fußvolk, und 800 Reitern. Auf dem Reichstage zu Kostnitz erschien er mit 300 wohlgerüsteten Grafen, Rittern und Edeln, welche insgesamt Pferde von einerley Farbe hatten. Auf seinem Vermählungsfeste bewirthete er 1000 Gäste. In weniger als 10 Jahren war hierdurch 1 M. U. Schulden bewirkt. Nun erhöhete er den Weinzoll; nun verringerte er Maß und Gewicht. Die darüber mißvergnügten Bauern brachen in gefährliche Unruhen aus, die durch den tübinger Vertrag, ein Hauptgrundgesetz des Herzogthums Würtemberg, auf einige Zeit unterbrochen wurden. 1507.

1514.

4. **Er wird darüber sein Land zu verlassen genöthigt.**

Zu dem noch nicht unterdrückten Mißvergnügen seiner Unterthanen, kam noch Uneinigkeit mit seiner Gemahlin, und Eifersucht auf Hans von Hutten, den er ermordete. Dessen Familie klagte es dem Kaiser Maximilian. Ulrich versagte Demselben den Gehorsam, und rüstete sich zum Kriege. Maximilian erklärte ihn in die Acht. Doch verglich er sich mit demselben. Ulrich sollte nun die Regierung einigen Landständen übergeben; er behandelte aber einige Minister, die er der neuen Regierungsform geneigt hielt, auf das grausam- 1515.

1516.

E 5   ste,

1419. ste, und Maximilian ward nur durch seinen Tod verhindert, ihn ernstlicher zu bestrafen. Durch den Ueberfall von Reutlingen brachte er hierauf den ganzen schwäbischen Bund wider sich auf, und nun verlohr er sein ganzes Land.

5. Nach vieler Mühe gelangte er endlich wieder zum Besitze desselben.

1520.
1530. Er machte von der Pfalz aus einen Versuch, es wieder zu erobern; die Macht des schwäbischen Bundes war ihm aber zu überlegen. Dieser übergab das württembergische Land Kaiser Karl V, welcher seinen Bruder Ferdinand damit belehnte. Ulrich versuchte, besonders zur Zeit des Bauernkrieges, es wieder zu erobern; allein die Trennung des schwäbischen Bundes und des hessischen Philipps Unterstützung, bewirkten das meiste. Ulrich und Philipp brachten, von Frankreich begünstigt, 50000 Reuter und 20000 M. Fußvolk zusammen. Der Sieg bey Sontheim verschaffte Ul-

1534. richen sein Land wieder, und durch den Vertrag zu Cadan wurde er im Besitze desselben befestigt. Doch behielt sich Oestreich damahls die Lehnsherrschaft über Würtemberg vor.

6. Er beweiset sich hierauf als einen eifrigen Anhänger der Reformation.

Er führte nunmehr die lutherische Religion ein, der Ferdinands Regierung den Eingang zu versperren gesucht hatte. Schnepfs und Osianders verschiedene Gesinnungen veranlaßten große Streitigkeiten. Die eingezogenen Reichthümer der Klöster wurden größtentheils zum Besten der Kirchen und Schulen angewendet. Die Aufsicht über dieselben bekam der Kirchenrath. An dem schmalkaldischen Kriege nahm Herzog Ulrich lebhaften Antheil; er mußte sich aber nach der Zerstreuung des schmalkaldischen Heeres demüthigen, und die Kriegskosten bezahlen. st. 1550.

7. Ul.

VII. Würtemberg.

7. Ulrichs Nachkommenschaft stirbt mit seinen Söhnen aus.

Christoph der Ältere befand sich in Gefahr, von Karln V in ein spanisches Kloster gesteckt zu zu werden. Er diente hierauf seinem Feinde, dem Könige Franz I von Frankreich. In seinem Eifer, den würtembergischen Kirchenstaat nach lutherischen Grundsätzen einzurichten, unterstützten ihn Johann Brenz und Jacob Andreä. Damahls entstanden die Klosterschulen und das tübingische Seminarium. Christoph erwarb sich auch noch noch andere Verdienste um sein Land. st. 1568.

Ludewig, Christophs zweyter Sohn, stiftete das Collegium illustre zu Tübingen. Uebrigens regierten eigentlich die Geistlichen und der Adel. st. 1593.

8. Friedrich bestrebt sich hauptsächlich uneingeschränkt zu regieren.

Er war der Sohn des Grafen Georgs, eines Bruders des Herzog Ulrichs. Er brachte zur herzoglichen Würde einen in fremden Ländern gebildeten hohen Geist, der sich durchaus nicht wollte einschränken lassen. Hauptsächlich war es seine Absicht, den tübingischen Vertrag zu ändern. Die Afterlehnschaft, die dem östreichischen Hause bisher über Würtemberg zugestanden hatte, verwandelte er in eine bloße Anwartschaft. st. 1608.   1599.

9. Zu den Unordnungen unter Herzog Johann Friedrichs Regierung gesellt sich noch der 30jährige Krieg.

Goldmacher und Tonkünstler halfen die Landesschulen außerordentlich vermehren. Die Streitkeiten der Theologen waren jetzt lebhafter als jemahls. Das Land war, seines Antheils an der Union wegen, in Gefahr von dem Spinola besetzt zu werden; endlich konnte er es doch nicht   1621.]

VII. Würtemberg.

1628. nicht verhindern, daß Wallensteins Heer einrückte und plünderte. Hierüber starb er.

10. Unter Eberhard III wird das würtembergische Land von den größten Drangsalen des 30jährigen Krieges heimgesucht.

Er stand einige Zeit hindurch unter der Vormundschaft seines Vatersbruders. Während derselben besetzten die Kaiserlichen alle Klöster, und räumten sie den schwäbischen Prälaten ein. Der Administrator Julius Friedrich mußte,

1631. nach einem unglücklichen Versuche, sich zu widersetzen, einen harten Vergleich eingehen. Gustav Adolphs Sieg bey Leipzig verschaffte dem bedrängten Würtemberg einige Hoffnung, die ihm aber durch die unglückliche Schlacht

1633. bey Nördlingen völlig wieder entzogen wurde. Eberhard, der jetzt selbst regierte, flüchtete nach Straßburg, und ließ sein Land indessen von den Kaiserlichen mißhandeln. Von einer halben Million Einwohner war 1641 kaum noch der zehnte Theil übrig, und noch 1654 lagen 36000 Privathäuser darnieder. An Gelde hatte dieser Krieg dem Lande über 118 Mill. Gulden gekostet. Der größte Theil des Landes wurde noch überdieses unter kaiserliche Minister und Generale getheilt, und bloß seinen Ministern hatte es Eberhard zu verdanken, daß er wieder zum Besitze seines Landes gelangte. st. 1674.

11. Es wird hierauf von den Franzosen einigemahl gemißhandelt.

Zuerst unter dem H. Wilhelm Ludewig, Eberhards Sohne. st. 1677. Sein Brudersohn, Eberhard Ludewig, erst ein Jahr alt, stand unter der Vormundschaft seines Vatersbruders, Friedrich Karls, und seiner Mutter. Die Franzosen, die das Land ungemein verwüsteten, nahmen zuletzt den Administrator gefangen.

1692. Der Kaiser erklärte hierauf den jungen Herzog für volljährig; ein neuer Einfall der Franzosen bewog ihn aber, sich einige Zeit auf Reisen zu begeben.

12. **Eberhard Ludewig zog seinem Lande eine erstaunliche Schuldenlast zu.**

 Er unterhielt einen glänzenden Hofstaat und eine ansehnliche Kriegsmacht, an deren Spitze er sich im spanischen Successionskriege großen Ruhm erwarb. Die Liebe zu dem Fräulein von Grävenitz verleitete ihn zu mancher Ungerechtigkeit gegen seine Gemahlin, und gegen seine Minister, verringerte sein Ansehn außerordentlich, und er häufte eine erstaunliche Summe von Schulden an. Er starb ohne Erben.   1733.

13. **Karl Alexander sorgte, während seiner kurzen Regierung, mehr für seinen Kriegsruhm, als für den Wohlstand seiner Unterthanen.**

 Er hat sich nicht nur im spanischen Erbfolgekriege, sondern auch im Türkenkriege außerordentlich hervor. Als der Krieg wegen der polnischen Königswahl ausbrach vermehrte er sein Heer bis auf 18000 M. st. 1737.

14. **Karl Eugen, der jetzige Herzog, hat sich** geb.1728
in der Geschichte seines Landes ein unsterbliches Andenken gestiftet.

 Im 7jährigen Kriege zog er, zum Besten der Kaiserin Marie Therese, mit einem eignen Heere aus. Der größte Theil desselben wurde aber in der Folge wieder abgedankt. Das lebhafteste Bestreben des Herzogs ist seidem auf die Ausbreitung der Wissenschaften gerichtet. Sein Nachfolger ist sein Brudersohn Friedrich Wilhelm Karl.   geb.1754
Von den vielen Nebenlinien ist nur noch die zu Oels vorhanden, die sich aber gleichfalls ihrem Ende nähert.

VII. Würtemberg.

Verfassung.

1. **Das Land ist mit allerley Producten reichlich gesegnet.**

    Alle Arten von Getreide; ganze Wälder von Obstbäumen; Neckarweine; Hanf und Flachs; ergiebige Bergwerke, besonders an Eisen; Mangel an Salz.

2. **Es ist vortrefflich angebaut und bevölkert.**

    68 St. 1200 Fl. Dörfer und Weiler.
    600,000 Einwohner. An den Auswandrungen hat die Regierung keine Schuld.

3. **Die Einwohner bekennen sich zur lutherischen Religion.**

    Der Herzog ist zwar katholisch, aber man hat für die Sicherheit der lutherischen Unterthanen hinlänglich gesorgt.
    Man zählt 555 lutherische Pfarrer, zu welchen 839 Filiale gehören, und etwa 50 Diaconate. Zum ganzen Kirchen= und Schulenstaate rechnet man überhaupt 732 Kirchen= und 133 Lehr=Ämter. Die Aufsicht ist unter 4 Generalsuperintendenten vertheilt.

4. **Für den Unterricht derselben ist sehr gut gesorgt.**

    Zu den Erziehungs= und Schulanstalten gehören die Akademie zu Stuttgard, die hohe Schule und das theologische Stipendium zu Tübingen, das Gymnasium zu Stuttgard, das Collegium illustre zu Tübingen, 4 Klosterschulen und über 50 lateinische Trivialschulen.

5. **Ihre Manufacturen und Handel sind nicht unbeträchtlich.**

    Leinen= und Wollenwebereyen.

VII. Würtemberg. 79

Handel: mit Getreide nach der Schweitz; mit Neckarwein bis nach England; mit Leinewand nach der Schweitz und durch Frankreich bis nach Amerika.

6. Der Herzog macht einen der ansehnlichsten Reichsfürsten aus.

Er führt auf dem Reichstage zwey Stimmen, wegen Würtemberg und Mömpelgard. Im schwäbischen Kreise ist er mitausschreibender Fürst. — Titel. Wappen. Reichspanner-herrnamt.
Landstände: Prälaten und Städte.
Einkünfte: wenigstens 4 Mill. Gulden.
Kriegsstaat: 5000 M.

VIII. Baden.

Land.

Ein längst dem Rheine sich erstreckender, schöner Landstrich.

Gränzen: die östliche Seite des Rheines; Würtemberg und verschiedene andere schwäbische Länder.
Boden: abwechselnd und fruchtbar.
Flüsse: kleine, die sich in den Rhein ergießen.
Größe: Quadr. M.

Geschichte.

A. Bis auf die Entstehung der beyden Hauptlinien oder — 1518.

1. Die

VIII. Baden.

1. Die badenschen Lande sind aus verschiedenen Grafschaften erwachsen.

> In den ältesten Zeiten bewohnten sie Marcomannen und Alemannen.
> Unter den Römern scheint die Gegend um Baden besonders den Kaufleuten und Schiffern wichtig gewesen zu seyn
> Im Mittelalter gehörten diese Länder den Grafen von Zähringen, den Grafen von Calw, den Grafen von Henneberg u. a. m.

2. Die jetzigen Herren derselben stammen von den Grafen von Zähringen ab.

> Als ihren ersten Ahnherrn kennt man einen gewissen Ethich, der als Herzog von Elsaß vorkommt. Einer seiner Nachkommen stiftete das Kloster Schwarzach.
> Hermann I soll durch seine Gemahlin einen Theil von den Güthern der Grafen von Calw an sich gebracht, und den markgräflichen Titel angenommen haben. Der letztere rührte von der Markgrafschaft Verona her, welche einige Herren aus diesem Hause verwalteten.

1112.
> Herrmann II nennte sich zuerst einen Markgrafen von Baden.

3. In der ersten Hälfte des 13ten Jh. waren fast alle badenschen Länder bereits vereinigt.

1196.
> Der Bezirk von Durlach, der dem Grafen von Henneberg gehörte, kam durch Vermählung an die Herzoge von Franken. Kaiser Friedrich II vertauschte ihn, gegen die Hälfte der Stadt
1234.
> Braunschweig, an den Markgrafen Hermann V.

4. Sie wurden aber in der Folge getheilt, und ihre Herren spielten eben deßwegen keine der ansehnlichsten Rollen.

> Hermann V stiftete die badensche und sein Bruder Heinrich die bachbergische Linie. Hermann

mann VI, des erstern Sohn, nannte sich, als
Gemahl einer Verwandtin des letzten östreichischen Herzogs, aus dem babenbergischen
Stamme, einen Herzog von Oestreich. Mit
seinem Sohne Friedrich, der zugleich nebst
dem Conradin enthauptet wurde, erlosch die   1268.
ältere Linie des badenschen Hauses.

Hermanns Bruder, Rudolph, pflanzte das Geschlecht in Baden fort, bewies sich, der Sit-
te seiner Zeit gemäß, gegen Kirchen und Klöster ungemein freygebig, gerieth in verschiedene Fehden, besonders mit dem Kaiser Rudolph dem I, und erwarb sich ein Recht auf
die eberstelnischen Lande. st. 1288.

Rudolph V. brachte endlich das ganze Land wieder zusammen, und erhielt vom Kaiser Karl   1422.
VI die erste feyerliche Belehnung mit dem badenschen Lande.

5. **Bernhard** gehörte, seiner unaufhörlichen   1361.
Fehden wegen, unter die berühmtesten Für-
sten seines Zeitalters.

Rudolphs VI Söhne theilten abermahls. Rudolph der Aeltere, der mit den rheinischen und
schwäbischen Städten in beständigen Fehden
verwickelt war, und dennoch seinen Landesantheil vermehrte, hinterließ ihn seinem Bruder Bernhard. Dieser gerieth unter andern
mit dem Kaiser Ruprecht, der ihm die von   1391.
Wenzeln verliehenen Reichszölle entziehen
wollte, in eine große Fehde. Zu dieser gesellte sich eine andere, zu welcher die Zölle in
der Grafschaft Hochberg Gelegenheit gaben.   1403.
Kurz, einer von diesen kleinen Kriegen dräng-
te gleichsam den andern. Demungeachtet
vermehrte er sein Land sehr ansehnlich; auch
sorgte er für gute Gerechtigkeitspflege. st. 1431.

6. **Jacobs** Regierung hingegen zeichnet sich
durch Frieden und Ruhe aus.

Der erste badensche Fürst, der wissenschaftlichen Unterricht erhielt. Er erbte einen Theil der Grafschaft Spanheim, und Kaiser Friedrich III ertheilte ihm das Recht der Nichtappellation. st. 1453.

7. **Karl I** wurde durch seine unglücklichen Kriege bekannt.

Als des Kaiser Friedrichs III Schwager mußte er an dessen Händeln meistens Antheil nehmen. Er wurde auch in den maynzischen Krieg zwischen dem Grafen Adolph von Nassau und dem Grafen Dietrich von Isenburg, verwickelt. Als Adolphs Bundesgenoß rückte er mit 6000 M. Fußvolk und 800 Reitern in die Pfalz. Er und sein Bruder wurden aber bey Heidelberg gefangen. Friedrich der Siegreiche ließ ihm Ketten anlegen, und 13 Monate gefangen setzen. Dieß kostete ihm einen Theil der Grafschaft Spanheim. Uebrigens einer der ruhmwürdigsten badenschen Fürsten. st. 1475 an der Pest.

8. **Christoph I,** einer der berühmtesten Fürsten seiner Zeit, gründete durch seine Theilung die beyden Hauptlinien des badenschen Hauses.

Dem Kaiser Friedrich III zog er, als dieser seinen Sohn Maximilian aus der Gefangenschaft zu Brügge befreyen wollte, nebst seinen Brüdern, mit 4000 M. zu Hülfe. Er verließ das alte Schloß Baden, veranstaltete eine Gesetzsammlung, und vermehrte sein Land sehr ansehnlich. Er brachte unter andern das Land der Markgrafen von Hachenburg-Sausenberg an sein Haus.

Er theilte das Land unter seine 3 weltlichen Söhne; da aber der zweyte Philipp, ein großer Gönner der Reformation, ohne Erben starb, so fiel sein Land seinen Brüdern Bernhard und Ernst zu.

B. Seit

VIII. Baden.

B. Seit der Entstehung der beyden Hauptlinien des badenschen Hauses, oder seit 1588.

2. Baden-Baden.

1. Die Fürsten dieser Linie theilten ihre Länder noch weiter.

Bernhard III, der Stifter derselben, hielt sich meistens in Luxemburg auf, und führte die evangelische Religion ein. st. 1536. Philibert und Christoph theilten. Der letztere bekam die luxemburg-badenschen Lande, und stiftete die rodemacherische Linie. Jener zog nach Ungern und sodann nach Frankreich, wo er im Dienste des Königs sein Leben einbüßte. 1569.
Sein Sohn Philipp II ließ das Schloß zu Baden schöner und größer bauen, und wirthschaftete übrigens sehr schlecht. 1579.

2. Eduard Fortunatus zog sich durch seine boshafte Gemüthsart vieles Unglück zu.

Er vermehrte die Schulden seines Haus's, und erlaubte sich, um Geld zu bekommen, schändliche Mittel. Zuletzt wies er sein Land den Schuldherrn an: sein Vetter, der Markgraf Ernst Friedrich von Baden-Durlach, nahm es aber in Besitz. Seinem Sohn Wilhelm wollten seine Vettern, seiner adlichen Mutter wegen, nicht für erbfähig erkennen. Sie mußten ihm aber, als Georg Friedrich von der durlachischen Linie die Schlacht bey Wimpfen verlohren hatte, das Land wieder einräumen. 1622.

3. Wilhelm führt die katholische Religion in seinem Lande ein.

Er zog in dieser Absicht die Jesuiten ins Land, stiftete Kapucinerklöster, und stellte das Kloten Frauenalb wieder her. Im zojährigen Kriege focht er für Oestreich. Er wurde in der Folge Reichskammerrichter, und erhielt das Prädicat Durchlaucht. st. 1677, 84 Jahr alt. Seine Söhne gehörten unter die grössten Helden ihres Zeitalters.

4. **Ludewig Wilhelm** that sich in östreichischen Kriegsdiensten ausserordentlich hervor. Wilhelms Enkel. Er blieb, der ihm von den Franzosen angethanen Drangsalen ungeachtet, dem Kaiser sehr ergeben. Ludewigs Reunionskammer liessete ihm nicht nur die luxemburgischen Besitzungen, sondern auch die Grafschaft Spanheim u. s. w. Dem belagerten Wien eilte er mit einigen Regimentern zu Hülfe. Ueberhaupt leistete er dem östreichischen Hause, sowohl gegen die Türken als gegen die Franzosen, wichtige Dienste. Der ryswickische Friede verschaffte ihm seine Besitzungen wieder. Wegen des Mangels am Gelde schlug ihm seine Absicht auf die polnische Krone fehl. Auch im spanischen Erbfolgekriege bewies er seine Tapferkeit. st. 1707. Seine Gemahlin Sybylle Auguste, die Tochter des letzten Herzogs von Sachsen-Lauenburg, verschaffte ihm auf dessen Länder Ansprüche, die ihm aber nur einige böhmische Herrschaften einbrachten. Eben dieselbe tilgte als Vormünderin einige Mill. Schulden. st. 1733.

5. Diese Linie erreichte ihr Ende.
Ludewig Georg entwich beym Ausbruche des Krieges wegen der polnischen Königswahl, nach Böhmen. Sonst rühmt man manche Tugend desselben. st. 1761.
August Georg, des vorigen Bruder, wurde vom Subdiaconus zuletzt kaiserlicher Feldmarschall. Als Regent zeichnete er sich durch Menschenliebe und guten Anstalten für sein Land aus. st. 1771 ohne Erben.

b. Ba-

VIII. Baden.

b. Baden-Durlach.

1. Ernst, der Stifter dieser Linie, hatte mit manchen Mühseligkeiten zu kämpfen.

Der Kaiser Maximilian verschaffte ihm, wegen der Markgrafschaft Hochberg, Sitz und Stimme auf dem Reichstage. Zur Zeit des Bauernkrieges zerstörten die Bauern fast alle seine Schlösser. Ernst flüchtete nach Straßburg, und überließ es dem Maltheserritter Georg von Hohenheim, diese Unruhen zu dämpfen. Wegen des Beystandes, den er dem Hause Oestreich gegen die Türken leistete, mußte er eine allgemeine Landessteuer ausschreiben. — 1532.
Seine Sorgfalt für die Justiz, die Polizey und die Bergwerke. — Er übergab nicht lange vor seinem Tode die Regierung seinen Söhnen. st. 1553.

2. Karl II. führte die lutherische Religion öffentlich ein.

Ein Vater konnte sich, vielleicht aus großer Anhänglichkeit für das östreichische Haus, noch nicht dazu entschließen. Mörlin, Stößel, und Andreä machten sich um Badens Reformation sehr verdient. — Karl verlegte seine Residenz von Pforzheim nach Durlach. st. 1577. 1565.

3. Ernst Friedrichs Regierung war an Streitigkeiten sehr reich.

Er nahm an einem Wahlstreite im Bißthume Straßburg Antheil, und zog mit einer ansehnlichen Mannschaft dahin, die viele Gewaltthätigkeiten ausübte. Der obern Markgrafschaft, die Eduards Schuldnern übergeben werden sollte, bemächtigte er sich, in Eduards Abwesenheit und zur Nachtzeit. Eduard bemühte sich vergebens, sein Land wieder zu erobern. Ernst Friedrich mußte aber wegen des Aufwandes, den ihm seine Soldaten verursach- 1592. 1594.

sachten, verschiedenes verkaufen. Nach Eduards Tode wollte er auch die Grafschaft Spanheim erben. Mit Würtemberg traf er einen für sein Land sehr nachtheiligen Tausch.

4. Er will seinen Unterthanen die reformirte Religion aufdringen.

Mancher Geistliche, der sich zur Annahme derselben nicht bequemen wollte, wurde darüber abgesetzt. Als er gegen Durlach im Anzuge war, um die reformirte Religion mit Gewalt einzuführen, tödtete ihn ein Schlagfluß. Während seiner Minderjährigkeit entstand das Gymnasium zu Durlach.

1604.

5. Jacob III sucht eben dasselbe in Ansehung der katholischen Religion durchzusetzen.

Karls II Sohn, der bisher die Markgrafschaft Hochberg besessen hatte. Er stellte zwischen den Katholiken und Lutheranern einige partheyische Unterredungen an. Hierauf wollte er die katholische Religion einführen; sein Tod verhinderte es aber. Er besaß übrigens viele gute Eigenschaften.

1590.

6. Georg Friedrich stürzt, wegen seines lebhaften Antheiles an dem 30jährigen Kriege, sich und sein Land in Unglück.

Er vereinigte alle badenschen Länder, einen kleinen Theil, den Eduards Erben noch im Besitze hatten, ausgenommen, und führte die lutherische Religion wieder ein. Er trat hierauf der evangelischen Union bey. Zugleich war er auf eine ansehnliche Kriegsmacht bedacht. Er that für den unglücklichen Friedrich von der Pfalz einen Feldzug, wurde aber vom Tilly bey Heilbrunn geschlagen, und verlohr sehr viel. Noch versuchte er es eine Zeitlang, in Verbindung mit dem Grafen von Mannsfeld, seinem Freunde Friedrich zu helfen. Als er

1620.

er aber hernach seine Mannschaft abgedankt hatte, weil sie Friedrich nicht mehr verlangte, so wurde sein Land von den Kaiserlichen und ihren Bundesgenossen verwüstet, und der Kaiser sprach ihm die obere Markgrafschaft ab. Von Emsland unterstützt, führte er hierauf dem Könige von Dänemark einige Mannschaft zu. Aber auch dieser Feldzug lief sehr unglücklich für ihn ab. Er hielt sich hierauf zu Straßburg auf, wo er auch starb.   1627.

1638.

7. **Friedrich V erlangt den Besitz des väterlichen Landes mit vieler Mühe.**

Zwar verhalf ihm der schwedische Feldherr Oxenstirn zu derselben; die Schlacht bey Nördlingen raubte ihm aber sein Land von neuen, und nur der osnabrückische Friede stellte alles wieder her. Seine Verdienste um das durlachische Gymnasium. st. 1659.

8. **Unter des Herzogs Friedrich Magnus Regierung wird das badensche Land von den Franzosen außerordentlich bedrängt.**

Friedrich VI, der sich durch seine Feldzüge gegen die Türken und Franzosen berühmt machte, starb schon 1677. Ihm folgte Friedrich Magnus. Die Franzosen erlangten jetzt Freyburg, und die Nachbarschaft derselben war dem badenschen Lande gar nicht vortheilhaft. Es fühlte ihre Macht besonders 1688, da die Franzosen die größten Gewaltthätigkeiten verübten, und unter andern Durlach in einen Steinhaufen verwandelten. Auch Pforzheim litt sehr viel. Die Unterthanen verminderten sich bis auf den 4ten Theil, und der übrige Schade wurde auf 9 Mill. berechnet. Eben war Friedrich Magnus beschäftigt, sein Land wieder herzustellen, als der spanische Erbfolgekrieg ausbrach, und Villars große Contributionen ausschrieb. st. 1709.   1689.

9. Karl

VIII. Baden.

9. Karl Wilhelm macht sich um sein Land unsterblich verdient.

1715.

Im spanischen Erbfolgekriege bewies er viele Tapferkeit, und er errichtete für den Kaiser ein starkes Infanterieregiment. Ihm hat die Stadt Karlsruhe, und das pforzheimische Waisenhaus den Ursprung zu danken. Uebrigens erlebte er es gleichfalls, daß das Land von den Franzosen überschwemmt wurde. st. 1738.

1733.

10. Karl Friedrich giebt das Muster eines ruhmvollen Regenten ab.

1765.

Des vorigen Enkel. Er stand bis 1745 unter der Vormundschaft seiner Großvaterbrüder, die dem Lande sehr zum Vortheil gereichte. Man verglich sich alter Streitigkeiten wegen mit Oestreich, Pfalz, Würtemberg u. a. m. Man errichtete mit Badenbaden einen Erbvertrag, der die Anwartschaft auf dessen Land befestigte. Hierzu kamen noch andere Landesvermehrungen. Unter die eignen Verdienste des Landgrafens gehört die Verschönerung der Stadt Karlsruhe, die Anlegung verschiedener Fabriken und Manufacturen, die Aufhebung der Leibeigenschaft u. s. w.
Karl Ludewig, Erbprinz, geb. 1755.

Verfassung.

1. Das Land gehört unter die fruchtbarsten und volkreichsten Gegenden Deutschlands.

Producte: Getreide, besonders Welschkorn; Hanf, Flachs, gute Weine, Fische, Goldwäsche im Rheine.
Einwohner: 200,000.
Manufacturen: besonders zu Pforzheim.

2. Die meisten Einwohner bekennen sich zur lutherischen Religion.

Die

VIII. Baden.

Diese macht eigentlich die herrschende aus. Ueber 120 Pfarrer, die unter 7 Superintendenten stehen.
Die Reformirten und Katholiken genießen an einigen Orten freye Religionsübungen.
Zu Karlsruhe ist ein berühmtes Gymnasium.

3. Der Markgraf macht einen der ansehnlichsten Reichsfürsten aus.

Er hat im Reichsfürstenrathe 3 Stimmen: wegen Badenbaden, Badendurchlach und Hachberg.
Einkünfte: wenigstens 1 Mill. Gulden.
Kriegsstaat: einige Regimenter.

IX. Hessen.

Land.

Ein ziemlich ansehnlicher, aber eben nicht der fruchtbarste Landstrich.

Gränzen: Fulda, Hersfeld, Thüringen, das Eichsfeld, Kalenberg, Paderborn, Waldeck, Westphalen, Wittgenstein, Nassau-Dillenburg, Solms und Oberisenburg.
Größe: 120 Quadr. M.?
Boden: größtentheils bergig und waldig.
Flüsse: Rhein, Mayn, — Lahn, Fulda, Eder, Werra u. a. m.

Geschichte.

A. Bis auf den Landgrafen Heinrich das Kind, oder — 1248.

1. Die

IX. Hessen.

1. Die Einwohner Hessens stammen von den alten Chatten ab.

Hessen ist nur ein Theil des Landes der Chatten. — Ihre Kriege mit den Römern. Ihr Streit mit den Hermunduren wegen der Salzquellen bey Allendorf. Sie vereinigten sich in der Folge mit den Franken, und ihr Land machte eine Provinz des ostfränkischen Reiches aus.

2. Unter den Karolingern predigte ihnen Bonifacius das Christenthum.

Bonifacius ließ die h. Eiche bey Geismar niederhauen; auch stiftete er das Kloster zu Amöneburg, das Bißthum zu Burberg, die Abteyen Fulda und Hersfeld, und das Kloster Fritzlar.

3. Im 9. Jh. kommen zuerst Grafen von Hessen vor.

Schon unter den Karolingern war Hessen in Gauen getheilt, die von Grafen regiert wurden. Als den ersten Grafen, der sich von Hessen nennte, kennt man einen gewissen Konrad, dessen Sohn der Kaiser Konrad I war. Dieser überließ den Lahngau seinem Bruder Otto.

4. Hessen kam hierauf an die alten Landgrafen von Thüringen.

Diese stammten von den Grafen Ludwig dem Bärtigen, einem Verwandten Kaiser Konrads II, ab. Der Deutschmeister Konrad, des Landgrafen Hermanns I Sohn, baute die Elisabethenkirche zu Marburg.

Hessen war kein Stück der Landgrafschaft Thüringen, sondern ein eigenthümliches Familiengut seiner Landgrafen.

B. Von Heinrichen dem Kinde, bis auf den Ursprung der beyden Hauptlinien des hessischen Hauses, oder von 1248 — 1567 = 319 J.

1. Hessen bekömmt seinen eignen Landgrafen.

Mit König Heinrich Raspens Tode erlosch das Geschlecht der alten Landgrafen von Thüringen. Hermanns II Schwester Sophie, Herzog Heinrichs von Brabant Gemahlin, war die nächste Erbin der thüringischen und hessischen Allodiallande. Der Markgraf von Meissen, Heinrich der Erlauchte, nahm sie aber während ihrer Abwesenheit in Besitz. Der Herzog Albrecht von Braunschweig, welcher der Sophie Beystand leistete, wurde endlich von dem thüringischen Erbschenken, Rudolph von Vargel, zwischen Halle und Leipzig, geschlagen. Er mußte 8 Städte an Hessen zurückgeben. Sophie und ihr Sohn entsagten hingegen allen Ansprüchen auf Thüringen. 1264.

2. Heinrich das Kind wird unter die Zahl der Reichsfürsten versetzt. 1284.

Von dem Kaiser Adolph von Nassau. Seine Nachbarn, Paderborn und Maynz, und seine eignen Lehnsleute machten ihm viele Unruhen, die er aber glücklich dämpfte. st. 1308.

3. Otto vereinigt, nach einer kurzen Theilung, das ganze Land von neuen.

Otto bekam Oberhessen, und Johann I Unterhessen. Jener hatte Marburg, und dieser Cassel zur Residenz. Johann starb aber frühzeitig an der Pest, ohne einen andern Erben als seinen Bruder zu hinterlassen. Otto, einer der weisesten Fürsten seiner Zeit, wurde von dem Erzbischof Mathias von Maynz in den Bann gethan. st. 1328. 1311.

4. Hein-

4. Heinrich II (der Eiserne) vermehrte, seiner vielen Kriege ungeachtet, sein Land außerordentlich.

Eine Zeitlang hatte er mit den Erzbischöfen von Maynz zu kämpfen. Er nahm seinen Sohn Otto, den sogenannten Schützen, zum Mitregenten an. Nach dessen Tode übertrug er seinem Brudersohne Hermannen dem Gelehrten einen Antheil an der Regierung. Hierüber wurde er mit dem Herzoge Otto von Braunschweig, seinem Enkel, in Krieg verwickelt, und es entstand der fürchtbare Sternerbund. Hermann hatte die thüringischen und meißnischen Fürsten, ingleichen Nassau und Solms, zum Beystande. Friede 1375.

1340.

1367.

1372.

Heinrich bemächtigte sich indessen eines Theiles der Stadt Treffurth, und kaufte die Herrschaft Spangenberg, ein Viertel der Herrschaft Itter, die Hälfte von Schmalkalden und Scharfenberg u. s. w.

1373. Mit Meißen und Thüringen schloß er die erste Erbvereinigung. Damahls trug er auch sein Land dem Kaiser Karl IV zu Lehn auf. st. 1376.
—— Unfug der Fagellanten —— Erblichkeit der Erbhofämter.

5. Hermann der Gelehrte war seine ganze Regierung hindurch in Fehden verwickelt.

Die benachbarten Grafen von Ziegenhayn, Nassau, Waldeck, Hanau, Isenburg u. a. m. waren, nebst dem größten Theile der hessischen Edelleute, beständig seine Feinde. Der Sternerbund verwandelte sich in den Hörnerbund, Falknerbund, Löwenbund, Benglerbund. Adolph zu Maynz verband sich mit dem Landgrafen Balthasar in Thüringen. Mit Maynz gerieth Hermann verschiedenemahl in Krieg. Mit vieler Mühe stellte er endlich die Ruhe in seinem Lande wieder her. Auch vermehrte er dasselbe. st. 1413.

6. Eben

IX. Hessen.

6. Eben dieses Schickſal hatte Ludewig I.
Er verglich ſich mit Maynz, wegen der Herrſchaft über die heſſiſchen Prieſter in geiſtlichen
Sachen. Gegen die Huſſiten zog er verſchie-
denemal zu Felde. Auch nahm er an einer
fuldaiſchen Streitſache Theil, und er zog ſich
darüber mit Maynz, Cöln, Paderborn, Naſ-
ſau und andern Krieg zu, der ſich aber zu ſeinem Ruhme endigte. Er ſchlug die Kaiſerkro-
ne aus. Das Land vermehrte er durch die
Grafſchaft Zigenhayn und das Amt Neuen-
ſteichen. Die Grafen von Waldeck trugen
ihm ihr Land zu Lehn auf. ſt. 1458.   1427.

7. Das heſſiſche Land wird aufs neue getheilt.
Ludwig II und Heinrich III nahmen an den
Streitigkeiten zwiſchen den Erzbiſchöfen Dietrich und Adolph zu Maynz, entgegengeſetz-
ten Antheil, und erwarben dabey einige Oerter. Ihre Uneinigkeit brach zuletzt in Krieg
aus, der eine völlige Theilung nach ſich zog.   1469.
Ludewig zu Caſſel hinterließ 2 Söhne, Wilhelmen I und Wilhelmen II. Ihr Vatersbruder,
Heinrich III zu Marburg, maßte ſich die Vor-
mundſchaft über ſie an, und führte ſie zu Nie-
derheſſens großem Nachtheile. Sein Bruder
Hermann ward, durch ihn unterſtützt, Erzbiſchof zu Cöln. Er ſelbſt erbte das Land ſeines
Schwiegervaters, des letzten Grafen zu Ka-   1479.
tzenellnbogen und Diez. ſt. 1483.
Wilhelm III, Heinrichs Sohn, vermehrte das
Land durch Eppſtein und Klingenberg, und
opferte ſein Leben der Jagd auf.   1500.

8. Wilhelm II bringt ganz Heſſen wieder zu-
ſammen.
Er ſollte zu Cöln ein Geiſtlicher werden; allein
er ward Soldaten, leiſtete dem Erzherzoge
Maximilian wichtige Dienſte, und wirkte ſich
dadurch

dadurch einen Antheil an Niederhessen auch. Sein Bruder Wilhelm I übergab ihm schon 1492 die Regierung, und starb 1515 ohne Erben. Jener gerieth wegen Katzenellnbogen und Dietz mit Cleve und Nassau in Streit. (Letzteres erhielt 1557 den 4ten Theil von Dietz.) Im bayerschen Kriege fiel er in die Pfalz ein, und verwüstete viele Oerter. st. 1509.

9. **Philipp der Grosmüthige beweiset sich frühzeitig als einen Gönner der Reformation.**

1522. Erst half er dem Ritter Franz von Sickingen, der noch während seiner Minderjährigkeit das hessische Land beunruhiget hatte, demüthigen,
1527. und die aufrührischen Bauern bey Frankenhausen zerstreuen. Die Reformation führte er nach genauer Prüfung ein. Die Klostergüther verwandelte er in adliche Stifter und Hospitäler; auch errichtete er die hohe Schule zu Marburg. Otto von Pack entdeckte ihm ein Bündniß der Katholiken, die evangelische Lehre zu vertilgen. Philipp rückte schon ins Feld; die katholischen Fürsten leugneten es aber.

10. **Er opfert der Vertheidigung desselben sein Glück auf.**

Philipp unterschrieb, nachdem er die Lutheraner und Zwinglianer vergeblich zu vereinigen gesucht hatte, das augsburgische Glaubensbekenntniß, und weder Drohungen noch Versprechungen des Kaisers konnten ihn abhalten, sich die Vertheidigung desselben aufs eifrigste angelegen seyn zu lassen. Er errichtete daher, nebst andern Fürsten, zu Schmalkalden ein
1531. Bündniß. Noch vor dem Ausbruche des schmalkaldischen Krieges, half er dem Herzoge Ulrich von Würtemberg sein Land wieder erobern, den Unruhen zu Münster ein Ende machen, und den unruhigen Herzog Heinrich den Jüngern zu Braunschweig überziehen. Dem Kaiser, welcher ihn und die übrigen schmalkaldischen

IX. Hessen! 95

schen Bundesgenossen mit Krieg bedrohete, suchte er zuvorzukommen. Er und der Kurfürst Johann Friedrich von Sachsen zogen an der Spitze eines fürchtbaren Heeres aus. Letzterer verhinderte die Ausführung seiner guten Entwürfe. Philipp mußte sich, nach der unglücklichen Schlacht bey Mühlberg gleichfalls demüthigen, und harte Bedingungen eingehen. Ganz wider seine Erwartung wurde er in Verhaft genommen. Aus dieser kummervollen Gefangenschaft errettete ihn endlich sein Schwiegersohn, der Kurfürst Moritz von Sachsen. Er schickte den Hugonotten in Frankreich Hülfe, und brachte den Rest seines Lebens mit wohlthätigen Anstalten für sein Land zu. st. 1567.

1547.

1552.

Philipp theilte das Land unter seine 4 Söhne. Es entstanden hierdurch die Linien zu Cassel, Marburg, Rheinfels und Darmstadt. Die Linie zu Rheinfels schloß sich aber schon 1583, und die zu Marburg hörte 1604 auf. Ihr Land theilten die die beyden übrigen Linien zu Cassel und Darmstadt, die seitdem die Hauptlinien des hessischen Hauses ausmachen.

C. Seit der Entstehung der beyden Hauptlinien, oder seit 1567.

a. Hessencassel.

1. Wilhelm VI vermehrte und verschönerte sein Land.

Er erbte ein Stück von Hoya und von Henneberg. Hierzu kam ein Theil von dem Lande der ausgestorbenen Linie zu Rheinfels. Cassel und andere Städte wurden durch ihn verschönert. st. 1562.

2. Mo-

2. Moritz führt die reformirte Religion in seinem Lande ein.

Schon sein Vater hatte sich durch den Beza für dieselbe einnehmen lassen. Moritz begieng gegen die lutherischen Priester manche Ungerechtigkeiten, welche Unruhen veranlaßten.

1605. Er nahm den Schluß der dortrechter Kirchenversammlung als ein symbolisches Buch in Niederhessen auf. Während der Zeit verschaffte er seinem Hause die Administration des Stiftes Hersfeld. Die Union, der er beygetreten

1606. war, mußte er, bey der Annäherung des legistischen Heeres, wieder verlassen. Demungeachtet wurde sein Land von demselben überschwemmt, und ein nachtheiliger Vergleich mit Tilly bewog ihn, die Regierung gar nie-

1627. derzulegen. — Er errichtete zu Cassel eine Hofschule (das mauritianische Collegium) das nachher mit der hohen Schule zu Marburg vereinigt wurde. Sein Land vermehrte er durch den marburgischen Anfall, der ihn aber mit Darmstadt in Streitigkeiten verwickelte. s. 1632.

Seine 3 Söhne, Hermann, Friedrich und Ernst, die er mit der zweyten Gemahlin erzeugt hatte, stifteten die Nebenlinien zu Rothenburg, Eschwege und Rheinfels, die noch in der letzten Hälfte des vorigen Jahrhunderts wieder aufhörten.

3. Wilhelm V focht im dreißigjährigen Kriege für Deutschlands Freyheit.

Schon zu Leipzig trat er mit dem Könige Gustav Adolph in eine Verbindung, die zu Werben noch enger geknüpft wurde. Auf Tillys harte Forderungen antwortete er sehr beherzt. Tilly mußte von Gustav Adolphen gezwungen, Hessen wieder verlassen. Wilhelm

1632. ließ 10000 M. zum schwedischen Heere stoßen, eroberte das Marburgische, bekam vom Könige von Schweden das Stift Fulda geschenkt, mach-

IX. Hessen. 97

machte in Westphalen verschiedene Eroberungen, und wurde oberster Marschall von Frankreich; aber der kaiserliche Feldherr Götz drang in Niederhessen ein, und zu dem Elende der Verheerung gesellten sich noch Hungersnoth und Pest. Wilhelm starb in Ostfriesland. 1624.
1637.

Er führte, vermöge eines Erbvertrages mit seinen Brüdern, das Erstgeburthsrecht ein, und durch einen Vergleich mit Darmstadt machte er, daß Hessen künftig nur zwey regierende Herren haben sollte. 1638.

4. Amalie Elisabeth beweist in ihrer Regierung außerordentliche Weisheit und Standhaftigkeit.

Eine gebohrne Gräfin von Hanau. Sie vereinigte sich mit Schweden und Frankreich; die Hessen schlugen, in Verbindung mit den Franzosen, die Kaiserlichen bey Kampen, und bey Alersheim. Den letztern Sieg benutzte sie, ihre Ansprüche auf die marburgische Erbschaft geltend zu machen. Im westphälischen Frieden verrschaffte sie ihrem Hause Hersfeld, Göllingen, einige schauenburgische Aemter u. s. w. Auch erwarb sie ihren Nachkommen die Anwartschaft auf Hanau-Münzenberg. Ihre Regierung dauerte bis 1650. 1642 und 1645.

5. Wilhelm IV macht sich vorzüglich um die Unterweisungsanstalten in seinem Lande verdient.

Er verlegte die von seinem Vater gestiftete hohe Schule zu Cassel nach Marburg; auch sorgte er für die Aufnahme der hohen Schule zu Rinteln. — Mit Rheinfels verglich er sich wegen der untern Grafschaft Katzenellnbogen. st. 1663. Ursprung des Hessencasselischen Postwesens 1659.

G 6. Karl

IX. Hessen.

6. Karl sorgte für den Wohlstand seines Landes und den Glanz seines Hauses auf die ausgezeichnetste Weise.

>Sein Bruder Wilhelm VI, unter dem die Hessen die Türken besiegen halfen, starb schon 1670. Karl nahm sich Deutschlands gegen die französischen Angriffe nachdrücklich an. Der Stadt Wien eilte er gleichfalls zu Hülfe. Dem Könige von Spanien überließ er 7500 M. zur Vertheidigung der Niederlande. Den Kaiser unterstützte er nicht nur in Deutschland, sondern auch in Italien mit Mannschaft. Die französischen Flüchtlinge nahm er auf das bereitwilligste in seinem Lande auf. Durch sie entstand die schöne Neustadt zu Cassel. Karl errichtete daselbst das nach seinem Nahmen genennte Collegium. Von 1696 — 1714 baute er den erstaunenswürdigen Karlsberg. Mit Kursachsen verglich er sich wegen der Grafschaft Hanau-Münzenberg. Dem Könige von Großbritannien gab er 12000 M. in Sold. st. 1730.

1709.

1724.

7. Friedrich I regierte zugleich als König in Schweden.

>Seine Gemahlin Ulricke Eleonore war Karls XII Schwester. Die Regierung über Hessen übertrug er seinem Bruder Wilhelm. Den Kaiser Karl VI unterstützte er mit 6000 M., die hernach in großbritannischen Sold traten. st. 1751.

8. Wilhelm VIII stiftete sich nicht nur durch Vermehrung, sondern auch durch Verschönerung seines Landes, ein unsterbliches Andenken.

>Des vorigen Bruder und Nachfolger. Er legte die Bildergallerie zu Cassel, und das Schloß Wilhelmsthal an. Die Grafschaft Hanau-Münzenberg, die ihm nach dem Tode des letzten

IX. Hessen.

ten Besitzers zufiel, überließ er seinem ältesten Enkel Wilhelm. Im siebenjährigen Kriege gab er eine ansehnliche Mannschaft in großbritannischen Sold. Er selbst hielt sich, während daß sein Land mehr als einmal von den Feinden überschwemmt wurde, meistens zu Hamburg auf. st. 1760.

1754.

9. **Friedrich II** suchte das große Muster des Königs von Preussen, mit dem er einerley Nahmen führte, auf alle Weise nachzuahmen.

Er unterhielt eine ansehnliche Kriegsmacht, die sich nicht nur im siebenjährigen Kriege, sondern auch in Amerika hervorthat; er beförderte die Aufnahme der Wissenschaften, der schönen Künste, der Manufacturen und Fabriken; er gab der Staatsverfassung und Staatswirthschaft eine vortreffliche Einrichtung; er erhob endlich Cassel zu einer der sehenswürdigsten Städte Deutschlands. Nur hegte er zu viele Vorliebe für die Franzosen. Noch als Erbprinz wendete er sich zur katholischen Religion. st. 1785.

Wilhelm IX, gebohren 1743, verabschiedet Franzosen, Theater und Kapelle, schafft das Glänzende bey dem Heere ab, schickt dem Ackerbaue 3000 Soldaten wieder zu. u. s. w.

Noch giebt es einige Nebenlinien der Hessencassellschen Landgrafen; zu Philippsthal und zu Rheinfels-Rothenburg. Von jener stammt die Linie zu Barchfeld wieder ab.

b. **Hessendarmstadt.**

1. Der Urheber dieser Linie war **Georg I.**

Philipps des Großmütigen jüngster Sohn. Er errichtete viele Schulen und jagte die Juden fort. st. 1596. — Sein Sohn Friedrich ist der Stammvater der Landgrafen zu Homburg.

2. Ludewig IV trug zur Vergrößerung des Ansehens seines Hauses ungemein viel bey.

1607.
Er erbte einen Theil des marburgischen Landes, errichtete zu Giesen ein Gymnasium, das er hernach in eine hohe Schule verwandelte, behauptete sich bey der Reichsvoigtey über Wetzlar, trat im dreißigjährigen Kriege auf Oestreichs Seite, und mußte demungeachtet sein Land von spanischen Truppen mißhandelt lassen. st. 1626.

1635.

1648.
Zwar erhielt er von dem Könige Gustav Adolph die Neutralität; aber die Verwüstung seines Landes konnte er hierdurch nicht verhindern. Hungersnoth und ansteckende Krankheiten vergrößerten das Unglück noch mehr. Georg vermittelte den prager Frieden. Wegen der marburgischen Erbschaft gerieth er mit Hessencassel in lange und lebhafte Streitigkeiten, in welche Franzosen und Spanier sich mischten, und die von dem Herzoge Ernst I zu Gotha endlich geschlichtet wurden. Auch verschaffte er seinem Hause die Anwartschaft auf die Grafschaft Isenburg, und das Gymnasium zu Darmstadt hat ihm seinen Ursprung zu danken. st. 1661.

4. Unter der Regierung der folgenden Landgrafen wurde das Land sehr oft von den Franzosen heimgesucht.

1672.
Ludewig VI schickte dem Kaiser Leopold nicht nur gegen die Türken, sondern auch gegen die Franzosen Hülfe. Er zog aber dadurch seinem Lande Verwüstungen zu. st. 1678.

1688.
Unter dem Landgrafen Ernst Ludewig besetzten die Franzosen Rüsselsheim und Darmstadt. Er

IX. Hessen.

Er behauptete übrigens nicht nur die Landeshoheit über das Gutecterthal, und die Stadt Wetzlar, sondern er vermehrte auch das Land beträchtlich. st. 1739.

Ludewig VIII erhielt vom Kaiser Franz das Vorrecht der Nichtappellation. Im siebenjährigen Kriege hielt er es mit der östreichischen, sein Erbprinz aber mit der Gegenparthey st. 1768.

Ludewig IX, jetzt regierender Landgraf, geb. 1719 — Erbprinz Ludewig, geb. 1753.

Verfassung.

1. Der hessische Boden liefert seinen Bewohnern viele nützliche Producte.

   In dem eigentlichen Hessen fehlt es am Ackerbau. Desto besser ist die Viehzucht. Auch giebt es beträchtliche Mineralien und Salzquellen. Die Grafschaft HanauMünzenberg ist an Wein, Getreide, edeln Baum- und Gartenfrüchten, und verschiedenen Mineralien reich.

2. Aber er ist demungeachtet noch nicht hinlänglich bevölkert.

   Französische Colonien, und andere französische Gemeinen. — Man rechnet die Volksmenge von ganz Hessen auf 700 000 Menschen. (Cassel 40,000. Hanau 60000. Darmstadt 300 000?) Ursachen des Volksmangels: der große Kriegsstaat im fremden Solde.

3. Manufacturen und Fabriken werden immer emsiger getrieben.

   Am meisten beförderten sie die Franzosen. In Hessen selbst verfertigt man vorzüglich: Tücher, Leinewand, Strümpfe, Hüthe, Handschuhe, Papier. Porzellan- und Spiegelfabrik zu Cassel. Karlshavner Handelsgesellschaft seit 1771. Zu Hanau giebt es gleichfalls verschiedene ansehnliche Manufacturen und Fabriken.

4. **Die Aufklärung ist seit einiger Zeit ziemlich hoch gestiegen.**

> Herrschende Religion ist die reformirte; doch giebt es auch viele Lutheraner, ingleichen Katholiken.
>
> Unterweisungsanstalten: hohe Schule zu Marburg, Rinteln und Gießen; Pädagogia zu Cassel, Marburg, Gießen und Darmstadt; Gymnasien zu Hersfeld und Darmstadt. Landesschule zu Hanau. Eine gelehrte Gesellschaft zu Cassel u. s. w.

5. **Die Landesherren gehören unter die mächtigsten Reichsfürsten.**

> Zur hessencasselischen Staatsverfassung gehört das geheime Ministerium, das Generaldirectorium, das Oberappellationsgericht, die Landesregierung, die Kriegs- und Domänenkammer, das Commerzcollegium u. s f.
>
> Einkünfte: Hessencassel, wenigstens 1,600,000 Thaler (vortreffliche Staatswirthschaft.) Darmstadt, ungefähr halb so viel.
>
> Kriegsmacht; Cassel, auf 12000 M.

X. Sachsen.

Land.

Ein großer, schöner und fruchtbarer Landstrich.
  Gränzen: Anhalt, Schlesien, Böhmen, Franken, Hessen und Braunschweig.
  Größe: ungefähr 900 Quadr. M. Kursachsen allein 729 Quadr. M.
  Boden: Im Süden von Meißen und Thüringen waldig und bergig (das Erzgebirge, der Thüringerwald); mitten im Lande guter Getreideboden; im Norden meistentheils sandig.
  Flüsse: Elbe, schwarze Elster, Mulde, Saale, Unstruth, weiße Elster, Pleiße.
  Länder: Thüringen, Meißen, der Kurkreiß (das Herzogthum Sachsen) die Lausitz, die Grafschaft Henneberg.

Geschichte.

A. Bis zu Thüringens und Meißens Vereinigung — 1248.

a. Thüringen.

1. Es machte in alten Zeiten einen der vorzüglichsten Theile Deutschlands aus.

  Den westlichen Theil desselben bewohnten zur Zeit der Römer die Chatten. — Die jetzigen Einwohner desselben stammen wahrscheinlich von den westgothischen Theuringern ab. Ihr Königreich erstreckte sich vor 500 von der Elbe und dem Harze bis an den Mayn und die Donau. Dem Basinus verführte

führte der fränkische Childerich seine Gemahlin. Die Thüringer fielen hierauf häufig in das fränkische Gebiet ein; Chlodewig, des Basinus Enkel, züchtigte sie aber dafür. Eine Zeitlang schützte die Thüringer ihre Verbindung mit den Ostgothen. Allein Theoderichs Tochter Amelberg verleitete ihren! Gemahl, den König Hermanfried, seine zwey Brüder zu verdrängen. Er verband sich in dieser Absicht mit dem ostfränkischen Theoderich. Als er hierauf sein Wort nicht halten wollte, wurde er von demselben mit Hülfe der Sachsen überwunden. Die Franken und Sachsen theilten hierauf Thüringen.

491.

528.

2. Die fränkischen Könige lassen es durch einen Herzog regieren.

604. Der Herzog Radulph, der die Wenden tapfer zurücktrieb, machte sich unabhängig. Auch seine Nachfolger scheinen sich wenig um die fränkische Oberherrschaft bekümmert zu haben. Unter dem Herzoge Gotzbert predigte der h. Kilian den Thüringern in dem heutigen Frankenlande das Christenthum.

3. Bonifacius breitet mit allem Eifer das Christenthum in demselben aus.

Er rottete den heidnischen Gottesdienst aus, baute bey Altenbergen und bey Ohrdruf Kapellen, gründete die Stifter Fulda und Hersfeld, die in Thüringen viele Güter und Zehnten bekamen, und brachte es unter den maynzischen Kirchsprengel.

4. Unter den karolingischen Königen wird es aufs neue Herzogen anvertraut.

Wider Karln den Großen empörten sich die Thüringer. Erfurth war bereits zu seiner Zeit eine Handelsstadt. Die häufigen Einfälle der benachbarten Sorben bewogen den König Ludwig den Deutschen, den thüringischen Grafen

fen einen Herzog vorzusetzen. Burkhard, der
letzte von demselben, wurde bey einem Einfalle der Hunnen erschlagen. Thüringen stand 908.
hierauf zugleich unter dem Herzoge von Sachsen.

5. Es ist hierauf der Oberherrschaft der deutschen Kaiser aus dem sächsischen Hause unmittelbar unterworfen.

Ottos Sohn, Heinrich der Finkler, behauptet
es gegen den Kaiser, Konrad I. Als Nachfolger desselben beförderte er, um den Streifereyen der Ungern Einhalt zu thun, die Ver- 924.
mehrung der Städte. Ursprung der thüringischen Pfalzen und des Stiftes Quedlinburg.

Unter Otto dem Großen nehmen die Thüringer
an verschiedenen Empörungen wider ihn Theil.
Ob er Thüringen seinem Sohne, dem Erzbischof Wilhelm geschenkt hat? — Er stiftete
die Bißthümer zu Merseburg und Zeitz.

6. Diese lassen es durch Markgrafen vertheidigen.

Schon unter Otto I kömmt der thüringische Markgraf Günther vor. Sein Sohn Eckhard, den
die Thüringer zum Herzoge wählten, strebte
nach der deutschen Krone, und büßte darüber
sein Leben ein. Hierauf kam die markgräfliche 1200.
Würde an die mächtigen Grafen zu Weimar.

7. Die Thüringer suchen sich dem Joche des
Erzbischofes von Maynz muthig und stand-
haft zu entziehen.

Dieser wollte ihnen den Zehnten abdringen.
Der Markgraf Otto hatte ihm denselben ver-
sprochen, und Kaiser Heinrich IV wollte ihm
mit Gewalt dazu verhelfen. Er legte deßwegen viele Bergschlösser an, welche aber die
Thüringer zerstörten. Endlich unterlagen sie
nebst ihren Bundesgenossen der kaiserlichen

X. Sachsen.

1077.
Obermacht. Nun wurde aber Heinrich IV vom Pabste Gregorius VII gedemüthiget. Der Markgraf Egbert II und andere thüringische Herren bewiesen sich sehr feindselig gegen denselben. Diese Unruhen, die das Aussterben der Grafen von Weimar noch vermehrte, dau-

1015.
erten bis zur Schlacht beym Welfesholze.

3. Sie bekommen Landgrafen zu Herren.

1036.
Graf Ludwig I (der Bärtige) ein Verwandter Kaiser Konrads II, ließ sich in Thüringen nieder, und vermehrte das ansehnliche Stück des thüringer Waldes, das ihm der Kaiser geschenkt hatte, durch die erheyrathete Herrschaft Sangerhausen, und durch andere Güther. Er baute die Schauenburg. st. 1056.

Graf Ludewig II (der Springer) nimmt an dem Kriege gegen Heinrich IV Antheil, und geräth deßwegen mehr als einmal in Gefangenschaft. Er baute die Schlösser Wartburg, Neuenburg und Freyburg, stellte die Stadt Eisenach wieder her, und stiftete das Kloster Reinhardsbrunn.

1087.
Ludewig III (als Landgraf I) wurde vom Kaiser Lothar zum Landgrafen in Thüringen erhoben. Er brachte die Schutzgerechtigkeit über das Stift Hersfeld an sein Haus, erwarb sich durch seine Vermählung mit einer Gräfin von Gudensberg auf einen großen Theil Hessens Ansprüche, und stiftete das Kloster Volkenrode st. 1140.

9. Diese gehören unter die mächtigsten Reichsfürsten.

Landgraf Ludewig II (der Eiserne) demüthigte seine widerspenstigen Lehnsleute, und wurde mit Maynz und Erfurth in Fehden verwickelt. Als Verwandter Kaiser Friedrichs I muste er zweymahl nach Italien ziehen, und den Herzog Heinrich den Löwen bekriegen. st. 1172.

Land-

Langraf Ludewig III gerieth nebſt ſeinem Bruder Hermann in Heinrichs des Löwen Gefangenſchaft. Er wurde außerdem auch mit den Söhnen Albrechts des Bären, dem Marggrafen Otto von Meißen, und dem Erzbiſchofe von Maynz in Krieg verwickelt. Ein Kreutzzug koſtete ihm das Leben.   1180.

1190.

Landgraf Hermann I, des vorigen Bruder, behauptete Thüringen gegen den Kaiſer Heinrich VI, demüthigte den Erzbiſchof von Maynz, und verheyrathete ſeine häßliche Tochter an den Markgrafen Dietrich von Meißen. Von ſeinem Kreutzzuge rufte ihn Heinrichs VI Tod zurück. Nun ſchlägt er ſich bald zu Philipps, bald zu Ottos, bald zu Friedrichs II Parthey. Seine Wankelmüthigkeit hat für Thüringen die traurigſten Folgen, und dennoch blüheten unter dieſem Landgrafen die Meiſterſänger zu Wartburg ſt. 1216.

10. **Der Stamm derſelben nähert ſich ſeinem Ende.**

Auch Landgraf Ludewig IV der mit Maynz, mit den meißniſchen Ständen, und mit ſeinen eignen Lehnsleuten in kleine Kriege verwickelt wurde, ſtarb auf einem Kreutzzuge. Seine Gemahlin war die berühmte h. Eliſabeth. Sein Bruder Konrad wurde Deutſchmeiſter.   1228.

Landgraf Hermann II wurde wahrſcheinlich vergiftet. Sein Vatersbruder und Nachfolger Heinrich Raspe opferte, auf Zureden des Pabſtes, der deutſchen Krone ſein Leben auf. Um Thüringen machte er ſich durch Zerſtörung einiger Raubſchlöſſer verdient.   1243.

1248.

b. Meißen.

1. **Die meiſten Einwohner des jetzigen Meißens ſtammen von Wenden ab.**

Die

X. Sachsen.

Die ältesten Einwohner waren die Hermunduren, welche an der Saale mit den Chatten zusammen gränzten. Im 4ten Jh. verlohren sie sich, vielleicht von den mächtigen Thüringern verdrängt. Im 6ten Jh. rückten von Osten her die slavischen Sorben ein, welche um die Mitte desselben den zwischen der Elbe und Saale gelegenen Landstrich im Besitze hatten. Sie waren um diese Zeit Bundesgenossen der Hunnen. — Diese Sorben hatten gute Gesetze; sie trieben die Handlung, legten die ersten Städte an, z. B. Dreßden, Leipzig, Zeitz — theilten das Land in Gauen, und verehrten den Swantewith, den Rathagast, den Zeerneboch, und andere Götter mehr.

2. Sie müssen die deutsche Oberherrschaft anerkennen.

630.

Seit Dagoberts unglücklichem Zuge gegen den slavischen Samo fielen sie oft in Thüringen ein, und wahrscheinlich behaupteten sie bis auf Karln den Großen ihre Unabhängigkeit. Dessen ältester Sohn Karl schlug bey Guerchafeld ihren Heerführer Milodach, und zwang sie zum

806.

Tribute. Nicht alle wendischen Bewohner Meißens unterwarfen sich aber damahls; wenigstens nöthigten sie Karls Nachfolger noch zu manchem Feldzuge, und Ludewig der Deutsche errichtete, um ihren Streifereyen nachdrücklicher Einhalt zu thun, die sorbische

um 850.

Mark.

3. Unter den sächsischen Kaisern wird das Christenthum und deutsche Cultur bey ihnen eingeführt.

Mit den Daleminziern mußte der Herzog Otto der Erlauchte von Sachsen lange und blutige Kriege führen. Sein Sohn Heinrich I, der ihre Bundesgenossen, die Ungern, so muthig zurücktrieb, vollendete ihre Unterwerfung, brachte deutsche Colonisten ins Land, welche die Städte bevölkerten, und legte unter andern die Festung Meißen an. Die Wenden auf den Dörfern nahmen die christliche Religion an, und schmolzen mit den Deutschen allmählig zusammen. Ihre Gauen verwandelten sich nun in Grafschaften und Burgwarten. Otto I errichtete die Bißthümer zu Meißen, Merseburg und Zeiz, die er dem Erzbißthume zu Magdeburg unterwarf.   968.

4. Auch werden von demselben, zur Vertheigung des Landes, Markgrafen bestellt.
Es waren ihrer anfangs mehrere. Ihre Geschichte ist zwar dunkel, aber auch sehr unwichtig. Auf Riddag, den ersten bekannten Markgrafen von Meißen, folgte Eckard, der zugleich Markgraf in Thüringen war, und die Nachbarn, besonders Polen und Böhmen, in Ruhe erhielt. Seine zweyte Tochter Mathilde vermählte sich mit dem Grafen Dedo II von Wettin, dem Stammvater des meißnischen Hauses.

Hermann, Eckards Sohn, hatte an dessen Bruder Gunzelin einen lebhaften Gegner, über den er aber, vom Kaiser Heinrich II unterstützt, die Oberhand behauptete. Der Herzog Boleslav Chrobri von Polen suchte, während dieser Unruhen, das meißnische Land unaufhörlich mit seinen Einfällen heim, und Kaiser Heinrich II mußte mehr als einen Feldzug gegen ihn thun. (Um diese Zeit wurde das Bißthum zu Zeiz nach Naumburg verlegt.)   1029.

Eckard II, Hermanns Bruder, leistete dem Kaiser Heinrich III gegen die Böhmen wichtige Dienste, und schloß seinen Stamm. Meißen hatte hierauf einige Zeit hindurch mit Thüringen einerley Markgrafen; Wilhelm und Otto — 1067. — Egbert I von Braunschweig, Kaiser Heinrichs IV näher Verwandter.   1046.

5. End-

5. **Endlich gelangt die markgräfliche Würde, an das Haus Wettin und Eulenburg.**

Während der Minderjährigkeit Egberts II, maßte sich der Markgraf Dedo von der Lausitz aus dem Hause Wettin die meißnische Markgrafschaft an. (Man leitete ehedem das wettinische Haus höchst unwahrscheinlich von Wittekinden dem Großen ab. Mit nicht viel stärkern Gründen läßt man es von dem thüringischen Herzoge Burkhard abstammen.) Dedo hatte des Markgrafen Otto Tochter Adela zur Gemahlin. Diese verleitete ihn zur Empörung gegen den König Heinrich IV, die ihm einen großen Theil seiner Erbgüter kostete. st. 1075. Egbert II schloß seinen Mannsstamm 1089. Auf ihn folgte Heinrich der ältere, Dedos Sohn und Egberts II Schwager, der Markgraf von Eulenburg genannt. Dessen nach seinem Tode gebohrnem Sohne, Heinrich dem jüngern, machte sein Vetter Konrad, Dedas Brudersohn, die Markgrafschaft streitig. Jener starb ohne Erben.

1127.

6. **Konrad der Große stellte einen der mächtigsten und ansehnlichsten Reichsfürsten vor.**

Er war nicht allein Markgraf von Meißen, sondern auch von der Lausitz. Der Kaiser Lothar überließ ihn den Bezirk von Rochlitz; auch fiel ihm der größte Theil der Erbgüter des Grafen von Groitzsch zu. Er begleitete den Kaiser auf seinen Feldzügen nach Italien; er zog zweymahl nach Palästina, und einmahl wider die Wenden. Kurz vor seinem Tode wurde er ein Mönch im Petersklofter. st. 1157. — Er bevölkerte und baute das Land durch viele Colonisten aus Flandern. Seine weitläuftigen Länder theilte er unter seine 5 Söhne.

7. De

X. Sachsen.

7. Otto der Reiche machte sich durch seinen großen Reichthum bekannt.

Schon unter seinem Vater wurden die freybergischen Bergwerke entdeckt, und anfangs von Böhmen gebaut; unter Otto kamen sie aber erst in Aufnahme. Mit den Schätzen, die sie ihm lieferten, suchte sich Otto in dem benachbarten Thüringen immer weiter auszubreiten. Darüber gerieth er mit dem Landgrafen Ludewig IV in Krieg; er wurde gefangen genommen, aber auf Befehl des Kaisers wieder in Freyheit gesetzt. Er kriegte auch mit dem Könige Ladislav II von Böhmen, und mit dem Herzoge Heinrich dem Löwen. Am Ende seines Lebens gerieth er noch mit seinem eignen Sohne Albrecht in große Händel. Er hatte demselben Meißen, und dem jüngern Dietrich die Grafschaft Weißenfels bestimmt; allein seine Gemahlin Hedwig, die Tochter Albrechts des Bären, bewog ihn, die Sache umzukehren. Albrecht nahm ihn deßwegen gefangen, und nur der Befehl des Kaisers bewirkte seine Freyheit. Er st. 1189. — Leipzig erhielt von ihm zwey Jahrmärkte, die sich in der Folge in die berühmten Messen verwandelten.

1150.

1183.

1188.

8. Albrecht der Stolze handelte sehr eigennützig und ungerecht.

Er suchte seinem Bruder den Besitz von Weißenfels zu entreissen; Dietrich verschaffte sich jedoch den Beystand des Landgrafen von Thüringen. Albrecht reiste zum Kaiser Heinrich VI nach Italien, und wurde sehr ungnädig aufgenommen. - Er starb kurz hernach ohne Erben.

1194.

1195.

9. Dietrich wußte sich bey dem Besitze des väterlichen Landes mit Klugheit und Tapferkeit zu behaupten.

Er befand sich bey dem Tode seines Bruders in Palästina, und mit großer Gefahr entgieng er den bösen Anschlägen des Kaisers Philipps IV, der ihm Meißen und besonders die freybergischen Bergwerke zu entziehen wünschte. An den folgenden Kaiserhändeln nahm er lebhaften Antheil. Mit der Stadt Leipzig und dem meißnischen Adel gerieth er in eine Fehde, wo er nachgeben mußte. Mit List bemächtigte er sich aber der Stadt Leipzig wieder. st. 1220.

1213 bis
1216.
1217.

B. Von Thüringens und Meißens Vereinigung, bis auf die sächsische Kurwürde, oder von 1248 — 1422 = 174 J.

1. Heinrich der Erlauchte gelangt zum Besitze der Landgrafschaft Thüringen.

Er stand eine Zeitlang unter der Vormundschaft des Landgrafen Ludewigs IV. Dieser ließ seine Halbschwester Jutta an der Regierung Theil nehmen; da sie ihn aber zu verdrängen suchte, so mußte sie das Land verlassen. Im zwölften Jahre regierte Heinrich schon selbst. Er zog dem deutschen Orden in Preussen zu Hülfe, aber mit dem Markgrafen von Brandenburg führte er einen unglücklichen Krieg. Nach dem Tode Heinrich Raspens machte er auf die Landgrafschaft Thüringen und die Pfalz Sachsen Anspruch. Sophie, des Landgrafen Hermanns II Schwester, die an den Herzog Heinrich von Brabant vermählt war, mußte sich mit Hessen begnügen. Sein Recht auf die östreichischen Länder, das ihm seine Gemahlin verschaffte, konnte er nicht so glücklich durchsetzen. Eben so gieng es seinem Sohne Albrecht mit Sicilien. Er starb 1287.

2. Al=

X. Sachsen.

2. Albrecht der Unartige behandelte seine rechtmäßigen Söhne sehr ungerecht.

Sein Vater trat ihm frühzeitig Thüringen und die Pfalz ab, und Albrecht bewies sich anfangs als einen lobenswürdigen Regenten. Nach einiger Zeit verblendete ihn aber die Liebe zur Kunigunde von Eisenberg so sehr, daß er seine Gemahlin Margarethe, Kaiser Friedrichs II Tochter, die ihm das Pleißnerland zubrachte, ermorden lassen wollte. Sie entfloh, überlebte aber ihre Flucht nicht lange. Ihre Söhne Friedrich und Tießmann nahm ihr Vatersbruder Dietrich, der Besitzer des Osterlandes, und und der Burg Landsberg, zu sich. Er wollte dem Apitz, dem Sohne der Kunigunde, einen Theil des ihm gehörigen Landes zuwenden, und Friedrich, den die treuen Thüringer unterstützten, mußte ein Jahr lang gefangen sitzen. Doch Albrecht hatte hierauf eben das Schicksal, und Friedrich nöthigte ihn zu einen hartem Vergleiche. Er wollte hierauf Meißen erben, welches durch den Tod Friedrich Tutas, seines Brudersohnes, erlediget worden war. Als er dieß nicht durchsetzen konnte, verkaufte er Meißen (Thüringen) an den König Adolph. Dieser wollte es mit Gewalt in Besitz nehmen; Friedrich und Tießmann thaten ihm aber tapfern Widerstand, und der Kaiser Albrecht, welcher Adophs Ansprüche benutzen wollte, erlitt die Niederlage bey Lucca. Tießmann wurde kurz darauf ermordet. Friedrich nöthigte seinen Vater nach Erfurth zu ziehen, wo er sein Leben kümmerlich endigte.

um
1263.

1270.

1291.

1307.

1314.

3. Friedrichs I (mit der gebißnen Wange) Regierung war von vielen Unruhen begleitet.

Er mußte, nachdem er die väterlichen Länder so tapfer behauptet hatte, mit den thüringischen Herren und Städten, ingleichen mit den Markgrafen Waldemar I von Brandenburg, Krieg führen. Letzterer nahm ihn gefangen. Ein Herr

[1312.

X. Sachsen.

Herr von Rehfeld erwarb durch seine Befreyung sich und seiner Familie den Beynahmen Löser. Friedrich st. 1324.

4. Friedrich II (der Ernsthafte) regierte mit vielem Ansehn.

1339.

Als Kaiser Ludwigs von Bayern Schwiegersohn zog er dessen Bundesgenossen, dem König Eduard III von England, wider Frankreich zu Hülfe. Die meiste Mühe machten ihm die Grafen von Schwarzburg und von Orlamünde,

1342.

die ihm aber zuletzt die Graffschaft Orlamünde verschaffte. Die von ihm ausgeschlagene Königskrone wurde dem Grafen Günther von Schwarzburg zu Theil. st. 1349.

5. Das Land wurde unter seinen Söhnen wieder getheilt.

Eine lange Zeit hindurch besaßen sie es noch gemeinschaftlich, und der älteste, Friedrich III, führte die Regierung. Dieser erwarb die Pflege Coburg, ein Stück des Gebiethes der Herren von Plauen, einige schwarzburgische Schlösser, die Herrschaft Sangershausen u. s. w. Der Kaiser Karl IV verlieh ihm unter andern das Reichsoberjägermeisteramt. Erst damahls

1373.

wurde die Erbverbrüderung zwischen Sachsen und Hessen geschlossen. Durch die Landestheilung bekamen Friedrichs Söhne das Osterland, nebst dem Bezirke von Landsberg; Balthasar

1384.

Thüringen, und Wilhelm Meißen. Friedrich III st. 1381.

C. Von der sächsischen Kurwürde bis auf die Entstehung der beyden Hauptlinien; oder von 1422 — 1485 = 63 J.

X. Sachsen.

a. Herzoge und Kurfürsten von Sachsen aus dem askanischen Stamme.

1. Das jetzige Herzogthum Sachsen stand mit dem alten fast in gar keiner Verbindung.

Albrecht der Bär nahm es den Wenden ab, und ließ es durch flandrische Colonisten anbauen. Das eigentliche Herzogthum Sachsen, das er sich nach Heinrichs des Löwen Falle anmaßen wollte, konnte er nicht behaupten. Ihm folgte sein Sohn Bernhard. Ursprung des sächsischen Rautenkranzes.   st. 1211.

2. Die Herren desselben vermehrten ihr Land und theilten sich in zwey Linien.

Albrecht I, Bernhards Sohn, breitete seine Gewalt in Nordalbingien mächtig aus, und nennte sich zuerst einen Herzog zu Sachsen, Engern und Westphalen. st. 1260.

Seine Söhne Johann und Albrecht stifteten die lauenburgische und wittenbergische Linie. Diese nennten sich seit 1270 auch Burggrafen von Magdeburg.

3. Die wittenbergische Linie erlangt die Kurwürde.

Albrecht II heyrathete eine von Kaiser Rudolphs Töchtern, und brachte dadurch einen Theil der Pfalzgraffschaft Sachsen an sein Haus. Seinem Sohne Rudolph I verlieh der Kaiser die Graffschaft Brene. Seit Adolphs von Nassau Wahl übte Wittenberg das Wahlrecht allein aus. Es gab darüber manchen Streit, der selbst auf die Königswahl Einfluß hatte. Durch die goldne Bulle wurde endlich Lauenburg völlig von der Kurwürde ausgeschlossen. Seit der Zeit hieß es auch nicht mehr Reichsmarschall, sondern Erzmarschall des h. R. Reiches.   1290. seit 1293   1356.

4. Verschiedene traurige Begebenheiten bewirkten das Aussterben dieser ganzen Linie.

Rudolph II (st. 1370) hatte seinen Bruder Wenzeslaus zum Nachfolger. Unter dessen Regierung entstand ein heftiger Krieg mit dem Hause Braunschweig, weil Albrecht, des Wenzeslaus Brudersohn, sein Recht auf das Land der ausgestorbenen Herzoge von Lüneburg durchsetzen wollte. Ein wechselseitiger Erbfolgevertrag war alles, was dieser Krieg zuletzt bewirkte.

1389.

1406. Rudolph III verlohr seine beyden Söhne durch einen unglücklichen Zufall. Er selbst starb im Hussitenkriege.

1422. Albrechten III tödtete der Schreken, den ihm eine plötzliche ausgebrochene Feuersbrunst verursacht hatte. Mit ihm endigte sich der askanische Mannsstamm zu Wittenberg. — Lauenburg konnte seine Ansprüche, aller Bemühungen ungeachtet, nicht durchsetzen.

D. Herzoge und Kurfürsten von Sachsen aus dem meißnischen Hause.

1. Friedrich IV (der Streitbare) erlangt das Herzogthum Sachsen und die damit verbundene Kurwürde.

seit 1419. Er zog frühzeitig in manchen Krieg. Am meisten zeichnete er sich aber in dem Hussitenkriege aus, wo er dem Kaiser Siegmund wichtige Hülfe leistete. Zur Belohnung derselben,

1420. ertheilte er ihm die Anwartschaft auf die sächsische Kurwürde. Brandenburg mußte das Land, das es nach dem Tode Albrechts III im Besitz genommen hatte, wieder einräumen, und Lauenburg wurde mit seinen Ansprüchen abgewiesen. Der Hussitenkrieg zog dem Kurfürsten und seinem Lande aber auch manches Unglück zu. Bey Brix erschlugen die Hussiten

1425. 8 Grafen und 4000 andere Streiter. Um Aussich

X. Sachsen.

sich zu entsetzen, brachte Friedrichs Gemahlin ein Heer von 20000 M. zusammen. Von diesen wurden aber mehr als die Hälfte getödtet. (Unter diesem befand sich der letzte Burggraf von Meißen.) Nach einem abermahls nicht glücklich ausgefallenen Feldzuge nach Böhmen starb der Kurfürst Friedrich I. 1428.
— Sein Land wurde durch verschiedene Landesanfälle vermehrt. Zuerst erbte er einen Theil von dem Lande seines Vatersbruders 1410. Wilhelm I, der die Herrschaft Eulenburg, ingleichen Königsstein, Pirna u. s. w. erworben, und eine Zeitlang die Mark Brandenburg pfandsweise besessen hatte. Sodann fiel ihm auch das Land seines Bruders Wilhelm 1425. II zu, das dieser unter andern durch Schloß und Stadt Salfeld vermehrt hatte.

Friedrich I war überhaupt der ansehnlichste Reichsfürst seiner Zeit. — Eine von Huß veranlaßte Aenderung auf der hohen Schule zu Prag, bewirkte den Ursprung der Universität zu Leipzig. 1409.

2. Unter dem Kurfürsten Friedrich II (dem Sanftmüthigen) und dem Herzoge Wilhelm III wird Thüringen wieder mit Meißen vereiniget.

Balthasar hinterließ den Landgrafen, Friedrich den Einfältigen, zum Nachfolger, der, von 1406. seinem Schwiegervater, dem Grafen Günther von Schwarzburg, verleitet, die thüringischen Lande veräussern wollte, aber von seinen Vettern daran verhindert wurde. st. 1440.

3. Diese gerathen, der Landestheilung wegen, in einen höchstverderblichen Krieg.

Sie theilten zu Altenburg. Friedrich bekam Meißen und ein Stück des Osterlandes. Wil- 1445. helm erhielt Thüringen, das übrige vom Osterlande, und die fränkischen Besitzungen. Die

Bergwerke blieben gemeinschaftlich. Bald entstand aber über diese Theilung Uneinigkeit, welche beyderseitige Minister (besonders Apel Vitzthum) vergrößerten, und die weder der hallische Machtspruch, noch der Vergleich zu Erfurth zu heben vermochte. Jetzt brach ein

1447. schrecklicher Krieg aus. Ein Bruder verwüstete des andern Land. Herzog Wilhelm ließ zu Gera über 5000 M. umbringen. Ein ernstlicher Befehl des Kaisers bewirkte endlich die

1451. Aussöhnung.

1455. Eine Folge dieses Krieges war der von Kunzen von Kaufung verübte Prinzenraub.

Friedrich II st. 1464. Er ertheilte der Stadt Leipzig den dritten Jahrmarkt, die sogenannte Neujahrsmesse. Seine Söhne, Ernst und Albrecht, stifteten die beyden noch jetzt blühen-

1485. den Linien des sächsischen Hauses, die erst zwanzig Jahre nach seinem Tode sich absonderten, nachdem sie das Land ihres Vätersbruder, Wilhelms III, gleichfalls geerbt hatten.

E. Seit der Entstehung der beyden Hauptlinien, oder seit 1485 — 1786 = 300 J.

a. Ernestinische Linie.

1. Der Stifter dieser Linie war Ernst, des Kurfürsten Friedrichs II ältester Sohn.

Er bekam die Kurwürde und das Herzogthum Sachsen. Die Theilung veranlaßte zwischen ihm und seinem Bruder Uneinigkeit. Er machte sich um sein Land durch eine Polizeyordnung, eine Münzordnung u. s. w. verdient. Auch kam

1469. um diese Zeit der Vierzehnte (die Tranksteuer) auf. Mit Erfurth, welches viele Freyheiten besaß, und sich immer noch mehrere anmaßen

X. Sachsen. 119

maßen wollte, errichtete er nebst seinem Bru- **1483.**
der einen Schutzvertrag. st. 1486.

2. Kurfürst Friedrich III (der Weise) behauptete ein großes Ansehn im deutschen Reiche.

Kaiser Maximilian I ernennte ihn nicht nur zum
Statthalter beym Reichsregimente, sondern **1493.**
auch zum Reichsstatthalter. Er bestätigte ihm
die Erbfolge in Jülich und Berg, die schon Albrecht und Ernst erhalten hatten, die er aber **1511.**
dem Herzoge von Cleve überlassen mußte.
Sein Andenken verewigte er unter andern durch
die Stiftung der hohen Schule zu Wittenberg. **1502.**
Seine Macht vermehrten die neuentdeckten
Bergwerke (z. B. die Silbergruben zu Schne-
berg, und auf dem Schreckenberge) außerordentlich.

3. Martin Luther unternimmt es, von ihm begünstigt, die Religion von Mißbräuchen zu reinigen.

Er war von Eisleben gebürtig, und der Kurfürst
hatte ihn eine theologische Lehrstelle zu Wittenberg anvertraut. Johann Tetzels unver-
schämter Ablaßhandel machte ihn zuerst aufmerksam. Er griff den Ablaß öffentlich an. **1517.**
Die Wuth der Dominicaner, die sich Tetzels
annahmen, der Pabst, der ihn nach Rom ci-
tirte, und ihn für einen Ketzer erklärte —
alles dieses bewirkte, daß Luther immer weiter gieng. Der Kurfürst wurde nach Maxi- **1519.**
milians Tode Reichsvicar; ein für Luthern
gleichfalls sehr günstiger Umstand. Der Pabst,
der Friedrichen vergebens zu gewinnen suchte,
und durch mehrere Gesandten nichts auszurich-
ten vermochte, ließ Luthers Schriften verbren-
nen, und eine Verdammungsbulle wider ihn
ergehen. Luther rächte sich durch das Ver- **1520.**
brennen der kanonischen Gesetzsammlung. Karl
lud ihn hierauf nach Worms vor, und Luther **1521.**
vertheidigte sich mit vieler Entschlossenheit und

Uner-

Unerschrockenheit. Auf dem Rückwege ließ ihn Friedrich auf die Wartburg bringen, wo er sich unter andern mit der Verdeutschung der Bibel beschäfftigte. Die Unruhen einiger von seinen schwärmischen Anhängern bewogen ihn, sie heimlich zu verlassen.

4. Die Bauern erregen einen gefährlichen Aufstand.

1525.
Dieser verbreitete sich aus Schwaben und Franken nach Sachsen und Thüringen. Hier warf sich Thomas Münzer zum Anführer derselben auf, der ein Heer von 40000 Bauern zusammen brachte, Schlösser und Dörfer verwüstete, und zuletzt von den sächsischen, hessischen und braunschweigischen Fürsten bey Frankenhausen geschlagen wurde.

5. Johann der Beständige vertheidigt die evangelische Religion mit vieler Standhaftigkeit.

1525.
1527.
1529.
1530.

Er wurde nach dem Tode seines Bruders Kurfürst, und nun führte er die lutherische Lehre mit vielem Eifer ein, errichtete, zur Vertheidigung derselben, mit dem Landgrafen von Hessen zu Torgau ein Schutzbündniß, das sich in der Folge in den schmalkaldischen Bund verwandelte, protestirte nebst andern gegen die harten Reichstagsschlüsse, und veranstaltete die Uebergabe der augsburgischen Confession. An dem nürnbergischen ersten Religionsfrieden hatte er gleichfalls vielen Antheil, und er erwarb dadurch seinem Hause ein Recht auf das Directorium der Evangelischen. st. 1532.

6. Johann Friedrich der Großmüthige bringt sich, durch seinen Eifer für dieselbe, um die Kurwürde und einen großen Theil seines Landes.

1537.
Er veranstaltete die Erneuerung und Befestigung des schmalkaldischen Bundes, und er war

X. Sachsen.

war einer von den beyden Oberhäuptern deſſelben. (Damahls entſtanden auch die ſchmalkaldiſchen Artikel.) Er nahm, in Verbindung mit dem Landgrafen Philipp von Heſſen, dem Herzoge Heinrich dem Jüngern von Braunſchweig, der ſich ſehr feindſelig gegen die Proteſtanten bewies, ſein Land weg. Die Rüſtungen und Drohungen Karls V, welche die Unterdrückung der evangeliſchen Religion offenbar zur Abſicht hatten, bewogen ihn und die andern ſchmalkaldiſchen Bundesgenoſſen, gegen den Kaiſer anzurücken. Aber gerade durch ſeine Schuld wurde die beſte Zeit verſäumt. Der Kaiſer erklärte ihn in die Acht, und übertrug die Vollziehung derſelben dem Herzoge Moritz, der ſich heimlich in ein Bündniß mit ihm eingelaſſen hatte. Dieſer eroberte in 14 Tagen das ganze erneſtiniſche Land bis auf Wittenberg, Eiſenach und Gotha. Um ſein Land zu retten, zog nun Johann Friedrich mit dem größten Theile des Heeres nach Hauſe. Moritz war zu ſchwach, ihm Widerſtand zu thun, und Johann Friedrich behauptete die Oberhand. Schon dachte er auf eine Verbindung mit den Böhmen, als Karl aus Böhmen unvermuthet gegen ihn anrückte. Ein Treffen auf der lochauer Heide, unweit Mühlberg, war entſcheidend. Johann Friedrich war verrathen und wurde gefangen genommen. Die wittenbergiſche Capitulation verſicherte ſeinen Söhnen nicht mehr als 50000 Gulden jährliche Einkünfte, und es wurden ihnen deßwegen die heutigen erneſtiniſchen Fürſtenthümer, wenigſtens größtentheils, angewieſen. Johann Friedrichs Abſcheu gegen das ſogenannte Interim verſchlimmerte ſeine Gefangenſchaft; aber eben dieſes bewog ihn, die hohe Schule zu Jena zu ſtiften. Sein Vetter Moritz beförderte endlich durch den unvermutheten Kriegszug, den er gegen den Kaiſer wagte, ſeine Befreyung, und der naumburger Vertrag, den er nach deſſen Tode mit dem Kurfürſten Auguſt errichte-

1542.

1546.

1547 den 24. Apr.

1552.

richtete, vermehrte sein Land. st. 1554. — Seine Gemahlin Sibylla war des Herzog Johanns III von Cleve einzige Tochter.

7. Herzog Johann Friedrich der Mittlere macht sich durch Grumbachs Unterstützung unglücklich.

1565.

Er hatte noch zwen jüngere Brüder, die Johann Wilhelm und Johann Friedrich III, hießen. Nach dem Tode deß letztern theilte er mit Johann Wilhelmen das Land auf 6 Jahre. Ihm fiel der koburgische, und seinem Bruder der weimarsche Theil zu. Er nahm hierauf Wilhelmen von Grumbach auf, der den wirzburgischen Bischof, Melchior von Zobel, hatte ermorden lassen, und, von dem Canzler Brück unterstützt, ihn durch allerley glänzende Versprechungen zu blenden wußte. Der Kaiser erklärte den Herzog darüber in die Acht. Der Kurfürst August, dem er die Vollziehung derselben auftrug, rückte mit einem ansehnlichen Heere vor die Stadt Gotha, wo sich Johann Friedrich seit einiger Zeit aufhielt. Ein Aufruhr der Besatzung und der Bürger bewirkte die Uebergabe. Grumbach und seine Mitgenossen wurden hingerichtet, und Johann Friedrich mußte nach 28 Jahren sein Leben in der Gefangenschaft beschließen. st. 1595. — Grimmenstein wurde geschleift, und August bekam die vier assecurirten Aemter.

1567. April.

8. Seine Nachkommenschaft hört mit seinen Söhnen wieder auf.

1572.
1633.
1638.

Es kam, nachdem sie den Besitz der väterlichen Länder erlangt hatten, zwischen ihnen und ihrem Oheim Johann Wilhelm eine Theilung zu Stande, durch die sie den coburgischen Theil erhielten. Johann Ernst residirte seitdem zu Eisenach, und Johann Kasimir zu Koburg. Letzterer stiftete das koburgsche Gymnasium.

9. Un-

9. **Unter Johann Wilhelms Söhnen sondert sich die erneſtiniſche Linie in das altenburgiſche und in das weimariſche Haus ab.**

Johann Wilhelm, der dem König Heinrich II von Frankreich einigemal zu Hülfe zog, und vor ſeinen Brudersſöhnen den Vorzug erhielt, ſt. 1573. Der Kurfürſt Auguſt beförderte, als Vormund ſeiner Söhne, den Kryptocalvinismus. Es ereignete ſich damals der Anfall des hennebergiſchen Landes, den des Kurfürſten Johann Friedrichs Söhne durch einen Erbvertrag mit dem Grafen von Henneberg bewirkt hatten. — Friedrich Wilhelm, Johann Wilhelms älteſter Sohn, wurde nach Auguſts Tode Adminiſtrator der kurſächſiſchen Lande, die er ſehr rechtſchaffen und uneigennützig verwaltete. ſt. 1602.   1591. — 1601

Mit ſeinen Söhnen theilte ſein Bruder der Herzog Johann.   1603.

10. **Das altenburgiſche Haus erreichte nach 70 Jahren ſein Ende.**

Friedrich Wilhelms Söhne, die Stifter deſſelben, erhielten für das Fürſtenthum Altenburg Sitz und Stimme im Reichsfürſten-Rathe. Es herrſchten zwiſchen dieſer und der weimarſchen Linie langwierige Vorrangsſtreitigkeiten. Johann Philipps Tochter ward als Herzog Ernſts I zu Gotha Gemahlin, die Stamm-Mutter des gothaiſchen Hauſes. Das altenburgiſche Land wurde, nach dem Abgange der Söhne des Herzog Johann Friedrichs des Mittlern durch das Koburgſche u. ſ. w. vermehret.   1640.
Friedrich Wilhelm III ſchloß den altenburgiſchen Mannsſtamm. Das Land deſſelben fiel an Gotha und Weimar.   1670.

11. **Das neue weimarſche Haus, welches Herzog Johann ſtiftete, ſonderte ſich wieder in die**

die eigentliche weimarsche und in die gothaische Linie ab.

st. 1605. Johann hinterließ acht Söhne, von welchen fünf im dreyßigjährigen Kriege ihr Leben endigten. Der älteste Johann Ernst diente dem unglücklichen böhmischen Könige Friedrich, wie auch dem Könige Christian IV von Dänemark, und er machte sich besonders in Schlesien dem Kaiser sehr furchtbar. st. 1626. Auch sein Bruder Wilhelm zeichnete sich in diesem Kriege nicht wenig aus. Gustav Adolph übertrug ihm die Anführung eines besondern Heeres. Ungleich berühmter machte sich aber sein jüngerer Bruder Bernhard, der die Schlacht

1632. bey Lützen gewann, in Bayern eindrang, und sich das Herzogthum Franken schenken ließ. Die große Schlacht, die er bey Nördlingen

1634. verlohr, bewirkte den prager Frieden. Bernhard, dem Schweden und die vier obern Kreise das Obercommando auftrugen, verband sich hierauf mit Frankreich, breitete seine Eroberungen am Rheine immer weiter aus, schlug einen kaiserlichen Feldherrn nach dem andern zurück, und eroberte nach vielem Widerstande Breisach. Ein unvermutheter Tod

1639. endigte sein ruhmvolles Leben.

Nach Bernhards Tode theilten seine drey noch übrigen Brüder das Land. Albrecht I, der

1644. Besitzer des Fürstenthums Eisenach, starb schon einige Jahre hernach ohne Erben, und hinterließ dasselbe seinen beyden Brüdern.

A) Weimar.

1. Diese Hauptlinie des ernestinischen Hauses trennte sich wieder in vier andere.

Wilhelm (st. 1662) hinterließ vier Söhne, die zu Weimar, Eisenach, Marksuhl und Jena vier neue Linien stifteten. Sie schmolzen

1672. aber bald wieder in drey zusammen. Die

Her

Herren derselben mußten es geschehen lassen, daß Kurmainz sich der Stadt Erfurth bemächtigte; doch erhielt das weimarische Haus Capellendorf, Großrudestedt, das erfurthische Geleite, u. s. w. Auch erbte es verschiedene Aemter von dem altenburgischen Lande. 1665.
1672.

2. Diese wurden nach 80 Jahren wieder in eine einzige vereinigt.

Johann Ernst von Weimar (st. 1683) hinterließ 2 Söhne, Wilhelm Ernsten, und Johann Ernsten, die sich der Regierung wegen stritten. Sie konnten, gleich den andern sächsischen Fürsten, ihre Ansprüche auf das lauenburgische Land nicht durchsetzen, und sie erbten weiter nichts als den Titel: zu Engern und Westphalen. Der Abgang der jenaischen Linie veranlaßte viele Streitigkeiten. Wilhelm Ernst gerieth auch mit Schwarzburg, das die fürstliche Würde erlangt hatte, in lebhafte Händel, die bis 1731 dauerten. Er legte das Münzkabinet an, und vermehrte die Bibliothek. st. 1728. 1689.
1690.

Ernst August, des vorigen Bruderssohn, führte das Erstgeburtsrecht ein, und erbte das Fürstenthum Eisenach. Uebrigens zeichnete er sich durch seinen großen Hang für die Soldaten aus. st. 1748. 1751.

Ernst August Constantin veranlaßte seiner Vormundschaft wegen großen Streit. Er wurde zu Gotha erzogen, regierte seit 1755 selbst, starb aber schon 1758. Seine Gemahlin Anne Amalie, des jetztregierenden Herzogs von Braunschweig Schwester, führte die vormundschaftliche Regierung sehr lobenswürdig — 1775.

Karl August (geb. 1757) hat sich unter andern bereits als einen thätigen Gönner der Wissenschaften gezeigt.

B) Go=

B) Gotha.

1. Auch diese Hauptlinie des erneſtiniſchen Hauſes ſonderte ſich wieder in verſchiedene Nebenlinien ab.

Herzog Ernſt I (der Fromme) der Stammvater derſelben, vermehrte ſein Land durch Erbſchaft und gute Wirthſchaft außerordentlich (durch den henneberaiſchen Antheil, durch Oberkranichfeld, durch den größten Theil des Fürſtenthums Altenburg) nahm ſich der Regierungsgeſchäffte ſorgfältig an, verbeſſerte das Kirchen= und Schulweſen mit dem größten Eifer, beförderte die Aufnahme der Wiſſenſchaften, baute den Friedenſtein, und gab überhaupt das Muſter eines vortrefflichen Regenten ab. ſt. 1675.

1680 81. Seine 7 Söhne theilten endlich, und es entſtanden dadurch die Linien zu Gotha, Koburg, Meiningen, Röhmhild, Eiſenberg, Hildburghauſen und Saalfeld.

2. Von dieſen ſind gegenwärtig noch viere vorhanden.

Gotha. Herzog Friedrich I kaufte die Herrſchaft Tonna, baute Friedrichswerth, und führte das Erſtgeburthsrecht ein. ſt. 1691. (Sein zweyter Sohn Johann Wilhelm blieb 1707 vor Toulon.) — Friedrich II erlangte die Regierungsfähigkeit mit dem Anfange des neunzehnten Jahres, erbte das Eiſenberaiſche und 1/3 von Themar, verſchönerte die Stadt Gotha, und ſtarb 1732. Seine jüngſte Tochter Auguſte iſt die Mutter des jetzigen Königes von Großbritannien. — Friedrich III wurde mit Meiningen in verſchiedene Streitigkeiten verwickelt, und bewies ſich im ſiebenjährigen Kriege als einen wahren Vater ſeines Landes. ſt. 1772. — Ernſt II (geb. 1745) hat

hat sich um sein Land schon sehr verdient gemacht.

Koburg. Diese Linie, die Albrecht, Ernst I zweyter Sohn, stiftete, erlosch schon 1696. Ihr Land wurde nach langwierigem Streite zwischen Saalfeld und Meiningen getheilt. 1735.

Meiningen. Stifter Bernhard. Unter seinen Nachkommen machte sich besonders Anton Ulrich berühmt. Jetziger Herzog Georg Friedrich Karl, geb. 1761.

Röhmhild. Erlosch 1710.

Eisenberg. Hörte 1707 auf.

Hilburghausen. Stammvater Ernst. Sein jüngster Sohn Joseph Friederich, ein Greis von 84 Jahren, that sich in kaiserlichen Diensten hervor. Ernst Friedrich Karl vermehrte die Schulden seines Hauses so sehr, daß der Kaiser eine Debitcommißion verordnen mußte. Jetziger Herzog Friedrich, geb. 1763.

Saalfeld. Stammvater Johann Ernst. Jetziger Herzog Ernst Friedrich, geb. 1724. Diese Linie nennt sich seit 1735 Saalfeld-Koburg.

b. Albertinische Linie.

A. Bis zur Entstehung der Nebenlinien, oder bis 1656.

1. Albrecht der Beherzte opferte sich zum Besten des östreichischen Hauses auf.

Er machte seiner Gemahlin wegen einen vergeblichen Versuch, König von Böhmen zu werden. Seinem Oheim, dem Kaiser Friedrich III leistete er wider den Herzog Karl von Bur- 1471.

Burgund, ingleichen wider den König Matthias von Ungern, Beystand, und er erhielt deßwegen die Anwartschaft auf Jülich und Berg. In den Niederlanden that er Maximilianen große Dienste, und er nahm endlich die erbliche Statthalterschaft über Friesland an, die er seinem Sohne Heinrich als Vicestatthalter übertrug. Dieser wurde von den aufrührerischen Friesen in Francker belagert; Albrecht befreyte ihn aber wieder. Sein gar zu großer Eifer für das östreichische Haus schadete überhaupt seinem Lande. Unter ihm entstand das Regierungscollegium zu Dresden. st. 1500.

seit 1488

2. Georg der Bärtige machte sich als Feind der lutherischen Religion berühmt.

Einer der aufgeklärtesten Fürsten, der die Aufnahme der Wissenschaften außerordentlich beförderte. Luthers Reformation mißfiel ihm hauptsächlich ihres Ursprungs wegen. Nach der Leipziger Disputation verfolgte er Luthers Anhänger mit der größten Strenge. Er erbte die Burggrafschaft Leisnig. Die friesische Statthalterschaft, die ihm sein Bruder Heinrich überlassen hatte, trat er wieder an Oestreich ab. st. 1539.

3. Unter dem Herzoge Heinrich wurde die lutherische Religion im Lande eingeführt.

Georgs Bruder, den er der Religion wegen zu enterben wünschte. Die eingezogenen Klostergüter wurden meistens auf milde Stiftungen verwendet. — Heinrich überließ die Regierung seiner Gemahlin und seinen Ministern, und trat sie zuletzt seinem ältesten Sohne Moritz ab. st. 1541.

4. Moritz verschaffte seinem Hause nicht nur die Kurwürde der ernestinischen Linie, sondern auch einen großen Theil ihres Landes.

Er

Er lebte einige Zeit an des Kurfürsten Johann
Friedrich Hofe, wo er die evangelische Lehre
annahm, und dennoch hätte ihn bald ein
Streit über die Türkensteuer zu Wurzen mit
demselben in Krieg verwickelt. Er zog für
Karln V zweymahl nach Ungern, und zweymahl wider Frankreich, und ob er gleich dem
schmalkaldischen Bunde nicht beytreten wollte, so half er doch den Herzog Heinrich den
Jüngern von Braunschweig bekriegen. Der
Beystand, den er dem Kaiser Karl V wider
seinen Vetter Johann Friedrich leistete, erwarb ihm die Kurwürde, den Kurkreis, einen ansehnlichen Theil der ernestinischen Lande u. s. w.

1542.

1547.

5. Zugleich vertheidigte er aber auch die deutsche Freyheit mit vieler Tapferkeit.

Um das kaiserliche Interim nicht anzunehmen,
ließ er von seinen Theologen ein neues verfertigen, das aber gleichfalls wenig Beyfall fand.
Da er Karls V Absicht, Deutschlands Freyheit zu unterdrücken, merkte, so beschloß er,
sie zu retten. Karl hatte ihm die Vollziehung
der Acht gegen die Stadt Magdeburg aufgetragen. An der Spitze des Heeres, mit dem
er dieselbe eroberte, rückte er plötzlich gegen
den Kaiser zu Felde, und fast hätte er ihn
überrascht. Sein Bundesgenosse, der König
Heinrich II von Frankreich, griff zugleich den
Kaiser von einer andern Seite an. Diß bewirkte den Vergleich zu Passau, der den Evangelischen einstweiligen Religionsfrieden, und
Johann Friedrichen, ingleichen Philippen, ihre
Freyheit verschaffte. Schon Moritzens bloße Annäherung schreckte hernach die Türken in Ungern zurück. Endlich wurde er in dem Treffen bey Sievershausen, das er seinem ehemaligen Bundesgenossen, dem Markgrafen Albrecht von Brandenburg lieferte, tödlich
verwundet. (Seine Tochter Anne war die
Mutter des um die niederländische Freyheit
so verdienten Moritz.)

1552.

1553.

J   Mo-

Moritz hat sich durch die Fürstenschulen, durch die Verbesserung des Zustandes der hohen Schule zu Leipzig und durch die Errichtung der Consistorien zu Leipzig, Meißen (hernach Dresden) unsterblich verdient gemacht.

6. **August beförderte den Wohlstand seines Landes auf alle Weise.**

1567.

1580.

Er lebte einige Zeit an Kaiser Ferdinands I Hofe, wo er mit Maximilian II eine genaue Freundschaft errichtete, die ihm unter andern auch die Anwartschaft auf Anhalt verschaffte. Die Reichsacht vollzog er an seinem Vetter dem Herzog Johann Friedrich mit aller Strenge. Seinem Hause erwarb er die Administration der Stifter Merseburg, Naumburg, Zeitz und Meißen. Er veranstaltete die Verfertigung der Concordienformel, die ihm über eine Tonne Goldes kostete; er errichtete das Oberappellationsgericht, das Kammercollegium und das Geheimerathscollegium. Er suchte den Handel und die Manufacturen, ingleichen Künste und Wissenschaften mit allem Eifer zu befördern. st. 1586.

7. **Christian I überließ die Regierung seinem Kanzler Krell.**

Dieser führte die reformirte Religion ein und verursachte dadurch große Bewegungen im Lande. Zum Glücke dauerte dieser Zustand nicht lange; denn Christian starb schon 1591. — Er schickte den Hugenotten Hülfe, die aber wenig ausrichtete.

8. **Auch Christian II zeichnete sich als Regent nur wenig aus.**

Sein Vormund, der Herzog Friedrich Wilhelm, ließ den Kanzler Krell, nachdem sein Proceß zehn Jahre gedauert hatte, enthaupten, und rottete die reformirte Religion wieder aus. Er selbst stritt sich wegen der clevischen Erbschaft herum, da er doch sogleich hätte

Besitz

X. Sachsen.

Besitz nehmen sollen, und sein Haus trug zuletzt weiter nichts als Titel und Wappen davon. st. 1611.

9. Johann Georg I leistete im dreyßigjährigen Kriege dem Kaiser anfangs nachdrücklich Beystand.

Er schlug die ihm angetragene böhmische Krone aus; ließ sich bereden, des Kaisers Parthey zu ergreifen, und brachte nicht nur die Lausitz, sondern auch Schlesien wieder unter kaiserlichen Gehorsam. 1620.

10. Bald sahe er sich aber genöthigt, den schwedischen König Gustav Adolph um Beystand zu bitten.

Der Kaiser verlangte von ihm, daß sein Sohn einem von seinen Prinzen das Erzstift Magdeburg abtreten sollte; auch kränkte er ihn durch das Restitutionsedict. Schon hatte Johann Georg die evangelischen Fürsten nach Leipzig versammlet, um sich über die Rettung der deutschen Freyheit zu berathschlagen, als Gustav Adolph auf dem deutschen Boden anlangte. Aus Eifersucht wollte er sich anfangs nicht mit ihm vereinigen; als sich aber Tilly, nach Magdeburgs schrecklicher Zerstörung, seinem Lande näherte, so mußte er eine Verbindung mit dem Könige Gustav Adolph für ein Glück schätzen. Er bewog denselben, dem Tilly bey Breitenfeld unweit Leipzig die berühmte Schlacht zu liefern, welche die Sachsen bald verlohren hätten. Die Sachsen eroberten hierauf zwar Böhmen; Wallenstein jagte sie aber wieder heraus. Als sie, von Schweden und Brandenburg verstärkt, abermahls eingedrungen waren, gieng Wallenstein auf Meißen los. Gustav Adolph eilte ihm zu Hülfe, und Deutschland verlohr in dem Treffen bey Lützen den Retter seiner Freyheit. 1630. 7. Sept. 1632. 6. Nov.

11. Er

132   X. Sachsen.

11. Er söhnte sich durch den Prager-Frieden wieder mit dem Kaiser aus.

Da auch Oxenstirn das Directorium der Evangelischen sich anmaßte, so wurde Johann Georg der Schwedischen Parthey immer abgeneiget, und die Nördlinger Schlacht bestimmte ihn völlig, mit dem Kaiser Friede zu machen. Dieser überließ ihm unter andern den erblichen Besitz der Lausitz, der ihm 7 Mill. Kriegskosten vergüten sollte. Die Sachsen fochten nun gegen die Schweden, aber mit großem Verluste. Das Land wurde von Bannern und Torstensohnen schrecklich verwüstet. Letzterer erwachte bey Leipzig abermahls einen herrlichen Sieg über die Kaiserlichen. Im westphälischen Frieden bewirkte Schweden, daß Kursachsen weiter nichts als einige magdeburgische Aemter erhielt. s. 1656.

1634.

1642.

Seine drey jüngern Söhne stifteten eben so viel Nebenlinien des kursächsischen Hauses, und es gab nunmehr Herzoge zu Weisenfels, zu Mersburg und zu Zeiz.

B. Seit der Entstehung der Nebenlinien, oder seit 1656.

1656.

I. Kurfürst Johann Georg II vermehrte und verschönerte sein Land.

Es entstanden, der Landeshoheit wegen, zwischen ihm und seinen Brüdern heftige Streitigkeiten, die immer wieder von neuen ausbrachen, und sehr lange dauerten. Er erbte die Grafschaft Barby; wegen der lauenburgischen Erbschaft stritt er sich aber vergebens herum. Ueber den Münzfuß errichtete er mit Brandenburg und Braunschweig zu Zinna einem merkwürdigen Vergleich. Verschiedene Städte, und besonders Dresden, haben ihm beträchtliche Verschönerungen zu verdanken. s. 1680.

1659.

a. K.

X. Sachsen.

2. K. Joh. Georg III opferte sich dem kaiserlichen Kriegsdienste auf.

    Noch unter seinem Vater führte er das obersächsische Hülfsvolk an, das gegen die Franzosen an den Rhein zog. Bey dem Entsatze von Wien griff er, als Anführer des linken Flügels, so lebhaft an, daß er zum Siege sehr viel beytrug, und ob er gleich vom Kaiser mit Undank belohnt wurde, so ließ er nicht nur wieder Truppen nach Ungern ziehen, sondern er focht auch aufs neue für den Kaiser und das Reich gegen die Franzosen, und endigte im Felde sein Leben. —— Er versäumte es Lauenburg in Besitz zu nehmen.   1673 — 78. 1683. 1691.

3. K. Joh. Georg war ungleich weniger eifrig für den Kaiser gesinnt.

    Er wollte nebst Brandenburg eine dritte Parthey errichten; endlich söhnte er sich aber mit dem Kaiser wieder aus, und zog mit 12000 M. an den Rhein. Er starb schon im folgenden Jahre.   1693.

4. Friedrich August I vermehrte den Glanz seines Hauses durch die polnische Krone.

    Er wurde durch die glücklichen Bemühungen des Obersten von Flemming zum Könige (August II) von Polen gewählt. Die polnische Krone verwickelte ihn aber in einen Krieg mit dem Könige Karl XII von Schweden, der ihn zur Niederlegung derselben nöthigte, und in seinem Lande nicht nur auf 23 Mill. Thaler erpreßte, sondern auch sein Kriegsheer von 16 bis auf 40,000 M. verstärkte. Nach der Schlacht bey Pultawa kehrte Friedrich August wieder nach Polen zurück, und setzte, in Verbindung mit andern nordischen Mächten, den Krieg gegen Schweden fort; hatte aber während der Zeit in Polen mit vielen Unruhen zu kämpfen.   1696. 1706. 1709.

5. Allein sein Land muß dieselbe sehr theuer erkaufen.

Der schwedische Krieg zerstörte seinen Wolstand außerordentlich. — Friedrich August verkaufte, um Geld zu bekommen, an Brandenburg die Erbvogtey über Quedlinburg, das Reichsschulzenamt über Nordhausen, und das Petersklöster bey Halle; an Braunschweig seine Ansprüche auf Lauenburg; an Schwarzburg die Rechte der Landeshoheit. Doch sorgte er auf andere Weise für den Wohlstand desselben. Zucht und Waisenhaus zu Waldheim — Porzellanfabrik zu Meißen — Verbesserung des Postwesens. — Lustlager zu Zeithayn. st. 1733.

Sein natürlicher Sohn, Graf Moritz von Sachsen, gehörte unter die größten Helden seines Zeitalters.

6. Friedrich August II nahm an dem östreichischen Erbfolgekriege lebhaften Antheil.

Seine Wahl zum Könige von Polen (August III) veranlaßte zwischen dem Kaiser, Frankreich, Spanien und Sardinien einen Krieg. Als Gemahl der ältesten Tochter Kaiser Josephs I ließ er sich, nach Karls VI Tode, mit Frankreich in Verbindung ein, und schickte 20000 M. nach Böhmen, die aber in Mähren größtentheils umkamen, und er mußte dem breslauer Frieden beytreten. In der Folge verband er sich mit Oestreich. Seine Truppen, die der Herzog Joh. Adolph II von Weißenfels anführte, drangen nebst den kaiserlichen in Niederschlesien ein. Die Schlacht bey Hohenfriedberg nöthigte sie aber, sich wieder herauszuziehen. Da der König von Preußen mit einem Einfalle drohete, so zog sich bey Leipzig das ganze sächsische Heer von 45,000 M. zusammen. Der König bemächtigte sich indessen der ganzen Lausitz, und gieng gerade

auf

X. Sachsen. 135

auf Dresden los. Zugleich rückte der Fürst Leopold von Dessau über Halle ein, und schlug die Sachsen bey Kesselsdorf. Dresden mußte sich ergeben, und das Land wurde gebrandschatzt. Dieß beförderte den Frieden.

7. **Er wurde zum Unglücke seines Landes auch in den siebenjährigen Krieg verwickelt.**

Der geheime Kanzlist Menzel verrieth dem Könige von Preussen ein wider ihn gerichtetes Bündniß. Friedrich brach hierauf von drey Seiten in Sachsen ein. Die sächsischen Truppen, deren auf 30,000 seyn sollten zogen sich 16,000 M. stark bey Pirna in ein festes Lager zusammen, das nur eine kurze Zeit versorgt war, und sich daher nach einiger Zeit ergeben mußte. August gieng hierauf nach Warschau, und Friedrich schaltete zu Dresden nach seinem Belieben. Im folgenden Jahre mißhandelten die Oesterreicher, die Bundesgenossen waren, die Oberlausitz. Die berühmte Schlacht bey Rosbach vereitelte die Absicht der Reichsarmee, die in Verbindung mit 40,000 Franzosen, zu Kursachsens Befreyung herbeyrückte. Als sich hierauf der kaiserliche Feldherr Daun der Stadt Dresden näherte, zündeten die Preussen die Vorstädte an. Im folgenden Jahre wurde es von den Kaiserlichen erobert, und es blieb seitdem in ihren Händen. Eine preussische Belagerung verwüstete den schönsten Theil desselben. Die Reichsarmee eroberte Wittenberg, mußte es aber wieder bald verlassen. Der König von Preussen erfocht bey Torgau einen entscheidenden Sieg über den General Daun. Der Friede, der diesen Krieg endigte, wurde auf dem Lustschlosse Hubertsburg geschlossen. Einen großen Nachtheil hatte dem sächsischen Lande unter andern die falsche Münze gebracht, die der König von Preussen in Sachsen schlagen ließ.

Friedrich August II, der die ganze Regierung seinem mächtigen Staatsminister, dem Grafen

1756. Aug.

11. Oct.

1757.

1758.

1760.

1763. Febr.

5. Oct.   fen Heinrich von Brühl überließ, starb nicht
lange hernach.

Seine Söhne: Prinz Xaver, ehemaliger Ad-
ministrator der Kurwürde; Karl, H. von
Kurland; Albrecht, H. zu Sachsenteschen;
Clemens Wenzeslaus, Kurfürst von Trier.

8. Unter seiner Regierung wurden die drey
Länder der Nebenlinien wieder mit dem
Kurlande vereinigt.

Zuerst erlosch die zeitzische Linie, die H. Moritz
stiftete. Sein Nachfolger, Moritz Wilhelm,
wendete sich zur katholischen Religion, und
verlohr darüber die Regierung; auch beschloß
er 1718 seinen Mannsstamm.

1733.   Hierauf erfolgte das Aussterben der merseburgi-
schen Linie, die Christian I gestiftet hatte, und
die mit seinen Enkeln erlosch. Am längsten
dauerte die weißenfelsische Linie, die Herzog
August stiftete. Er war auch Administrator
des Erzstiftes Magdeburg, das aber nach seinem Tode an Brandenburg fiel. st. 1680. Johann Adolph I verlegte seine Residenz nach
Weißenfels. Johann Georg unterhielt einen
der glänzendsten Höfe, der die Schulden auß-
serordentlich vermehrte. st. 1712. Sein Bruder Christian wirthschaftete so übel, daß der
Kaiser eine Debitcommission verordnen mußte. st. 1736. Joh. Adolph II, der jüngste
Bruder, that sich unter andern in kursächsischen Kriegsdiensten hervor; doch verlohr er
das Treffen bey Hohenfriedberg. Er endigte
seinen Mannsstamm 1746.

9. Friedrich Christians kurze Regierung versprach ein glückliches Zeitalter.

1763.   Seine weisen Anstalten die Landesschulden zu bezahlen — Akademie der zeichnenden und bil-
denden Künste. Er starb schon am 17 Dec.

10. Frie-

X. Sachsen.   137

10. **Friedrich August III** gehört unter die lie- geb.1750
benswürdigen Regenten des sächsischen Lan-
des.

Sein Vormund, der Prinz Xaver, beförderte
die Aufnahme des Handels, ingleichen der
Manufacturen und Fabriken, stellte den Kriegsstaat wieder her, und errichtete zu Freyberg
eine Bergwerksakademie, — 1768. Er selbst
gab der Staatswirthschaft eine sehr vortheil-
hafte Einrichtung, schaffte die Tortur ab, und
vermehrte hingegen die Zucht- und Arbeits-
häuser. Er wurde seiner Mutter, der Schwester des letzten Kurfürsten von Bayern wegen,
in den bayerischen Erbfolgekrieg verwickelt,   1778.
der aber schon im folgenden Jahre sein Ende
erreichte. Der Friede zu Teschen verschaffte
ihm für seine Allodialansprüche 6 Mill. Gulden.

Verfassung.

a) Des kursächsischen Hauses.

1. Die kursächsischen Länder versorgen ihre
Einwohner mit allen Bedürfnissen des Lebens sehr reichlich.

Die vornehmsten Producte sind: gute Wolle, die
durch spanische Zucht verbessert worden ist, ingleichen Waid, Safflor, Krapp, Hopfen,
Hanf, Wein und Seide. Waldungen und
Bergwerke sind außerordentlich beträchtlich.

2. Sie gehören aber auch unter die angebautesten und bewohntesten Landstriche Deutschlandes.

Sie enthalten 224 St. und auf 5700 Fl. und
Dörfer. Im Jahr 1772 zählte man noch
1,632,606 Einwohner; jetzt mag sich ihre Anzahl

Zahl auf 1,900,000 belaufen. Es sind mehrentheils lebhafte, thätige und gesittete Leute. In der Lausitz, und an einigen andern Orten, giebt es noch Leibeigene.

Man rechnet überhaupt über 300 gräfliche und adliche Familien.

3. **Es herrscht in denselben sehr viel Fleiß und Emsigkeit.**

Man verfertigt in großer Menge weißes und schwarzes Blech, Stahl, Messing, Tomback, goldene und silberne Tressen, Gewehre, Tücher (besonders zu Görlitz) Leinwand (zu Zittau und Lauban). Zu Meißen ist eine berühmte Porzellanfabrick.

Die Leipziger Messen befördern den Handel ungemein. Unter andern treiben auf denselben 250 Buchhandlungen ihren Verkehr.

Gute Wege und wohleingerichtetes Postwesen.

4. **Wenige Länder kommen ihnen in Ansehung der Aufklärung bey.**

Die Unterthanen bekennen sich zur evangelisch-lutherischen Religion; der Landesherr ist (seit Friedrich August I.) katholisch.

Vortreffliche Unterweisungsanstalten: hohe Schulen zu Leipzig und Wittenberg; sogenannte Fürsten- oder Landesschulen zu Meißen, Pforte und Grimma; Gymnasien zu Weißenfels, Merseburg, Dresden, Leipzig, und in andern Städten. Bergwerksakademie zu Freyberg. Gesellschaften der Künste und Wissenschaften.

5. **Der Kurfürst macht einen der wichtigsten Reichsstände aus.**

Er ist der sechste Kurfürst und Erzmarschall des h. R. Reichs, auch Reichsverweser und Direktor der Evangelischen. Wappen und Titel.

Hohe

Hohe Collegien: Geheimes Cabinet, geheimer
Rath, geheimer Kriegsrath, Kammerkolle-
gium, Landesregierung, Appellationsgericht,
Kirchenrath und Oberconsistorium.

Die Landstände (Prälaten, Ritterschaft und
Städte) werden jetzt nur bey Geldsachen ge-
fragt.

Die Einwohner entrichten viele, und doch nicht
drückende, Auflagen. Die Einkünfte des ganzen Landes betragen 6,200,000 Thaler. Die
Landesschulden (die Kriege seit 1740 kosteten
dem Lande 86 Mill. Thaler) werden sehr ordentlich abgetragen.

Der Kriegsstaat, der aus 13 R. Infanterie, 8
R. Cavallerie, 1 Artillerie-Corps, 1 Cadet-
ten-Corps u. s. w. besteht, beträgt jetzt
27,000 M, und kann dereinst bis auf 50,000
anwachsen.

b. Der ernestinischen Linie.

Weimar. Fürstenthümer Weimar und Eisenach, deren jedes seinen besondern Regierungsstaat hat. Ueberhaupt 16 St. 259 Fl.
und D., und ungefähr 180,000 Einwohner.
Geheimes Consilium zu Weimar. Hohe
Schule zu Jena. Gymnasien zu Weimar
und Eisenach. Wenig Soldaten.

Gotha. Fürstenthümer Gotha und Altenburg,
von welchen jedes gleichfalls durch einen eigenen Regierungsstaat verwaltet wird. Sie
enthalten 16 St. 3 Fl. 414 D. und werden von
160,000 Menschen bewohnt. Geheimes Consilium zu Gotha. Gymnasien zu Gotha und
Altenburg. Kriegsstaat: Leibgarde zu Pferde, 3 R. Infanterie, 1 R. Dragoner, und 2
R. Landmiliz.

Die Verfassung von Meiningen, Hildburghausen und Salfeld Koburg ist, im Ganzen genommen, eben so beschaffen.

XI. Anhalt.

Land.

Ein kleiner, gut durchwässerter Landstrich.
 Gränzen: Brandenburg, Halberstadt, Magdeburg, Braunschweig, Kurkreis u. s. w.
 Größe 50 Quadr. M.
 Boden: meistens eben und fruchtbar, ausgenommen auf dem Harze.
 Flüsse: Elbe, Saale; Mulde, Wipper, Bode.

Geschichte.

A. Bis zur Entstehung des Fürstenthumes Anhalt, oder — 1212.

1. Die Vorfahren des anhaltischen Hauses nennten sich zuerst Grafen von Ballenstädt und Aschersleben.

 Der erste, mit dem sich die sichere Reihe derselben anhebt, ist Esico IV. Sein Enkel Otto der Reicher nennte sich nicht mehr Graf von Ballenstädt, welches indessen in ein Stift verwandelt worden war, und hieß nun Graf von Aschersleben oder Askanien. Durch seine Vermählung mit der Eilike, der Tochter des letzten billungischen Herzogs von Sachsen, erlangte er einen Theil der Güter dieses Hauses.

2. Albrecht der Bär erwarb seinem Hause den Besitz des brandenburgischen Landes.

XI. Anhalt.

Kaiser Lothar verlieh ihm die Lausitz, die er ihm aber auch wieder nahm. In der Folge mach-   1134.
te er ihn zum Markgrafen der Nordmark,
und als Heinrich der Großmüthige in die Acht
erklärt worden war, so wurde Albrechten das
Herzogthum Sachsen zu Theil, auf welches er,
seiner Mutter wegen, Ansprüche hatte. Er
eroberte Lüneburg, Bardewick, Bremen;
Heinrich nahm ihm aber nicht nur alles wieder weg, sondern fiel ihm nun selbst ins Land,
und der Markgraf Rudolph von Stade bemächtigte sich der Nordmark. Diese wurde
ihm zwar nebst dem Anhaltischen wieder eingeräumt, dafür mußte er aber das Herzogthum
Sachsen an Heinrichen den Löwen wieder ab-   1141.
treten. Er bevölkerte sein Land, besonders
das Dessauische und Zerbstische, durch Niederländer. st. 1171.

3. Bernhard verschaffte demselben die Würde
eines sächsischen Herzogs.

Albrecht hinterließ sieben Söhne. Otto folgte
ihm als Markgraf von Brandenburg; Hermann
erhielt die Grafschaft Orlamünda, Albrecht
die Grafschaft Ballenstädt, Dietrich 1175 die
Grafschaft Werben, Bernhard die Grafschaft
Anhalt nebst dem Kurkreise. Die Feindschaft
zwischen diesem und Heinrichen dem Löwen
dauerte fort, und Heinrich verwüstete Aschersleben. Nach dessen Achtserklärung bekam er
die Würde eines Herzogs in Sachsen, aber   1180.
nicht das ganze Land desselben. Auch hatte
er Mühe, es gegen Heinrichen zu behaupten,
und die sächsischen Grafen zur Unterwürfigkeit
zu bewegen. Er baute das Schloß Lauenburg.
st. 1212.

Bernhard hinterließ zwey Söhne, die Heinrich
und Albrecht hießen. Von jenem stammt das
anhaltische Fürstenhaus, von diesem das sächsische Kurhaus ab.

Von

XI. Anhalt.

B. Von der Entstehung des Fürstenthums Anhalt bis auf den Ursprung der jetzigen vier Hauptlinien, oder von 1212 — 1603 = 391 J.

1. Das Fürstenthum Anhalt wurde durch die Söhne seines Stifters gleich wieder getheilt.

Heinrich I, der sich zuerst Fürst von Anhalt und Graf von Ascharien oder Aschersleben nennte, hinterließ 3 Söhne, welche eben so viel verschiedne Linien stifteten.

1) Aschersleben. Heinrich II, der Urheber dieser Linie, nahm seines Bruders Siegfried wegen am thüringischen Erbfolgekriege Antheil, und war 18 Monate hindurch ein Gefangener. Seine Nachkommenschaft erlosch mit seinem Enkel, und nun eignete sich das Stift Halberstadt die Grafschaft Aschersleben zu.

2) Bernburg. Die Fürsten dieser Linie, die Bernharden I zum Stifter hatten, beschenkten Kirchen und Klöster, und bemühten sich vergebens wieder zum Besitze der Grafschaft Aschersleben zu gelangen. Diese ganze Linie erlosch 1468, nachdem der letzte Fürst derselben alle seine Besitzungen, die nicht Reichslehn waren, dem Erzstifte Magdeburg zur Lehn aufgetragen hatte.

3) Zerbst. Siegfried I, der Stifter dieser Linie, und der fernere Stammvater des anhaltischen Hauses, bemühte sich vergebens sein Erbrecht auf Thüringen durchzusetzen, und wurde mit den Grafen von Falkenstein in eine unglückliche Fehde verwickelt. Unter seinem Nachfolger, Albrecht I, der zu Köthen residirte, wurde die wendische Sprache im anhaltischen abgeschafft. Er und seine Nachfolger zeichneten

XI. Anhhlt. 143

ten sich meistens durch Freygebigkeit gegen die
Klöster aus. Seine Söhne Albrecht II und
Waldemar I bauten das Schloß zu Dessau,
und konnten dem Kaiser Karl IV Geld leihen.
Ihre Ansprüche auf das Land der brandenbur‑ 1370.
gischen Kurlinie vermochten sie, aber nicht
durchzusetzen. Des erstern Sohn Johann I,
der viele Güter kaufte, und Zerbst zur Resi‑ 1381.
denz machte, starb in Palästina.

2. Die zerbstische Linie sonderte sich wieder in 1396.
zwey andere ab.

Die Urheber derselben waren Siegmund I und
Albrecht III. Letzterer wurde mit Magdeburg
in Fehden verwickelt, die seinem Lande große
Verwüstungen zuzogen. Er wollte seinen Bru‑
dersöhnen das väterliche Land entreissen. Sein
Geschlecht erlosch mit seinen Enkeln. Sieg‑
mund I hatte einen prächtigen Hofstaat, und
stiftete einen Ritterorden, vielleicht den ersten
in Deutschland. Seine Söhne hatten nicht
nur mit ihrem Vaterbruder zu kämpfen, son‑ 1700.
dern sie konnten auch ihr Recht auf das Land
der sächsischen Kurlinie nicht behaupten. Die
Nachkommen Georgs I, eines derselben, theil‑ 1603.
ten abermahls. Wolfgang nahm sich der Re‑
formation eifrigst an, und trat dem schmal‑
kaldischen Bunde bey. Sein Land wurde nach
der Schlacht bey Mühlberg größtentheils ver‑
wüstet, und der Kaiser schenkte es dem Grafen
von Ladrona, der es an dessen Schwestersohn,
den Burggrafen von Meißen, für 32,000 thl.
verkaufte. Der paßauische Vertrag setzte end‑
lich den Fürsten Wolfgang wieder in den Besitz 1552.
desselben. st. 1566.

3. Joachim Ernst brachte das ganze Fürsten‑
thum wieder zusammen.

Ernst I, der unter Georgs I Söhnen sein Ge‑
schlecht allein fortsetzte, und zu Dessau sehr 1546.
viel baute, hinterließ sehr viele Söhne, die
das Land aufs neue zerstückelten. Unter die‑
sen

sen zeichnete sich Georg III. aus, der als einer der aufgeklärtesten Männer seiner Zeit, dem geistlichen Stande Ehre machte. Johann II, der die Reformation beförderte, war

1570. der Vater Joachim Ernst, unter welchem das ganze Land wieder vereinigt wurde. Bald wäre er auf einem Feldzuge in Spa-
nien umgekommen. Er mußte, um die durch viele Hofhaltungen veranlaßten Schulden zu bezahlen, der Landschaft das ganze Land verpfänden. Uebrigens machte er sich um dasselbe durch eine Landesordnung, durch or-
dentliche Justizcollegien, und durch das Gymnasium zu Zerbst verdient. st. 1586.

4. Unter seinen Söhnen wird die reformirte Religion eingeführt.

Johann Georg, der älteste unter denselben, ver-
waltete eine Zeitlang die gemeinschaftliche Regierung, und man hatte noch immer Schulden zu bezahlen. Es wurde jetzt auch, des Widerspruches der Ritterschaft ungeach-

1596. tet, die reformirte Religion eingeführt. Endlich nahmen die 4 Brüder eine Landestheilung vor, durch welche die noch jetzt

1603. blühenden 4 Linien entstanden sind.

C. Seit der Entstehung der jetzigen vier Hauptlinien, oder seit 1603.

Dessau.

1. Das Land hatte mit den Widerwärtigkei-
ten des dreyßigjährigen Krieges und mit anderm Ungemache zu kämpfen.

Unter Johann Georg, dem Stammvater dieser Linie, und unter dessen Nachfolger Johann Kasimir. Johann Georg II zeichnete sich als
des

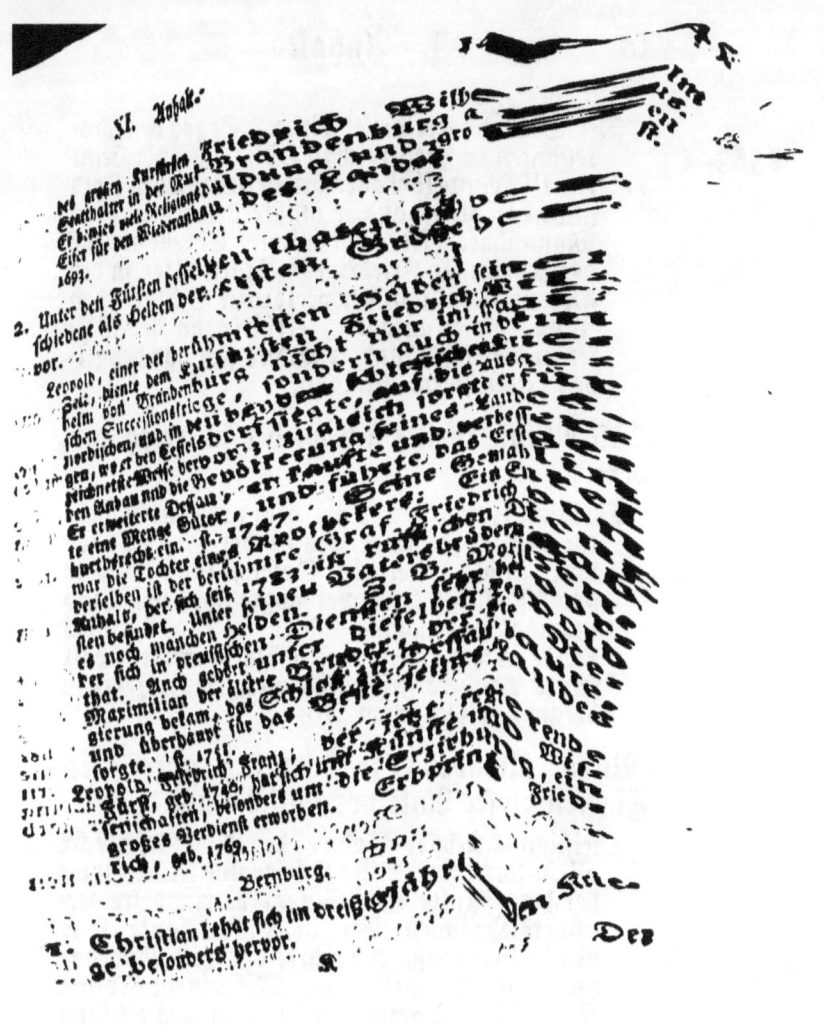

1583. Der Stammvater dieser Linie. Er zog den Protestanten in Frankreich zu Hülfe. König Heinrich IV. konnte ihm aber den versprochenen Sold nicht bezahlen, und er mußte deßwegen seine Mannschaft wieder abdanken. Er war hierauf des Kurfürsten Friedrich V. Statthalter in der Oberpfalz. Nach der verlornen Schlacht bey Prag, wo er anführte, erklärte ihn der Kaiser in die Acht, und er mußte sich vor demselben demüthigen. st 1630.

2. Diese Linie theilte sich wieder in zwey andere.

Christian II und Friedrich, des vorigen Söhne, theilten. Jener gerieth in der Schlacht bey Prag in die kaiserliche Gefangenschaft. Der dreyßigjährige Krieg verhängte über sein Land manches Ungemach, und er irrte aus einem Lande in das andere. Die Nachkommenschaft seines Bruders Friedrich, welcher Herzgerode bekam, erlosch schon 1709.

3. Victor Amadeus zeichnet sich unter den Fürsten dieser Linie vorzüglich aus.

Christian II sechster Sohn, der das Geschlecht allein fortsetzte, stellte Dörfer und Fluren wieder her, kaufte viele Güter, verwandelte den ascherslebenischen See in Land, baute sehr viel in Bernburg, und führte das Erstgeburthsrecht ein. st. 1718. — Mit seinem Sohne Karl Friedrich gerieth er, sowohl des letztern Puncts wegen, als wegen der Vermählung desselben, in große Uneinigkeit. Dieser starb 1722.

4. Seinem Beyspiele folgen die Nachkommen treulich nach.

Sein Enkel, Victor Friedrich, verschaffte seinem Hause den alleinigen Besitz der Bergwerke auf dem Harze, und er machte sich auf allerley Art um das Land verdient. Durch seine Stren-

Strenge erregte er aber das Misvergnügen seiner Unterthanen im hohen Grade. st. 1765.
Friedrich Albrecht, jetztregierender Fürst, geb. 1735. Erbprinz Alexander Friedrich Christian, geb. 1767.
Die Nebenlinie zu Bernburg-Hoym, oder Bernburg-Schaumburg stiftete Lebrecht, des Fürsten Victor Amadeus jüngster Sohn.

Köthen.

Diese Linie, deren Stammvater August war, besaß anfangs weiter nichts als die Herrschaft Plötzkau.

Seine Söhne erbten den köthenschen Antheil. 1665. (Diesen bekam Ludewig, der Stifter der fruchtbringenden Gesellschaft, dessen Nachkommenschaft mit seinem Sohne erlosch.) Emanuel setzte das Geschlecht fort. Sein Sohn Emanuel Lebrecht verstattete den Lutheranern, sich eine Kirche zu bauen. st. 1704. Die Kinder seiner adlichen Gemahlin veranlaßten, ihres Erbrechtes wegen, große Streitigkeiten. Leopold und August Ludewig, zwey Brüder, die nach einander regierten, suchten den Wohlstand ihres Landes zu heben. Jetztregierender Fürst Karl Georg Lebrecht, geb. 1730. Erbprinz August Christian Friedrich, geb. 1769.

Zerbst.

Das Land dieser Linie wird dareinst an die übrigen fallen.

Der Stifter dieser Linie starb 1621. Sein Nachfolger Johann wollte die lutherische Religion ein einzuführen, und er wurde deswegen mit seinen Vettern in Streit verwickelt, welcher erst nach seinem Tode sein Ende erreichte, und eine völlige Gleichheit beyder Religionspartheyen bewirkte. st. 1667.

Johanns Mutter verschaffte dem Hause ein Erbrecht auf die Herrschaft Jevern, welche aber Dännemark seinem Sohne Karl Wilhelm streitig machte, und dieser Streit wurde erst 1689 entschieden. st. 1718.

Johann August, der sich unter andern um Zerbst verdient machte, hatte seinen Vatersbruderssohn Johann Ludewig, und dieser seinen Bruder Christian August, zum Nachfolger. st.

1742.
1746. 1747. Seine Tochter ist die jetzige Kaiserin von Rußland. Der jetztregierende Fürst Friedrich August, geb. 1734, hat keine Nach...

Verfassung.

Das ziemlich fruchtbare Land ist gut angebaut und bevölkert.

Im Köthenschen und Bernburgischen trägt das harte, fette Erdreich besonders Gerste und Weizen; im Dessauischen und Zerbstischen schickt sich der etwas sandige Boden gut für den Roggen, Tabak, Hopfen. Holzungen und Bergwerke am Harze. Man zählt 20 St. a Fl. und 100,000 Einwohner, die sich auch von einigen Fabriken nähren.

Es macht einen der kleinen Staaten Deutschlands aus.

Jede Linie hat ihren eignen Regierungsstadt; die Landschaft (Ritterschaft und Städte) ist gemeinschaftlich. Die Einkünfte des ganzen Fürstenthums betragen 600,000 Thaler.

Im

Im Zerbstischen bekennen sich die meisten Einwohner zur lutherischen, in den übrigen Landesantheilen aber zur reformirten Religion. Zu Zerbst ist ein gemeinschaftliches Gymnasium.

XII. Kurbrandenburg.

Land.

Ein großer, in verschiedenen Gegenden Deutschlands liegender, und sowohl in Ansehung seines Bodens, als in Ansehung seines Luftkreises, sehr verschiedener Landstrich.

Gränzen: Pommern hat die Ostsee und Polen; die Mark Brandenburg Pommern, Polen, Schlesien, die Lausitz, Kursachsen, Anhalt und Braunschweig; Schlesien Polen, Ungern, Mähren, Böhmen und die Lausitz zu Nachbarn. Die Grafschaften Mansfeld und Hohenstein liegen nicht weit vom Harze in Thüringen; das Herzogthum Magdeburg und das Fürstenthum Halberstadt trifft man im niedersächsischen Kreise an; im niederrheinisch-westphälischen Kreise findet man endlich das Herzogthum Cleve, die Grafschaft Mark, das Fürstenthum Mörs (nebst einem Antheile an Geldern) das Fürstenthum Minden, die Grafschaften Ravensberg, Tecklenburg, Lingen, und das Fürstenthum Ostfriesland. Das Fürstenthum Neuenburg und die Grafschaft Valengin gehören zur Schweiz.

XII. Brandenburg.

Größe: Schlesien und Glatz	640 Quadr. M.
Mark Brandenburg	664
Pommern	507
Magdeburg und Mansfeld	104
Halberstadt, Hohenstein und Quedlinburg	42
Alle westphälischen Länder	244
Neufchatel und Valengin	15
	2216

Boden: in Pommern sehr niedrig und größtentheils fruchtbar; in der Mark Brandenburg meistens sandig; in Schlesien gegen Polen und die Lausitz zu eben und sandig, gegen Böhmen und Mähren hin gebirgig und waldig; in Ostfriesland sehr niedrig und durch Däume verwahrt; in den westphälischen Ländern meistens eben und fruchtbar; im Herzogthume Magdeburg und im Fürstenthume Halberstadt größtentheils vorzüglich fruchtbar; im Mansfeldischen und Hohensteinischen meistens gebirgig.

Flüsse: die Oder, welche Schlesien, die Mark Brandenburg und Pommern durchströmt; die Elbe, die nebst der in dieselbe sich ergießende Havel und Spree, die Mark Brandenburg und das Magdeburgische durchwässert; die Saale, die sich im Magdeburgischen mit der Elbe vereinigt. Ostfriesland liegt an der Ems, das Fürstenthum Minden an der Weser, die Grafschaft Mark an der Lippe und Ruhr, das Herzogthum Cleve am Rheine, an der Lippe, und an der Maas, und das Fürstenthum Mörs an beyden Seiten der Maas.

Geschichte.

A. Bis auf die Beherrscher aus dem anhaltischen Hause, oder — 1134.

1. Die

XII. Brandenburg.

1. Die Mark Brandenburg wurde in den ältesten Zeiten von verschiedenen Völkern, besonders aber von Wenden, bewohnt.

Die ältesten Bewohner gehörten zu den Sueven, und wahrscheinlich wohnten in der heutigen Kurmark, disseit der Elbe, Semnonen. Zur Zeit der Völkerwanderung rückten in die Altmark theils Thüringer, theils Sachsen, und in die übrigen Marken Wenden. Nach dem Untergange des thüringischen Reiches kam die Altmark ganz an die Sachsen, und sodann unter die Herrschaft Karls des Großen. Damahls kam das Christenthum zuerst in diese Gegend.

2. Die Altmark verwandelte sich frühzeitig in eine Markgraffchaft.

Sie stand ein Zeitige unter den Herzogen von Sachsen. Als diese auf den Thron gelangten, übertrugen sie die Vertheidigung dieses Landes einem Markgrafen, dessen Stelle noch lange nicht erblich war. Es hieß Mark, Nordmark und Mark Soldwedel, und erst im 14. Jh. wurde es Altmark genennt. Die markgräfliche Würde verwalteten ein Zeitige Grafen von Walbek, sodann Grafen von Stade — 1130; endlich Graf Konrad von Platzkau.

3. Die übrigen Marken entstanden aus wendischen Eroberungen.

In der Kurmark wohnten Wiltzen; in der jetzigen Mittelmark Häveler und Liutizer; in der Ukermark Riadarer (Redarier). Schon Karl der Große zog gegen diese Wenden zu Felde. 789. Heinrich I bekriegte die Häveler, eroberte Brandenburg, und bezwang die Redarier. Sie empörten sich aber bald wieder. Otto der Große demüthigte alle Slaven bis zur Oder, drang ihnen das Christenthum auf, und legte die Bißthümer Brandenburg (949) und Havelberg (946) an. Die Aufsicht über diese Länder verwaltete der lausitzische Markgraf Gero. Unter Otto II zerstörten die Liutizer Havelberg und Brandenburg, und Otto III konnte das letztere nicht behaupten. Hierauf herrschte der obotritische Fürst Heinrich vom östlichen Elbufer bis zum baltischen Meere. Nach dessen Tode verkaufte Kaiser Lothar seinen Staat an den dänischen Prinzen Knut.

Die Wenden, die damaligen Einwohner dieser Länder, verbanden mit einer guten Gemüthsart nicht wenig Cultur. Ihr Land war sehr gut angebaut; Wineta, Julin und andere Städte an der Ostsee trieben einen beträchtlichen Handel. (Sie versorgten bis 805 ganz Deutschland mit Schilden, Lanzen und Panzern.) Sie hatten prächtige Tempel, in welchen sie den Wodan, Triglaff, Swantewit und andere Götter verehrten.

B. Unter Beherrschern aus dem anhaltischen Hause, von 1134 — 1320 = 186 J.

1. Der Stammvater der anhaltischen Markgrafen war Albrecht der Bär.

1134.

Dieser bekam die Nordmark (die jetzige Altmark) als Konrad von Plötzkau in Italien umgekommen war. Er führte ein Heer von 60,000 M., welches verschiedene Bischöfe und Fürsten zusammen gebracht hatten, wider die Obotriten. Es wurde aber durch diesen Zug, so wie durch manchen andern, nicht viel ausgerichtet. Indessen hat doch eben dieser Albrecht durch Gewalt der Waffen den Besitz des größten Theils der übrigen Marken erlanget,

um 1157

und sie sind ihm nicht, wie man gewöhnlich erzählet, von einem wendischen Könige vermacht worden. Er zog nach Palästina, und bey dieser Gelegenheit kam der Johanniteror-

den

den ins Brandenburgische. Starb wahrscheinlich 1170.

Die Gränze des von Albrechten eroberten Landes erstreckte sich ostwärts bis zur Oder; nordwärts bis über die südliche Priegnitz; südwärts bis an die Elbe. Dieser Landstrich hieß bald hernach die Mark Brandenburg, in der Folge die Neumark, und seit dem 15ten Jh. die Mittelmark. Die Bisthümer zu Brandenburg und Havelberg hoben sich immer mehr. Der Adel vermehrte sich durch Fremdlinge (besonders Niederländer) welche ansehnliche Vorrechte erhielten, und zum bessern Anbau des Landes sehr viel beytrugen. Die Wenden wurden ein verachtetes Volk.

2. **Otto I** verschaffte seinem Hause die Anwartschaft auf Pommern.

Dieses Land war lange vor diesen Zeiten eine vorzüglich angebaute und reiche Provinz, welche, außer ihrem jetzigen Umfange, Pommerellen, den Netzedistrict, die Neumark, die Ukermark u. s. w. begriff. Vor der Völkerwandrung bewohnten sie Sueven, Vandalen, Gothen, Limovier, Rügier; hernach slavische Ranen, Tollenzer, Redarier, Zircipaner, Wilzen, Lutizer, Pommern, (zwischen der Weichsel und Oder), welche mehrere Städte hatten. Swantiwor I, Fürst von Pommern und Slavien (st. 1107) hinterließ 4 Söhne, unter welchen Wartislav I, der ein Christ wurde, die Linie der Herzoge von Pommern, Slavien und Casuben stiftete, welche bald zu Stettin, bald zu Wolgast, Demmin und andern Orten residirten. Swantiwors zweyter Sohn Bogislav I war der Stammvater der Herzoge von Pommerellen, die zu Danzig ihren Wohnsitz hatten. Wartislavs Söhne unterwarfen sich dem deutschen Reiche, und der Kaiser Friedrich I übertrug diese Lehnsherrschaft dem Markgrafen Otto. Dieser brachte auch das Erzkämmereramt an sein Haus.

1181.

3. **Der größte Theil der Mark Brandenburg kömmt unter die Lehnsherrschaft des Erzstiftes Magdeburg.**

Dieß geschahe unter Otto II, der gegen Kirchen und Klöster überhaupt sehr freygebig war. Sowohl ihn als seinen Bruder und Nachfolger bekriegten die Könige von Dänemark. Letzterer stand erst dem Kaiser Otto IV, und hernach dem Kaiser Friedrich II bey, und dieser belieh ihn nicht allein mit der Mark Brandenburg, sondern auch mit dem Herzogthume Pommern. st. 1228.

4. **Unter der Regierung Johanns I und Ottos III wurde das Land außerordentlich vermehrt.**

1227.

1234.

1250.

1257.

Sie verschafften ihrem Hause die Lehnsherrschaft über Meklenburg. Herzog Wartislav III von Demmin trat ihnen das Land Stargard, nebst dem Lande Wüstrom ab. Ueberhaupt erklärte er, daß alle seine Länder, die zum Herzogthume Sachsen gehörigen ausgenommen, ihrer Lehnsherrschaft unterworfen wären. Sie eroberten die Stadt und den Bezirk von Lebus, die bisher unter polnischer Hoheit stand, welche sich damahls über Driesen, Zantoch, Küstrin und das Land Sternberg verbreitete. Johanns Söhne aus der ersten Ehe erbten von ihrer Mutter, einer dänischen Prinzessin, das Land Wolgast. Herzog Barnim I von Stettin trat ihnen dafür die Ukermark ab, und erkannte sich für einen Lehnsmann der Markgrafen. Diese erwarben auch die Neumark, welche theils zu Polen, theils zu Pommern gehörte, und bis ins 15. Jh. das Land über der Oder genennt wurde. Sie brachten endlich auch den größten Theil der Oberlausitz und das Land Sternberg unter ihre Herrschaft.

Mit Magdeburg und andern Bißthümern, besonders aber mit dem Markgrafen Heinrich von Meißen, der sich Köpenik und Mittenwalde de zueignen wollte, geriethen sie in mancherley Fehden, die sich meistens zu ihrem Ruhme endigten.

5. Eben dieselben beförderten auch dessen Wohlstand.

Sie machten sich besonders um den Anbau der Neumark verdient; sie be͜__rten das Gewerbe ihrer Städte, welche __ ͜ annschaft und Gewandschneiderey trieben__ bauten manche neue z. B. Friedland, Neubrandenburg, Frankfurt an der Oder, Landsberg an der Warte, Cöln an der Spree, Neustadt-Eberswalde. Die Johanniterritter, die sich um die Ausbreitung des Christenthums unter den Wenden verdient machten, erlangten mehrere Besitzungen.

6. Ihre Nachkommen stiften zwey Hauptlinien.

Von Johann I (1266) stammt die johannische und von Otto III (st. 1268) die ottonische Linie ab. Unter des ersten Söhnen sind Johann, Otto IV und Konrad merkwürdig. Ottos III vorzügliche Söhne waren Otto V, Albrecht III und Otto VI. Wahrscheinlich verwaltete die johannische Linie die Kurwürde.

7. Sie erwerben sich ein Erbrecht auf das Herzogthum Pommerellen.

Mestuin III trug ihnen dasselbe zu Lehn auf, um ihren Schutz gegen den deutschen Orden zu erlangen. Sie leisteten ihm auch gegen seinen Bruder Wratislav Hülfe, und nahmen demselben Danzig weg, welches ihnen aber nach nach Wratislavs Tode von Mestuinen selbst wieder entrissen wurde, und die Pommern verwüsteten sogar die Neumark. Mestuin setzte auch in der Folge den Herzog von Großpolen Premislav II zu seinem Erben ein, und dieser nahm nach jenes Tode sogleich von Hinter- 1268.86.

terpommern Besitz. Die Markgrafen ergriffen zwar die Waffen, sie konnten aber nichts als die südliche Neumark behaupten. Waldemar, Konrads Sohn, brachte Danzig und fast ganz Hinterpommern in seine Gewalt, und dennoch überließ er es größtentheils dem deutschen Orden.

1311.

8. Johanns I Söhne geriethen ihres Bruders Erichs wegen in eine weitläuftige Fehde.

Erich konnte, als gewählter Erzbischof von Magdeburg, seine Rechte nicht durchsetzen. Otto IV wurde von Günthern von Schwalenberg, dem Gegner desselben, mit Hülfe der Magdeburger geschlagen und gefangen genommen, und er mußte seine Freyheit mit 14,000 Mark Silber erkaufen. Nach Günthers Tode machte Elrich einen neuen Versuch, Erzbischof von Magdeburg zu werden. Er hatte jetzt an dem Grafen Bernhard von Wölpe, den nicht nur der Bischof von Hildesheim und der Graf Otto von Anhalt, sondern selbst sein Vetter, Markgraf Albrecht III, unterstützte, einen furchtbaren Gegner. Ihm leisteten, außer seinen Brüdern, der Herzog Albrecht von Braunschweig, Beystand. Erich konnte es aber demungeachtet nicht weiter bringen, als daß er nach Bernhards Tode Erzbischof wurde.

1278.

1281.

9. Otto V nahm an Böhmens Schicksale lebhaften Antheil.

Seine Mutter war des berühmten Ottocars Schwester. Als nun nach Ottocars Tode Kaiser Rudolph I sich zum Herrn von Böhmen machen wollte, so rückte ihm Otto unweit Prag entgegen; es wurde aber ein Vergleich vermittelt, welcher dem Markgrafen Otto die Vormundschaft über den jungen König Wenzeslav bestätigte, die er jedoch, der vielen von der Mutter desselben verursachten Unruhen wegen, niederlegte.

1282.

10. Die

XII. Brandenburg.

10. Die Markgrafen vermehrten ihre Länder und ihre Rechte auf mancherley Weise.

Sie kauften dem Landgrafen Albrecht dem Unartigen von Thüringen, dem sie wider seine Söhne Beystand geleistet hatten, die Markgrafschaft Landsberg ab. Hermann, Ottos V. Sohn, erbte von seiner Mutter, einer Gräfin von Henneberg, den Bezirk von Koburg und die Herrschaft Schmalkalden; durch die Anne, Johanns des Erlauchten Gemahlin, kamen diese Länder wieder an Henneberg. Otto IV lieh dem Kaiser Adolph von Nassau 6000 Mark Silber, und dieser überließ ihm die kaiserlichen Rechte zu Lübeck, und das Amt eines Friedensrichters in ganz Sachsen. Eben dieser und sein Bruder Konrad verlangten von den Geistlichen Geldbeyträge, und wurden darüber von dem Pabste in den Bann gethan. Der Markgrafen Otto IV und Herrmannen überließ der Markgraf Dietzmann von Meißen die Niederlausitz, und König Wenzeslav II von Böhmen trat ihnen für 50,000 Mark Silber die Markgrafschaft Meißen ab, die ihm Kaiser Albrecht für 40,000 Mark verpfändet hatte. Wenzeslav wurde aber deßwegen mit Albrechten in Krieg verwickelt, und sein Nachfolger soll den Markgrafen dafür seine Ansprüche auf Pommerellen abgetreten haben.

1291.

1316.

1295.

1303.
1304.

11. Unter ihnen regierte besonders Waldemar mit großem Ansehn.

Dieser herrschte größtentheils über das ganze Land, denn Hermann der Lange und Otto IV, ein Freund der Wissenschaften und der Dichtkunst, waren nunmehr auch gestorben, und Hermann hatte einen minderjährigen Sohn Johann den Erlauchten hinterlassen. Heinrich ohne Land, der Besitzer der Markgrafschaft Landsberg, bekümmerte sich um das übrige wenig. Waldemar bekam den Markgrafen Friedrich I von Meißen bey Großenhayn gefangen.

1307.

gen. (Oben S.113) Er und Johann halfen hierauf Rostock erobern. Den größten Krieg führte er aber mit dem Fürsten Witzlav von Rügen, welcher die Stadt Stralsund zur Un-

1314. termürfigkeit zwingen wollte. Witzlav hatte den König Erich VII von Dänemark zum Bey-stande; Waldemar und der Herzog Wratis-lav V von Vorpommern nahmen sich der Stral-sunder an. Man vermittelte einen Vergleich, der aber nur von kurzer Dauer war. Waldemar nahm dem Fürsten von Rügen einen großen Theil seines Landes weg. Jetzt traten aber Dänemark, Meklenburg, Holstein, Magde-burg, Sachsenlauenburg, ja sogar verschiede-ne von Waldemars eigenen Lehnsleuten, in ein Bündniß wider ihn zusammen. Der Graf von Schwerin fiel Waldemarn ins Land, und dieser mußte seiner Ueberlegenheit weichen, und dennoch hielten es Waldemars viele Fein-

1317. de für rathsam, sich wieder mit ihm auszusöh-nen.

12. Der anhaltische Stamm der Markgrafen von Brandenburg erreicht sein Ende.

1314. Der Markgraf Heinrich von Brandenburg-Lands-berg hinterließ Heinrichen den Jüngern. Landsberg kam durch seine Gemahlin an das Haus Braunschweig, und von diesem an die Markgrafen von Meißen. Johann der Erlauch-te, ein vortreflicher junger Fürst, starb ganz

1317. plötzlich. Einige Jahre hernach erfolgte Wal-
1319. demars Tod, eines der größten Fürsten seines Hauses. Heinrich der jüngere schloß endlich
1320. den ganzen Stamm.

Die Mark Brandenburg näherte sich damahls schon einer blühenden Verfassung. Die Städ-te erwarben sich große Freyheiten. Berlin und Cöln bekamen einerley Magistrat. Die Gü-ter der Tempelherren wurden meistens den Johanniterrittern zu Theil.

C. Mark-

XII. Brandenburg.

C. Markgrafen aus verschiedenen Häusern, von 1320 — 1417 = 97 J.

1. Die Mark Brandenburg gerieth durch den Abgang des anhaltischen Hauses in einen höchst verwirrten Zustand.

   Meißen bemächtigte sich wieder desjenigen, was ihm Waldemar entrissen hatte. Verden, Halberstadt, Quedlinburg übertrugen ihre Lehne andern. Die Niederlausitz kam an Anhalt; die Oberlausitz erst an Schlesien, und sodann an Böhmen. Zum Besitze der Altmark verhalf Waldemars Wittwe Agnes ihrem zweyten Gemahle, dem Herzog Otto dem Milden von Braunschweig. Die Uker- und Neumark suchten Polen, Meklenburg und Pommern an sich zu reissen.

2. Sie wurde zuerst bayerschen Prinzen zu Theil.

   Die lebhaftesten Ansprüche auf dieselbe machten Sachsen und Anhalt. Da sie es aber mit Friedrichen von Oestreich, dem Gegner des Kaiser Ludwigs hielten, so vergab dieser, der, als Heinrichs des Jüngern Oheim, gleichfalls ein Erbrecht hatte, die Mark Brandenburg an seinen Sohn Ludwig. (S. 48.) Der darüber unzufriedene Pabst bewirkte, daß die Polen und Litthauer die Mark verwüsteten, und Ludewig konnte bloß zum Besitze der Altmark gelangen. Ein falscher Waldemar, den Sachsen, Anhalt, Meklenburg, Pommern und andere, ja selbst Karl IV unterstützten, verursachte Ludwigen so viel Verdruß, daß er die Mark seinem Bruder Ludewig, dem Römer, abtrat. 　1322.

   　1329-34.

   　1345-49.

3. Hierauf kam sie an das Hauß Luxemburg.

   Ludewig der Römer, der allmählig die Ruhe wieder herstellte, schloß, nebst seinem Bruder Otto

1363.   Otto, mit Karln IV, und dem Markgrafen Johann von Mähren, einen Erbvergleich. Otto, Ludewigs Nachfolger, vor dem die Nachbarn wenig Furcht hatten, wollte diesen Erbvertrag nicht halten; Karl IV rückte ihm aber ins Land, und nöthigte ihn zum Verkaufe desselben.

1373.

4. Sie wurden sodann bald an diesen, bald an jenen verpfändet.

Karl IV, der sich gewöhnlich zu Tangermünde aufhielt, und die Lehnsherrschaft über Meklenburg und Stargard behauptete, wünschte, die Mark auf ewig mit Böhmen zu vereinigen. Sie wurde aber unter seinem Nachfolger Wenzel getheilt. Die Altmark trat er seinem Bruder Siegmund, die Neumark nebst der Lausitz aber seinem Bruder Johann ab. Siegmund, der sich wenig um die Mark bekümmerte, konnte, und vieles Geld brauchte, verpfändete sie an den Markgrafen Jobst von Mähren, dessen Statthalter den Adel nicht in Ordnung erhalten könnte. Jobst versetzte sie

1388.   an den Markgrafen Wilhelm dem Einäugigen, von Meißen. In der Erbfolge trat er die Neumark, unter eben solchen Bedingungen, an den deutschen Orden ab. Das übrige Land

1462.   verpfändete er dem Markgrafen Wilhelm dem Reichen von Meißen. Nach Jobsts Tode fiel sie endlich wieder an den Kaiser Siegmund zurück.

D. Markgrafen und Kurfürsten aus dem Hause Hohenzollern, von 1417 — 1701 = 284 J.

1. Kaiser Siegmund I verleiht die Mark Brandenburg dem Burggrafen Friedrich VI von Nürnberg.

Die

XII. Brandenburg.

Dieser hatte ihm wider die Türken Hülfe geleistet, mit ansehnlichen Geldsummen ausgeholfen, und seine Wahl zum römischen Könige befördert. Dafür räumte er ihm die Mark Brandenburg unterpfändlich, und als einem Statthalter ein. Einige widerspenstige Edelleute verbanden sich mit den Herzogen von Pommern; Friedrich brachte sie aber glücklich zum Gehorsame. Er ließ sich hierauf die Ausrottung der Räuber, und die Verbesserung der Justitz eifrig angelegen seyn. Endlich schoß er dem Kaiser noch eine große Geldsumme vor, und dieser trat ihm nun die Mark Brandenburg, nebst der Kurwürde und dem Erzkämmererämte, als ein völliges Eigenthum ab. 1415. Doch behielt er sich und seiner Familie das Einlösungsrecht vor. Die feyerliche Belehnung erfolgte zu Cosnitz. Friedrich brachte nun als Kurfürst die Ukermark wieder herbey, und er stellte überhaupt den mächtigsten Reichsfürsten seines Zeitalters vor. Die Kaiserwürde schlug er aus. st. 1440. 1417.

2. Der Kurfürst Friedrich II war im Erwerben weit weniger glücklich.

Er endigte die beständige Streitigkeiten mit Meklenburg, indem er der Lehnsherrschaft entsagte, und seinem Hause bloß die Anwartschaft vorbehielt. Von der Niederlausitz, die er während der böhmischen Unruhen (S. 20) größtentheils an sich gebracht hatte, ließ ihm Georg Podiebrad nur sehr wenig. Nach dem Abgange der Herzoge von Stettin wollte er deren Land erben; die Herzoge von Wolgast setzten sich aber darwider. Mit Sachsen, an dessen Bruderkriege er Antheil nahm, befestigte er die Erbvereinigung, die hernach auch auf Hessen ausgedehnt wurde. st. 1471. 1462. 1464. 1457.

3. Albrecht der Achill beherrschte die Mark Brandenburg nur sehr kurze Zeit.

Des vorigen Bruder, der sich, als er Kurfürst wurde, durch seinen Muth und durch seine Klugheit schon den größten Ruhm erworben hatte. Er endigte den pommerschen Erbschaftsstreit, der aber unter seinen Nachfolgern noch manchmahl wieder ausbrach. Zehn Jahr vor seinem Tode (st. 1486) übergab er seinem ältesten Sohne die Statthalterschaft der Mark. Uebrigens machte er für sein Haus eine merkwürdige Erbfolgeverordnung.

Johann I, Achills Sohn, dessen Schwester das Herzogthum Crossen erbte, starb schon 1499.

4. Seine Nachfolger vermehrten ihr Land und ihre Ansprüche.

Joachim I (Nestor) erbte die Grafschaft Ruppin, und erhielt vom Kaiser Maximilian seine Anwartschaft auf Holstein. st. 1530.

1537.
Joachim II errichtete mit dem Herzog Friedrich zu Liegnitz, Brieg und Wohllaut einen Erbvertrag. Vom Kaiser Maximilian II erhielt er eine Anwartschaft auf das braunschweigische Land, und Polen ertheilte ihm die Mitbelehnung auf Preussen. st. 1571.

5. Unter ihnen wurde die lutherische Religion eingeführt.

1524.
Joachim I stiftete die hohe Schule zu Frankfurt an der Oder, und Joachim II beförderte die Reformation. Dem schmalkaldischen Bunde trat er aber nicht bey; vielmehr schlug er sich zuletzt zur Parthey des Kaisers. Johann Georg (st. 1598) führte die Concordienformel ein.

6. Die Reformation trug zur Vergrößerung ihres Landes bey.

Joachim Friedrich, des vorigen Sohn, der Stifter der heutigen Kurlinie, vereinigte die Bißthümer Brandenburg, Havelberg und Lebus mit den Kurländern, und verschaffte seinem

XII. Brandenburg.

seinem Hause die Verwaltung des Erzstiftes Magdeburg. Auch übernahm er, statt des blödsinnigen Herzogs Albrecht Friedrichs von Preussen, die Regierung, und von Anspach erbte er das schlesische Fürstenthum Jägerndorf. st. 1608. — Magdeburg ward seinem jüngsten Sohne Christian Wilhelm, und Jägerndorf dem zweyten, Johann Georg, zu Theil.

7. **Dieses wurde besonders unter Johann Siegmunds Regierung vermehrt.**

Er nahm seiner Gemahlin wegen Jülich und Cleve in Besitz, (S. 37) und weil alle Hoffnung in Ansehung des Herzogs von Preussen, seines Schwiegervaters, verschwunden war, so bemächtigte er sich des Landes desselben. Endlich erneuerte er die Erbvereinigung mit Sachsen und Hessen. — Der jülichsche Erbstreit, der ihm den Beystand der Holländer wünschenswerth machte, bewog ihn, sich zur reformirten Religion zu bekennen. st. 1619.   1609.

   1611.
   1614.

8. **Georg Wilhelm regierte während der unglücklichen Zeit des dreyßigjährigen Krieges.**

Sein Vetter, der Markgraf Joh. Georg von Jägerndorf, wurde, als Friedrichs V Anhänger, vom Kaiser in die Acht erklärt, und sein Fürstenthum dem brandenburgischen Hause entzogen. Obgleich der Kurfürst selbst an dem Kriege keinen Theil nahm, so wurden dennoch seine Städte mit kaiserlichem Kriegsvolke besetzt, und das Land auf alle Weise gemißhandelt. Christian Wilhelm verlohr, als Dänemarks Bundesgenoß, Magdeburg. In Jülich und Cleve schlugen sich Spanier und Holländer mit einander herum. Als Gustav Adolph den deutschen Boden betrat, so mußte ihm Georg Wilhelm Küstrin und Spandau einräumen. Er vereinigte sich endlich mit demselben   1620.

   1624.

selben, und unterstützte ihn mit einiger Mannschaft. Durch den prager Frieden söhnte er

1635. sich wieder mit dem Kaiser aus. Die Schweden rächten sich dafür an seinem Lande. Auch

1637. besetzten sie Pommern, dessen Herzoge um diese Zeit ausstarben. Die Kaiserlichen und Sachsen versuchten es vergeblich, sie heraus zu jagen. Georg Wilhelm st. 1640.

9. Friedrich Wilhelm erwarb seinem Hause ansehnliche Besitzungen.

Er verschaffte der Mark, die er in einem höchst unruhigen und bedauernswürdigen Zustande antraf, durch einen Stillstand mit Schweden sogleich Sicherheit. Im westphälischen Frieden erhielt er Hinterpommern (Stettin und Rügen ausgenommen) ingleichen Halberstadt (nebst Lohra und Klettenberg) Münden, Kamin und Magdeburg. Die Wiedereinräumung von Jägerndorf konnte er aber nicht erlangen. Durch seine Verbindung mit Schweden bewirk-

1636. te er Preussens Unabhängigkeit. Auch brach-
1666. te er den jülichschen Erbstreit zur Entscheidung.

10. Er gab zuerst dem brandenburgischen Staate ein furchtbares Ansehn.

Er eilte den Holländern gegen Ludwigen XIV zu Hülfe. Ein französischer Einfall in das Clevische, und die zu geringe Unterstützung seiner Bundesgenossen, bewogen ihn jedoch zum Frieden zu Vossem. Noch in eben dem Jahre griff er aber, als die Franzosen die Pfalz verwüste-

1673. ten, aufs neue zu den Waffen, und da, auf Frankreichs Anstiften, die Schweden die Mark sehr hart behandelten, so kehrte er plötzlich um,

1675. und erfocht bey Fehrbellin einen entscheidenten Sieg über dieselben. In Verbindung mit Dänemark, griff er hierauf das schwedische Pommern an, und als die Franzosen ihm den Frieden zu St. Germain abnöthigten, so er-

1796. hielt er doch noch einige Oerter von Pommern.

Den

Den Spaniern, die ihm die Subsidien schuldig blieben, ließ er einige reich beladene Schiffe wegnehmen. 1680.

11. Er beförderte den Wohlstand und die Macht desselben ungemein.

Er beschenkte die hohe Schule zu Frankfurth sehr ansehnlich, vereinigte die Spree und Oder, legte in seinem ganzen Lande Posten an, unterstützte die Handlung und Schiffarth mit allem Eifer, errichtete eine Handlungsgesellschaft, die sich den Handel nach Guinea eröffnete, und zog, was weit wichtiger war, 20,000 französische Flüchtlinge ins Land, die demselben Manufacturen und Künste zuführten. Den Kriegsstaat seines Vaters, der nicht mehr als 3600 M. zu Fuß, und 2500 Reiter hinterließ, vermehrte er bis auf 28,500 M. und seine Truppen erwarben sich nicht allein gegen die Franzosen, sondern auch gegen die Türken den größten Ruhm der Tapferkeit. Dieser in allem Betrachte große Kurfürst starb 1688.

E. Könige und Kurfürsten seit 1701.

1. Friedrich III (als König I) erwarb seinem Hause den Glanz der königlichen Würde.

Oestreich hatte, als die Fürstenthümer Liegnitz, Brieg und Wohllau erlediget (1675) worden, sie in ihren Besitz genommen, und seinem Vater, der nun auch seine Ansprüche auf Jägerndorf wieder rege machte, den schwibußischen Kreis dafür abgetreten. Nun mußte er sich aber noch als Erbprinz verbindlich machen, diesen Kreis dereinst wieder zurück zu geben. Dieses erfolgte nunmehr, und Leopold bezahlte ihm 100,000 Thaler, ertheilte ihm die Anwartschaft auf Ostfriesland und Limburg, und erkannte ihn für einen unabhängigen Herzog von Preussen. (Er behielt sich aber demungeachtet 1694.

achtet seine Ansprüche auf die vier schlesischen Fürstenthümer vor.) Da Friedrich auch den Kaiser durch Mannschaft nachdrücklich unterstützte, so gab es dieser endlich zu, daß er

1701. Preußen in ein Königreich verwandelte.

2. Er vergrößerte seinen Staat beträchtlich.

Friedrich I vermehrte sein Land und seine Rechte durch das Fürstenthum Neufchatel und die Grafschaft Valengin, durch die Grafschaften Lingen und Tecklenburg, durch das Fürstenthum Mörs, durch das Schultheißenamt zu Nordhausen, durch die Vogtey zu Quedlinburg u. s. w. Er erweiterte und verschönerte Berlin, stiftete die hohe Schule zu Halle, errichtete die Akademie der Wissenschaften, ingleichen der Mahler und Bildhauer, vermehrte seine Einwohner durch viele pfälzische Flüchtlinge, unterhielt aber auch einen glänzenden Hofstaat, beschwerte seine Unterthanen mit drückenden Abgaben, und hinterließ viele Schulden. st. 1713. — Charlotte, seine vortrefliche Gemahlin, eine hannöverische Prinzessin.

2. Friedrich Wilhelm I gründete die Macht seines Staates auf die dauerhafteste Weise.

1714. Er erhielt durch den utrechter Frieden das Oberquartier von Geldern; Orange trat er aber an Frankreich ab. Als Karl XII die Neutralität wegen Stettins und Vorpommerns nicht genehmigen wollte, so verband er sich mit dessen übrigen Feinden, eroberte Stralsund, und

1720. bekam im Frieden Stettin, nebst dem Bezirke zwischen der Oder und Peene, die Inseln Use-

1723. dom und Wollin u. s. w. Sein Land bevölkerte er durch viele Salzburger. Durch die vortreffliche Einrichtung der Regierung und Finanzverwaltung, und durch das eifrigste und einzige Bestreben, seinen Kriegsstaat furchtbar zu machen, (er vermehrte ihn bis auf 70000 M.) bildete er seinen Staat, einen der

klein-

kleinsten, zu einem der furchtbarsten in Europa. Dabey sammelte er noch einen großen Schatz. st. 1740.

4. Friedrich II erwarb sich durch seine siegreichen Waffen den Besitz von Schlesien.

Dieser ansehnliche Landstrich wurde in den ältesten Zeiten von Logiern und Quaden bewohnt, welche in der Folge Slaven verdrängten. Es kam nun ein Theil desselben an Polen, und es entstand sein jetziger Nahme, der eben so viel als das Land der Quaden bedeutet. Um 966 wurde das Bißthum zu Pitschen (hernach Breslau) errichtet. Die Nachkommen Wladislavs II stifteten allmählig mehrere Fürstenthümer, und eben diese Theilung, zu der noch andere Ursachen der Schwäche hinzukamen, bewirkte, daß im 14. Jh. alle schlesischen Herzoge unter die Herrschaft von Böhmen geriethen. Karl IV verleibte sie diesem Reiche völlig ein (S. 18.) Hussens, Luthers und Calvins Lehrsätze fanden viele Anhänger. Man zog viele deutsche Familien ins Land, und gab der Verfassung völlig eine deutsche Gestalt. Die Herzoge, die immer mehrere Rechte verlohren, starben allmählig aus. Als nun mit Kaiser Karl VI der Mannsstamm des östreichischen Hauses erlosch, so forderte Friedrich II von der Marie Therese die schlesischen Fürstenthümer, die seinem Hause so lange entzogen worden waren, rückte, da sie ihm seine Forderung abschlug, noch im späten Herbste in Schlesien ein, und erhielt durch den Frieden zu Breslau fast ganz Schlesien, nebst der Grafschaft Glatz.   1740.

1742.

5. Eben dasselbe verwickelte ihn noch zweymal in einen Krieg, der zu seinem größten Ruhme sich endigte.

Er trat hierauf mit dem Kaiser Karl VII, ingleichen mit Pfalz und Hessencassel in Verbindung,   1744.

1745.	dung, fiel in Böhmen ein, eroberte Prag, siegte bey Hohenfriedberg, bey Trautenau, und bey Kesselsdorf, und erlangte durch den Frieden zu Dresden auch von Kursachsen einige Vortheile.
1756.	Friedrich erfuhr, daß Oestreich, Rußland und Sachsen sich heimlich gegen ihn vereinigt hatten. Er brach hierauf unvermuthet in Sachsen ein, schlug die Oestreicher bey Lowositz, nöthigte das kursächsische Heer sich zu ergeben, (S. 135) siegte bey Prag, ward aber vom Daun genöthigt, Böhmen zu verlassen. Kaum
1757.	hatte er die gegen ihn anrückenden Franzosen und Reichstruppen bey Rosbach in die Flucht geschlagen, so erfocht er schon wieder bey Leuthen in Schlesien über den Daun einen entscheidenden Sieg. Dieser überfiel ihn jedoch
1758.	bey Hochkirchen. Die Schweden, die sich gleichfalls mit seinen Feinden verbunden hatten, schadeten ihm wenig. Desto furchtbarer waren ihm aber die Russen, mit welchen er sich bey Zorndorf auf das hartnäckigste herumschlug. Sie drangen im folgenden Jahr bis
1759.	Schlesien vor, vereinigten sich mit dem Laudon, und Friedrich erlitt bey Kunnersdorf eine Niederlage, nach welcher er sich den Winter hindurch kaum in Sachsen erhalten konnte.
1760.	Auch dieses nöthigte ihn, Daun zu verlassen. Er nahm es aber nach dem Sieg bey Torgau wieder in Besitz. In Schlesien eroberte nun aber Laudon auch Schweidnitz und die Russen belagerten nunmehr zum drittenmahl Kolberg vergeblich. Sehr erwünscht ereignete
1762 Jan.	sich für den König der Tod der Kaiserin Elisabeth. Peter III vereinigte sich nun mit ihm und Schweden machte Frieden. Katharine II blieb neutral, und Friedrich behauptete nun wieder die Oberhand. Dieß beförderte den Frie-
1763 Febr.	den zu Hubertsburg, der den breslauer und dresdner bestätigte.

5. Er

XII. Brandenburg.

5. Er vermehrte aber seinen Staat auch noch durch andere ansehnliche Länder.

Er erbte das Fürstenthum Ostfriesland, (S. 165) 1744.
er besetzte Westpreussen und den Netzedistrict, 1772.
auf welchen er als Herzog von Pommern Ansprüche machte. Endlich fiel ihm auch der unter magdeburgischer und brandenburgischer Hoheit stehende Theil der Grafschaft Mansfeld 1779.
zu. Kurz, er vergrößerte sein Land um den dritten Theil. (1325 Quadr. M.)

6. Er sorgte für den Wohlstand desselben mit dem musterhaftesten Eifer.

Schlesien, Pommern, die Mark und Preussen, die im siebenjährigen Kriege sehr viel gelitten hatten, wurden durch seine Thätigkeit und Sorgfalt bald wieder in einen blühenden Zustand versetzt. Er setzte nicht nur viele tausend einzelne Colonisten an, sondern er baute auch 600 ganz neue Dörfer, und bevölkerte sie mit 42 60) Familien. Die Zahl seiner Unterthanen, die sich beym Antritte seiner Regierung auf 2,240,000 belief, stieg allmählig bis auf 6 Mill. Er schuf viele Sümpfe, Seen und Wälder in Getreidefelder und Wiesen um. Berlin und Potsdam bildeten sich zu den sehenswürdigsten Städten. Er wendete überhaupt seit den letzten 23 Jahren seiner Regierung auf 40 Mill. Thaler auf den Wohlstand seiner Unterthanen. Er hob die Leibeigenschaft auf, schränkte die Frohnen so viel möglich ein, legte in allen Provinzen Getreidemagazine an, suchte alle Arten von Gewerben und Künsten in Gang zu bringen, und machte überhaupt seine Nation zur thätigsten und fleißigsten in Europa. Sein Heer vermehrte er bis auf 224,000 M. Auch die Verbesserung der Gerechtigkeitspflege, die er durch eine neue Prozeßordnung, und ein neues Gesetzbuch zu befördern suchte, machte einen Hauptgegenstand seiner Aufmerksamkeit aus.

L 5   7. Er

XII. Brandenburg.

7. Er hatte endlich auf das Schicksal von Europa den lebhaftesten Einfluß.

Er nahm sich Sachsens, Pfalzzweybrückens und Meklenburgs gegen Oestreich an (S 54) und der Friede zu Teschen verschaffte ihm weiter keinen Vortheil, als daß Oestreich die Vereinigung der fränkischen Fürstenthümer mit den Kurländern nicht zu verhindern versprach. Noch vor kurzem bewirkte der von ihm veranstaltete Fürstenbund, daß der Kaiser seine Absicht, Bayern einzutauschen, aufgeben mußte. Der Tod dieses unsterblichen Königes, der der gelehrten Welt auch als einer ihrer vorzüglichsten Schriftsteller bekannt ist, ereignete sich am 17 August d. J. Ihm folgte sein Brudersohn Friedrich Wilhelm II (geb. 1744) dessen Regierungsantritt die stärksten Beweise des menschenfreundlichsten Characters giebt. Prinz von Preussen: Friedrich Wilhelm, geb. 1770.

Verfassung.

1. Die verschiedenen Länder des brandenburgischen Staates liefern einen Reichthum von allerley Producten.

Die Mark: Gartengewächse, Flachs, Toback, Wolle, Seide, Honig, Salpeter, Alaun, Steinkolen, Porzellan= und Farbenerden.
Pommern: Getreide, Holz, Vieh.
Magdeburg und Halberstadt, Getreide, Vieh, Salz, Seide.
Westphalen: Getreide, Flachs, Vieh.
Schlesien: Flachs, Färberröthe, Toback, Wolle, Eisen, Steinkolen, verschiedene Edelsteine.
Mannsfeld: Kupfer.

2. Sie sind meistens schon in einem ziemlich hohen Grade bevölkert.

Schle=

XII. Brandenburg.

Schlesien u. Glatz   1,580,300 Einw.
       2,389 auf 1 Quadr. M.
Mark Brandenburg   1,012,700
       1,517
Pommern   465,600
       913
Magdeburg u. Mans-
   feld   272,000
       2610
Halberstadt, Hohenstein
   u. Quedlinburg   142,000
       3356
Alle westphäl. Länder   561,800
       2257
Neuffchatel und Valen-
   gin   41,000
       2200
         ————
         4,184,400
Preussen   1,322,500
         ————
         5,506,900
das Militär   400,000
         ————
         5,906,900

In den märkischen und schlesischen Colonien spricht man noch sehr viel Böhmisch; in Kassuben, Hinterpommern, in der Niederlausitz Wendisch; in manchen westphälischen Ländern Holländisch, in den vielen Colonien und in Neufschatel Französisch.

3. Die Einwohner desselben verfertigen alle Bedürfnisse und Bequemlichkeiten des Lebens in solcher Menge, daß sie einen ansehnlichen Handel damit treiben können.

Im Jahr 1785 zählte man unter ihnen 165,000 Fabrikanten, die für mehr als 30 Mill. Thaler Waaren lieferten. Z. B. für 6 Mill. Thaler Leinewand, für 4 Mill. Tücher und andere Wollenwaaren, für 1 Mill. Eisen und andere Metallwaaren. Die Producte des Mineralreiches, die 5 Mill. Thaler betragen, ernähren 88,000 Familien.

Die vielen großen Flüsse und Kanäle begünstigen die Handlung ungemein. Friedrich II schränkte sie aber durch hohe Abgaben und Monopolien gewaltig ein, um dem Auswandern des Geldes aus seinen Staaten soviel möglich den Weg zu versperren, und sie von der Industrie der Ausländer ganz unabhängig zu machen. Jährlich gehen 1800 preußisch-Schiffe durch den Sund, die wenigstens 12,000 Matrosen ernähren. Von Ostfriesland aus wird auch die Häringsfischerey getrieben. Zu Berlin ist seit 1765 eine Zettel- und Leihbank, unter welcher die Bank zu Breslau steht.

4. **Es herrscht in den preussischen Staaten eine weise Religionsduldung.**

Im Brandenburgischen, im Magdeburgischen, in Ostfriesland, in Cleve, in der Grafschaft Mark bekennen sich die meisten Einwohner zur reformirten, in Schlesien und den übrigen Ländern aber zur lutherischen Religion. In Schlesien giebt es auch viele Katholiken, die zu Breslau einen Bischof haben, und von Jesuiten unterrichtet werden. Man duldet überhaupt alle christlichen Religionspartheyen, und selbst die Juden.

5. **Auch herrscht in keinem deutschen Staate eine größere Aufklärung.**

Diese befördern eine Menge vortrefflicher Schulanstalten: die hohen Schulen zu Halle und zu Frankfurth an der Oder, (für die Katholiken zu Breslau) die Ritterakademien zu Bran-

XII. Brandenburg.

Brandenburg, Berlin und Liegnitz, die Gymnasien zu Berlin, Stettin, Stargard, Breslau, Brieg: das Pädagogium im Kloster Bergen u. a. m., die Akademie der Wissenschaften zu Berlin.
Berlin ist der Sitz verschiedener der größten Gelehrten Deutschlands, und der Künstler findet sowohl in dieser prächtigen Stadt, als zu Potsdam, eine große Anzahl der vortrefflichsten Werke der alten und neuen Zeit.

6. Die Regierungsverfassung desselben hat die musterhafteste Einrichtung.

Der König regiert größtentheils uneingeschränkt. (Weitläuftiger Titel und Wappen desselben. Ritterorden: der schwarze Adler, und pour le merite.)

In der Mark, in Pommern, in Schlesien, in Cleve, in Minden, in Neufschatel, giebt es Landstände.

Der geheime Staatsrath theilt sich 1) in das Departement der auswärtigen Angelegenheiten; 2) in das Finanzdepartement oder General- Ober- Finanz- Kriegs- und Domainendirectorium, welches über die Verwaltung der innern Staatswirthschaft die Aufsicht führt, 3) in das Justizdepartement (Großkanzler) dem alle Gerichtshöfe untergeordnet sind, als das Obertribunal oder Oberappellationsgericht, das Kammergericht, das französische Obergericht u. a. m. Mit demselben ist das geistliche Departement verbunden.

7. Seine Einkünfte und seine Kriegsmacht geben ihm unter den europäischen Staaten ein furchtbares Ansehn.

Die Einkünfte belaufen sich wenigstens auf 24 Mill. Thaler. Ihre Verwaltung ist vortrefflich eingerichtet, und es liegt seit Friedrich Wil

Wilhelms I Zeiten ein großer Schatz in Bereitschaft.

Das Heer, welches aus 224,000 M. besteht, und dessen Unterhaltung 2 Drittel der Staatseinkünfte kostet, thut es allen andern Kriegsmächten in Ansehung der größten Ordnung und Geschicklichkeit zuvor. Jedes Regiment hat seinen Werbungscanton; aber die Hälfte des Heeres besteht aus Ausländern. Die Officiere sind fast lauter inländische Edelleute. Zu Potsdam ist ein Waisenhaus für 5000 Soldatenkinder.

XIII. Brandenburg-Anspach-Bayreuth.

Land.

Ein ziemlich beträchtlicher, schöner und fruchtbarer Landstrich.

Gränzen: die Oberpfalz, Nürnberg, Wirzburg, Hohenloh, das Voigtland, Böhmen u. s. w.
Größe: wenigstens 260 Quadr. M.
Boden: bergig und sandig, aber doch fruchtbar. Der Fichtelberg.
Flüsse: Altmühl, Tauber, Rednitz, Mayn, Eger, Saale, Nabe, Pegnitz.

Geschichte.

A. Bis auf den Ursprung der beyden Linien, oder bis 1603.

1. Die

XIII. Brand. Anspach-Bayreuth.

1. Die Fürsten dieses Hauses stammen von den Grafen von Hohenzollern ab.

Der erste Graf von Hohenzollern, Nahmens Rudolph, tritt unter dem Kaiser Friedrich I auf. Sein Sohn Konrad war der erste Burggraf von Nürnberg. Einer von seinen Nachkommen, Friedrich III, machte sich um den Kaiser Rudolph I sehr verdient. Er bekam durch seine erste Gemahlin, die Schwester des letzten Herzogs von Meran, den Bezirk von Bayreuth, wozu in der Folge, aus der orlamündischen Erbschaft, noch Kulmbach, Plassenburg u. s. w. kam.   1164.

2. Die Nachkommen, welche auch Kurfürsten von Brandenburg wurden, theilten das Land auf verschiedene Weise.

Des Kurfürsten Friedrichs I Söhne (S. 161) Johann der Alchymist, und Albrecht Achilles theilten sich in das fränkische Land. Jener bekam den obern, dieser den untern Theil, und dieser brachte, da sein Bruder keine männlichen Erben hinterließ, alles wieder zusammen.   1464.
Er hatte unter dem Kaiser Friedrich III an allen wichtigen Angelegenheiten Theil; vorzüglich machte er sich aber durch seine Tapferkeit bekannt. Er wurde, wegen verschiedener Rechte des nürnbergischen Burggrafthums, mit der Stadt Nürnberg in eine Fehde verwickelt. Der letztern standen alle Reichsstädte bey; ihn unterstützten viele geistlichen und weltlichen Fürsten, und der ganze fränkische Adel. In einen blutigern Krieg gerieth er, wegen des   1449-50.
nürnbergischen Landsgerichts, mit dem Herzog Ludewig dem Reichen, von Bayern (S.   1456.63.
49). Er wurde endlich auch Kurfürst. (S. 162)
Sein mittlerer Sohn Friedrich pflanzte das Geschlecht allein fort. st. 1536.

3. Sie vermehrten es nicht nur durch Preussen, sondern auch durch andere Besitzungen.

Frie-

Friedrich hinterließ 3 Söhne. Kasimir der älteste erhielt Kulmbach und Bayreuth. st. 1527. Sein Sohn Albrecht der Alcibiades führte die Reformation in den fränkischen Ländern ein, schlug sich im schmalkaldischen Kriege zur Parthey des Herzogs Moritz, und half ihm nicht nur die Acht gegen die Stadt Magdeburg vollziehen, sondern auch den Kaiser Karl V bekriegen. Bey der letztern Gelegenheit behandelte er die Stifter in Franken und Schwaben sehr übel, und den paßauischen Vertrag genehmigte er so wenig, daß er vielmehr fortfuhr, die geistlichen Länder am Rheine zu beunruhigen. Kurmaynz verband sich aber nunmehr mit Pfalz, Sachsen und Braunschweig. Dem ungeachtet spielte er den Krieg ins Braunschweigische und Sächsische, bis er das Treffen bey Sievershausen verlohr. Der Kaiser erklärte ihn hierauf in die Acht, und sein ganzes Land wurde von seinen Feinden erobert. In diesen Umständen starb er ohne Erben.

1554.
1557.

Albrecht, Friedrichs dritter Sohn, wurde Hochmeister des deutschen Ordens, und erlangte Hinterpreussen als ein weltliches Herzogthum. Sein Sohn Albrecht Friedrich wurde blödsinnig; da übernahm sein Vetter Georg Friedrich die Regierung.

1525.

1572.

Georg Friedrichs zweyter Sohn, welcher das Fürstenthum Anspach erhielt, und das Fürstenthum Jägerndorf kaufte, bekennte sich zwar zur Reformation, wollte sich aber in den schmalkaldischen Bund nicht einlassen. st. 1543. Sein Nachfolger Georg Friedrich, der alle fränkischen Länder vereinigte, vermachte das Fürstenthum Jägerndorf seinem Vetter, dem Markgrafen Friedrich, und schloß die ganze fränkische Linie.

1523.

1595.
1603.

B. Seit dem Ursprunge der beyden Linien, oder seit 1603.

I. Bay-

XIII. Brand. Bayreuth-Anspach.

1. Bayreuth.

Christian, der Stifter derselben, der den dreyßigjährigen Krieg durchlebte, hatte seinen Enkel Christian Ernst zum Nachfolger, der nicht nur dem Kurfürsten Friedrich Wilhelm von Brandenburg, sondern auch dem Kaiser ansehnliche Hülfe leistete, das durch die vielen Kriege verwüstete Land wieder herstellte, für die französischen Flüchtlinge die Stadt Christian-Erlangen baute, und das Gymnasium zu Bayreuth stiftete. st. 1712. Ihm folgte Georg Wilhelm, der sich im spanischen Erbfolgekriege sehr hervorthat, ziemlich viele Soldaten unterhielt, und die Stadt St Georgen am See anlegte. st. 1726. Das Land erbte sein Vetter Georg Friedrich Karl, dessen Vater das Erbrecht bald verscherzt hätte. st. 1735. Sein Sohn Friedrich bewies sich als einen thätigen Gönner der Künste und Wissenschaften; er stiftete die hohe Schule zu Erlang, verschönerte Bayreuth, unterstützte die Bergwerke und Manufakturen, und hatte, für seine Entwürfe, und für seine Neigung zur Pracht und zum Vergnügen, nur zu wenig Einkünfte. st. 1763. Die ganze Linie beschloß sein Vatersbruder und Nachfolger, Friedrich Christian.

1655.

1769.

2. Anspach.

Joachim Ernst, der Stifter dieser Linie, war General der evangelischen Union, und Anführer des Heeres, das den Kurfürsten Friedrich V von der Pfalz unterstützen sollte. Nach der Schlacht bey Prag söhnte er sich mit dem Kaiser wieder aus. st. 1625. Seines Enkels Johann Friedrichs II Gemahlin verschaffte dem Hause ein Erbrecht auf die Grafschaft Sayn-

1620.

1703.

1741.

geb. 1736

Sayn. st. 1686. Er hinterließ zwey Söhne. Georg Friedrich starb in kaiserlichen Diensten, in einem Treffen gegen die Bayern. Wilhelm Friedrich vermehrte sein Land durch die Grafschaft Limburg. st. 1723. Sein Sohn Karl Wilhelm Friedrich erbte, nach dem Abgange der Herzoge von Sachsen-Eisenach, die Grafschaft Sayn-Altenkirchen. st. 1757. Der jetzige Markgraf Friedrich Karl Alexander hat sich um die hohe Schule zu Erlang, um die Staatswirthschaft, um das Gewerbe seiner Unterthanen, und um die Anlegung neuer Landstraßen, auf die rühmlichste Weise verdient gemacht. Seine Truppen fochten in Amerika. Wahrscheinlich ist er der letzte seines Hauses.

Verfassung.

1. **Das Land ist mit allerley Producten reichlich versehen.**

   Weitzen, Dünkel — Vieh, das sehr stark ausgeführt wird — Holz, besonders im Oberlande; Wein, Hopfen, Taback — Marmor. Salz fehlt.

2. **Es ist vorzüglich angebaut und bevölkert.**

   Man rechnet 400,000 Einwohner, die sehr fleißig sind, und allerley Manufacturen und Fabriken von Eisen, Stahl, Bley, Glas, Porzellan, Allaun, Vitriol, Papier, Tüchern, Leinewand, Hüthen u. s. w. treiben.

   Sie bekennen sich zur lutherischen Religion. Erlang ist der Sitz einer hohen Schule, und einer Akademie der Wissenschaften. Zu Anspach ist ein Gymnasium.

3. **Der Landesherr macht einen der ansehnlichsten Reichsfürsten aus.**

Jedes Fürstenthum hat noch seinen besondern Regierungsstaat. Die Einkünfte belaufen sich auf 1,400,000 Thaler.
Der Kriegsstaat ist nicht sehr beträchtlich.

XIV. Braunschweig.

Land.

Einer der beträchtlichsten, aber nicht der fruchtbarsten Landstriche.

Gränzen: die Nordsee, die Elbe, Brandenburg, Magdeburg, Halberstadt, Thüringen, Hessen und Westphalen.

Größe: Kurbraunschweig 690 — 700 Quadr. M.

Boden: im Norden bald dürr und trocken, bald Marschland; im Süden gebirgig und waldig; besonders in der Gegend des Harzes.

Flüsse: Elbe, Weser, Aller, Leine, Fuse, Ocker.

Geschichte.

A. Bis zur Herrschaft der Welfen, oder — 1137.

1. Dieses Land machte in den ältesten Zeiten einen Theil von dem Gebiethe der Sachsen aus.

Zur Zeit der Römer wohnten zwischen der Weser und der Elbe, ingleichen zwischen der Ems und Weser Chaucen; vom Harze bis zum Einflusse der Aller in die Weser, Cheruscer; an der Fuse, im Hildesheimischen, Fosen; im Lüneburgischen vielleicht Longobarden. Diese Völker verlohren sich im 4ten Jh. unter den Sachsen, die ursprünglich in Holstein wohnten, und seit dem Ende des 3ten Jh. die gallischen Küsten beunruhigten. Sie zogen 449 nach Britannien. Westphalen, Ostphalen, Engerer.

722, 804. Karl der Große unterwarf die Sachsen nach einem dreyßigjährigen Kriege seiner Herrschaft. Sie machten seitdem eine besondere, den karolingischen Königen unterworfene Nation aus.

2. Es gehörte hierauf zu dem großen Herzogthume Sachsen.

Dieses entstand um 850. Ludolph der zuerst als Herzog von Sachsen vorkömmt, stiftete das Kloster Gandersheim. Bruno, sein ältester Sohn, soll Braunschweig gebaut haben; der zwente Otto, der Erlauchte, schlug die Königskrone aus, die ihm nach dem Tode Ludewigs des Kindes angetragen wurde. Er nahm sich, nach des Herzog Burckards Tode auch des Herzogthums Thüringen an. (S. 105) Sein Sohn, der sogenannte Heinrich der Finkler,

919. behauptete beyde Herzogthümer, und ward der Nachfolger Kaiser Konrads I, der ihm eins derselben entreissen wollte. st. 936.

Kaiser Otto der Große ernannte den Hermann Billung, einen von seinen Verwandten, der im Lüneburgischen ansehnliche Erbgüter besaß, zum Herzoge der Sachsen. Dieser starb 973. Seine Nachkommen hatten auch über einen Theil der wendischen Länder zu gebiethen.

1106. Ihren Mannsstamm schloß der Herzog Magnus. Dessen Töchter waren Wulfhild, die Gemahlin Herzog Heinrichs des Schwarzen von Bayern, und Eylicke, die an den Grafen Otto von Ballenstedt oder Askanien vermählt war.

3. Er

XIV. Braunschweig.

3. Es erwuchs allmählig aus verschiedenen Grafschaften.

1) **Grafen von Braunschweig**, die den Bruno, einen Bruderssohn Kaiser Ottos des Großen, zum Stammvater hatten. Einer von seinen Nachkommen, Egbert I, wurde Markgraf in Thüringen. (S.106) Dessen Sohn Egbert II war einer der vornehmsten Feinde Kaiser Heinrichs IV. Sein Bestreben, die Deutsche Krone zu erlangen, beschleunigte seinen Tod. Mit ihm erlosch sein Geschlecht, und die braunschweigischen Erbgüter kamen, durch seine Schwester Gertrud, an die Grafen von Nordheim.   1090.

2) **Grafen von Nordheim.** Auch deren Stammvater Otto, Graf in Salzgau, lebte zur Zeit Ottos des Großen. Seine Nachkommen verwalteten auch das Herzogthum Sachsen, unter welchem man aber wahrscheinlich nur Ostpfahlen verstehen muß. Heinrich der Dicke, der die braunschweigischen Erbgüter erheurathete, endigte sein Geschlecht. Von seinen beyden Töchtern war Rixa an den Grafen Lothar von Supplinburg vermählt, und durch diese kamen die nordheimischen und braunschweigischen Güter an das supplinburgische Haus.   1102.

3) **Grafen von Supplinburg.** Der erste bekannte Graf aus diesem Hause, war Kaiser Heinrichs IV Zeitgenoß. Lothar, der Gemahl der Richenze, bekam vom Kaiser Heinrich V das Herzogthum Sachsen, das durch das Aussterben des billungischen Mannsstammes erledigt worden war, und ward dessen Nachfolger. st. 1137. Seine einzige Tochter Gertrud brachte seine weitläufigen Besitzungen dem Herzoge Heinrich dem Großmüthigen von Bayern zu.   1106.

B. Von

B. Von der Herrschaft der Welfen bis zur Entstehung des Herzogthums Braunschweig, oder von 1137 — 1235, fast 100 J.

1. Das welfische Haus gehört unter die ältesten und edelsten Geschlechter Deutschlands.

Schon zu Karls des Großen Zeiten lebte ein Welf, der in Bayern ansehnliche Güter besaß, und dessen Tochter Judith, als Kaiser Ludwigs des Frommen Gemahlin, eine merkwürdige Rolle spielte. Sein Enkel Rudolph stiftete das arelatische Reich. Hethig, Welfs jüngster Sohn, war der Vater Heinrichs mit dem goldnen Wagen, der dem Kaiser Ludwig I seine Erbgüter zu Lehn auftrug, und von demselben, zum Verdrusse seines Vaters, mit 3000 Hufen Land in Oberbayern beliehen wurde. (S. 45). Sein Enkel Rudolph II war Kaiser Konrads II Feind. Welf III, der unter Heinrichen III Herzog von Kärnthen, und Markgraf in Verona war, beschloß den welfischen Mannsstamm.

1055. Hierauf wurde Welf IV, den Kuniza, Rudolphs II Tochter, mit dem Markgrafen Azo von Este gezeuget hatte, der Stammvater des neuern welfischen Hauses. Diesem ertheilte Heinrich
1071. IV das Herzogthum Bayern, das ihm aber große Gefahr brachte. Sein Nachfolger Wilhelm V erbte von ihm das Herzogthum Bayern. Er war auch eine Zeitlang der Gemahl der toskanischen Markgräfin Mechtilde. †. 1120.

2. Heinrich der Großmüthige vereinigt mit seinen weitläuftigen Ländern auch das Herzogthum Sachsen, und die dazu gehörigen Erbgüter.

Schon

Schön sein Vater Heinrich der Schwarze erwarb sich durch seine Gemahlin Wulfhid einen Theil der billungischen Erbgüter. st. 1126. Welf VI, Heinrichs des Großmüthigen Bruder, erbte von seinem Vater Bayern, ingleichen die welfischen und billungischen Besitzungen. Seine Gemahlin Gertrut verhalf ihm zum Besitze der Länder ihres Vaters, des Kaiser Lothars. Er besaß überdieß auch Länder in Italien, und seine weitläuftige Herrschaft erstreckte sich von der Nordsee bis ans mittelländische Meer. Die Eifersucht der andern deutschen Fürsten versperrte ihm eben deßwegen den Zugang zum Throne, und Kaiser Konrad III suchte ihn zu stürzen. Er verlohr darüber seine beyden Herzogthümer. Bayern kam an Oestreich, und Sachsen an Albrecht von Askanien, des Magnus Enkel, der es aber nicht behaupten konnte. Heinrich st. 1139.

3. **Heinrich der Löwe erhebt die welfische Macht auf den höchsten Gipfel.**

Bayern bekam er wieder, doch mußte er auf Oestreich Verzicht thun. Hingegen vermehrte er das Land durch die Grafschaften Winzenburg, Cattlenburg, Sommerschenburg, Stade, Ditmarsen, ingleichen durch dasjenige, was er für die jähringischen Erbgüter seiner Gemahlin Clementia vom Kaiser Friedrich I auf dem Harze eintauschte, und endlich durch das zwischen der Eyder und Penne gelegene Land der Wenden, wo er die Bißthümer Schwerin und Ratzeburg stiftete, und die Grafen zu Holstein, Ratzeburg und Schwerin anordnete.

4. **Unter eben demselben sinkt sie aber auch wieder.**

Der Stadt Goßlar wegen weigerte er sich für den Kaiser Friedrich I den fünften Zug nach Italien zu thun, und dieser lief deßwegen höchst

1174.

XIV. Braunschweig.

1180. höchst unglücklich ab. Friedrich erklärte ihn, auf Anstiften seiner vielen Feinde, in die Reichsacht. Jetzt wurde er von allen Seiten angegriffen. Er wehrte sich tapfer, bis endlich der Kaiser selbst mit überlegener Macht gegen ihn anrückte. Er mußte sich zu Erfurth

1182. vergleichen. Bayern bekam Otto von Wittelsbach; Cöln erhielt ein großes Stück von Engern und Westphalen. Andere benachbarte Stifter eigneten sich auch manches zu. Die herzogliche Gewalt in dem übrigen Engern und Westphalen wurde Bernharden von Askanien, als Herzogen von Sachsen, zu Theil. Verschiedene Länder entzogen sich aber nach und nach derselben, und das neue Herzogthum Sachsen war sowohl in Ansehung der Lage, als des Umfanges, von dem vorigen gar sehr verschieden. Heinrich behielt weiter nichts als seine Erbgüter, die in Ostpfalen lagen. Er mußte überdieß Deutschland noch zweymahl verlassen, und erst kurz vor seinem Tode söhnte er sich mit dem Kaiser Heinrich VI wieder aus. st. 1195.

C. Von der Entstehung des Herzogthumes Braunschweig bis zum Ursprunge der jetzigen beyden Linien desselben, oder von 1235 — 1530 = 311 J.

1. Der Ueberrest von dem großen Herzogthume Sachsen verwandelte sich in das Herzogthum Braunschweig.

Heinrich der Löwe hinterließ drey Söhne: Heinrich wurde Pfalzgraf am Rhein. (S. 30) Otto, Kaiser Philipps VI Swiegersohn, hatte als römischer König mit vielen Feinden zu kämpfen. 1197-1218. Wilhelm setzte den Stamm fort. Dessen Sohn, Otto das Kind, nahm den herzoglichen Titel an, als der
Pfalz-

XIV. Braunschweig.

Pfalzgraf Heinrich, der seine Brüder überlebte, gestorben war. Er trug seine sämmtlichen Erbgüter dem Kaiser zu Lehn auf, und
und erhielt sie als das Herzogthum Braunschweig und Lüneburg wieder zurück, das aber
auch zugleich Weiberlehn ist. Er brachte die
Bezirke von Göttingen, Minden und andern
wieder an sein Haus, und vermehrte sie durch
neue. Im Kriege war er nicht so glücklich,
denn er gerieth bey Bornhövde in die Gefangenschaft des Grafen von Schwerin. st. 1252.

2. Dieses wird unter die braunschweigische
und lüneburgische Linie getheilt.

Ottos Söhne, Albrecht der Große und Johann, 1267.
theilten, und diese Theilung besteht in der
Hauptsache bis jetzt. Aus diesen Theilen entstanden in der Folge noch mehrere Fürstenthümer, die zuletzt unter den jetzigen beyden Linien wieder vereinigt wurden.

a. Aeltere lüneburgische Linie.

Die Geschichte derselben enthält weiter nichts
als Landesvermehrungen, und kleine unbe-
deutende Kriege.

Stifter derselben war der Herzog Johann, unter
dem die neuen Salzquellen zu Lüneburg entdeckt
wurden. Sein Sohn Otto der Strenge stellte durch seine Vermählung mit einer Tochter
des Herzog Ludewigs des Strengen von Bayern, die Freundschaft mit dessen Hause wieder her. Er war mit seinen Edelleuten und
mit Sachsen-Lauenburg in Fehden verwickelt.
Sein Land vermehrte er durch die Gräffschaf-
ten Hallermund, Dannenberg, Lüchau und
Wölpe. Den Städten Hannover und Zelle
ertheilte er große Freyheiten. Die letztere
wählte er zu seiner Residenz. st. 1330. Sein
zweyter Sohn, Wilhelm mit dem großen Beine,

der seinen Bruder Otto erbte, hinterließ zwey Töchter. Die älteste war an den Herzog Otto von Sachsen-Lauenburg vermählt, und er wollte daher diesem Hause sein ganzes Land zuwenden. Hernach reute es ihn wieder, und er gerieth darüber in die Acht. st. 1398.

b. Aeltere braunschweigische Linie.

1. **Albrecht der Große**, der Stifter derselben, gehörte unter die furchtbarsten Reichsfürsten seiner Zeit.

   1257.] Er kriegte mit den Herren von Wolfenbüttel und von der Asseburg, ingleichen mit Hildesheim und Maynz, dessen Erzbischof gefangen wurde, und sich theuer lösen mußte. Sein Antheil am thüringischen Erbfolgekriege brachte ihm desto weniger Vortheil (S. 91). Er that zum Besten des gefangenen dänischen Königs Erich, einen Zug nach Holstein. Kaiser Rudolph I trug ihm die Vogtey über die niedersächsischen Reichsstädte auf. Er erwarb auch Hameln, und beförderte den Handel seiner Städte. st. 1279.

2. Seine Söhne stifteten die Linien zu Grubenhagen und Göttingen.

   1) **Grubenhagen**. Stifter derselben, Heinrich der Wunderliche, Albrechts ältester Sohn, der nur ein drittel der väterlichen Lande bekam, mit seinen Brüdern und andern Herren in Fehden verwickelt wurde. st. 1322. Sein Sohn, Heinrich von Griechenland, der das Eichsfeld erhielt, verkaufte Duderstadt und Giebolthausen an Maynz. Seine Söhne suchten ihr Glück in Italien. Sein Bruder Ernst bekam Osterode, und von ihm stammte der Herzog Ernst zu Grubenhagen, der dem Kurfürsten Johann Friedrich von Sach-

Sachsen, und dem Landgrafen Philipp dem
Großmüthigen von Hessen gegen den Herzog
Heinrich den Jüngern von Braunschweig-Wol-
fenbüttel beystand, und ihn gefangen nahm.
Eben dieses Schicksal hatte er selbst in der　　1547.
Schlacht bey Mühlberg. Er kam aber bald
wieder in Freyheit. Zu seiner Zeit war der
Anbau der klausthalischen Bergwerke sehr ge-
seanet. Seine Linie erlosch mit dem dritten
Bruder, Philipp II.　　　　　　　　　　　1596.

2) Göttingen. Albrecht der Feiste, Albrechts
des Großen zweyter Sohn, der, weil er seinen Bruder Wilhelm allein erbte, ungefähr
zwey Drittel des väterlichen Landes erhielt.
Er stritt sich unter andern mit seinem Bruder
Heinrichen dem Wunderlichen wegen des Be-
zirks von Braunschweig, den der dritte Bruder Wilhelm hinterlassen hatte. st. 1315. Seine zwey Söhne, Magnus der Fromme und Ernst
theilten 1345. Ihr älterer Bruder, Otto der
Milde (S. 161) besaß einige Zeit hindurch die
alte Mark Brandenburg. Ernst (st. 1367) hatte
seinen Sohn Otto den Quaden zum Nachfolger,
der sich durch seine vielen Fehden, und besonders
durch seinen Erbstreit mit Hessen, berühmt
machte (S. 92) und dessen Geschlecht mit seinem Sohne 1463 erlosch. Magnus, welcher
die Mark Brandenburg, Sangerhausen und
die Pfalz Sachsen besaß, hatte von seinen
Söhnen (1369) bloß den Magnus II mit der
Kette zum Erben. Dieser wurde bey einem
Einfalle in das hildesheimische Gebiet gefangen, und mußte deßwegen Sangerhausen und
Landsberg an Meißen verkaufen. Er war
auch gegen den Herzog Albrecht von Mecklen-　1369.
burg unglücklich, und er behandelte die Stadt
Lüneburg, die das Lösegeld für die Gefangenen aufbringen sollte, sehr ungerecht. Des
lüneburgischen wegen stritt er sich auch mit seit 1308
Sachsen-Lauenburg und Sachsen-Wittenberg,
und er wurde darüber von Kaiser Karl IV in
die

die Acht erklärt. Fast hätte er sein ganzes
Land verlohren. Sein Tod erfolgte in einem
Treffen gegen den Grafen von Schauenburg.
Sein Sohn Friedrich sollte an Wenzels Stelle Kaiser werden; er wurde aber von einem
Grafen von Waldeck unweit Fritzlar erschlagen.

1371.
1373.

1400.

c. Mittleres Haus Braunschweig.

1. Dieses hatte Heinrichen, den jüngsten Sohn des Herzogs Magnus mit der Kette, zum Stammvater.

Um seinen Bruder Friedrich zu rächen, mußte er der Stadt Braunschweig die Münze und andere Hoheitsrechte versetzen; dieß verursachte in der Folge manche Streitigkeiten. Auf einem Zuge gegen die Grafen von der Lippe und von Eberstein ward er gefangen, und es kostete ihm ein großes Lösegeld. Die Räuber verfolgte er auf das ernstlichste, und er wurde deßwegen der König von der Heide genennet. st. 1416.

1404.

2. Es wurde durch verschiedene Landesanfälle, und auf andere Art beträchtlich vermehrt.

Wilhelm der Siegreiche, und Heinrich der Friedfertige (der Lappenkönig) des vorigen Söhne, geriethen des Landes wegen mit einander in Krieg, und der Streit dauerte bis auf Heinrichs unbeerbten Tod. Wilhelm, der unter andern gegen die Hussiten, gegen die Türken und gegen Burgund zu Felde zog, und wegen Lüneburgs auch mit den Hansestädten in Krieg gerieth, gewann sieben Hauptschlachten. Sein Land vermehrte er durch die Grafschaften und Herrschaften Hallermund, Eberstein, Homburg,

1478.

XIV. Braunschweig.

burg, Wunstorf und Wölpe. Er erbte auch das Fürstenthum Göttingen.   1463.

3. Die Nachfolger bildeten durch ihre Theilung die beyden Fürstenthümer Wolfenbüttel und Kalenberg.

Friedrich der Jüngere (Unruhige) Wilhelms Sohn, drückte die Stadt Göttingen, wurde, da er sich in münstersche Händel mischte, von cölnischen Truppen gefangen genommen, führte nebst andern, mit den Grafen von Schauenburg einen verderblichen Krieg, und gerieth zuletzt in die Gefangenschaft des Bischofes von Hildesheim, der ihn in derselben sein Leben beschließen ließ. Sein Bruder Wilhelm III, der ihn erbte, brachte die Stadt Helmstädt an sein Haus. Dessen Söhne Heinrich der Aeltere und Erich der Aeltere theilten (1495). So entstanden die beyden Fürstenthümer Wolfenbüttel und Kalenberg.   1494.

4. Unter diesen brachte besonders die hildesheimische Fehde wichtige Veränderungen in dem braunschweigischen Hause hervor.

Erich der Aeltere, der dem Kaiser Maximilian in verschiedenen Kriegen auf eine ausgezeichnete Weise gedient hatte, nahm die hildesheimischen Lehnsleuten, besonders die Herren von Saldern, gegen den Bischof in Schutz. Auf der Soltauer Heide kam es zu einer Hauptschlacht, in welcher Erich gefangen wurde, und durch große Versprechungen an den Herzog Heinrich den Mittlern von Lüneburg sich lösen mußte. Kaiser Karl V übertrug aber Erichen und seinem Vetter Heinrichen dem Jüngern die Vollziehung der Reichsacht gegen Hildesheim und Braunschweig. Sie eroberten 16 Aemter, die auch, aller Bemühungen der Bischöfe ungeachtet, bis 1642 bey dem Hause Braunschweig blieben.   1516.   1521.

5. Die

5. Die evangelische Religion wird in demselben eingeführt.

Erich der Aeltere (st. 1540) widersetzte sich derselben wenigstens nicht. Seine Gemahlin, die Vormünderin seines Sohnes Erichs des Jüngern, führte sie im ganzen Lande ein; Erich nahm aber hernach die katholische Religion an, und suchte sie mit ziemlicher Strenge seinen Unterthanen aufzudringen. Er diente dem Kaiser, und bewies sich überhaupt sehr kriegerisch. st. 1584 ohne Erben.

6. Heinrich der Jüngere zeichnete sich durch seine große Feindschaft gegen dieselbe aus.

Sein Vater war Heinrich der Aeltere, Wilhelms II ältester Sohn, der das Fürstenthum Wolfenbüttel zu seinem Antheile erhielt. Heinrich der Jüngere half die Bauern bey Frankenhausen schlagen, zog mit seinem Heere dem Kaiser nach Italien zu Hülfe, ließ sich zum Oberhaupte des nürnbergischen Bundes der Katholicken erwählen, drückte deßwegen die Städte Braunschweig und Goslar, und beleidigte die protestantischen Fürsten bey allen Gelegenheiten. Endlich nahm ihm der Kurfürst Johann Friedrich von Sachsen, und

1542. der Landgraf Philipp von Hessen sein ganzes Land weg, und zuletzt gerieth er gar in Phi-

1547. lipps Gefangenschaft, die bis auf die Schlacht bey Mühlberg dauerte. Er nahm sich hierauf der fränkischen Bischöfe gegen den Markt-

1553. grafen Albrecht von Brandenburg an, der bey Sievershausen geschlagen wurde; dieser Sieg kostete aber seinem Bundesgenossen, dem Kurfürsten Moritz von Sachsen, und seinen eignen beyden Söhnen das Leben. Heinrichs Andenken erhält übrigens noch die Heinrichsstadt bey Wolfenbüttel. st. 1568.

7. Einen desto wärmern Eifer zu derselben bewies sein Nachfolger, der Herzog Julius.

XIV. Braunschweig.

Heinrichs dritter Sohn, den er, der evangelischen Religion wegen, haßte. Er sollte ein Geistlicher werden; der Tod seiner beyden ältern Brüder bestimmte ihn aber zum Regenten. Er führte die evangelische Religion mit allem Eifer ein, verwendete auf die Verfertigung der Concordienformel über 40000 Thaler, verwandelte das Franciscanerkloster zu Gandersheim in ein Pädagogium, das er in der Folge nach Helmstädt verlegte, und in eine hohe Schule umbildete. Seinen Eifer für das Beste seines Landes bewies er auch durch den beförderten Bau des Salzwerkes zu Juliushall, durch die Juliuslöserthaler u. s. w. Sein Land wurde durch die Fürstenthümer Kalenberg, Grubenhagen, und durch Antheile an den Grafschaften Hoya, Diepholz u. s. w. vermehrt.

1576.

8. Seine Nachfolger nahmen an dem dreyßigjährigen Kriege lebhaften Antheil.

Heinrich Julius, des vorigen Sohn, vermehrte sein Land durch die Herrschaften Lohra und Klettenberg, die er sich als Administrator des Stiftes Halberstadt zueignete, ingleichen durch das Fürstenthum Grubenhagen, und die Grafschaften Blankenburg und Regenstein. Gegen die ungehorsame Stadt Braunschweig wirkte er die Reichsacht aus. st. 1613. Sein Nachfolger Friedrich Ulrich eroberte die Stadt Braunschweig. Das Fürstenthum Grubenhagen mußte er, einem kaiserlichen Urtheile zu Folge, dem lüneburgischen Hause wieder einräumen. Bey dem Ausbruche des dreißigjährigen Krieges bewies er sich dem Kaiser ergeben. Der König Christian IV von Dänemark besetzte Wolfenbüttel, welches der Graf von Pappenheim wieder eroberte. Das Restitutionsedict befahl dem Herzog, die hildesheimischen Güter wieder einzuräumen, und der Bischof nahm verschiedene von demselben weg, die er aber wieder eroberte. Er verband sich hierauf

1615.
1617.

1626.
1629.

1632.

auf mit Schweden. Mit ihm erlosch sein Mannsstamm. Sein Land fiel an Zelle. Die hildesheimischen Aemter wurden, einige ausgenommen, wieder zurückgegeben.

1634.

d. Mittleres Haus Lüneburg.

1. Bernhard I, der Stifter desselben, war beständig mit Fehden beschäfftigt.

Der ältere Sohn des Herzogs Magnus mit der Kette. Die Stadt Lüneburg suchte sich mehr als einmahl seiner Herrschaft zu entziehen. In einer Fehde gegen die Herren von Steinberg und Schwicheld gerieth er in die Gefangenschaft, die er auf drey Jahr aushalten mußte. Es entstand auch zwischen ihm und dem Markgrafen Jodokus von Brandenburg eine Fehde st. 1434.

1390.

2. Unter seinen Nachkommen that sich besonders Heinrich der Mittlere hervor.

1514.

Dieser zog mit andern nach Ostfriesland, und bekam dadurch einen Theil des butjadinger Landes, das er aber an den Herzog Erich von Kalenberg im Spiele verlohr. Ueber die hildesheimische Fehde mußte er das Land verlassen. Nach seiner Rückkehr bemühte er sich vergebens, die von seinen Söhnen indessen eingeführte evangelische Religion zu unterdrücken. st. 1532.

1521.

Seine Söhne, Otto und Ernst der Bekenner, stifteten zu Harburg und zu Zelle zwey neue Linien. Die harburgische erlosch 1642. Ernst, der sich seinen Beynahmen durch seine großen Verdienste um die lutherische Religion erwarb, hinterließ verschiedene Söhne, von welchen aber nur Heinrich und Wilhelm ihr Geschlecht fortpflanzten. Jener, der zu Danneberg residirte, war der Vater Augusts, des Stifters des heutigen braunschweigischen Hauses, und von

1546.

XIV. Braunschweig.

von Wilhelm, der Zelle besaß, stammte Georg, der Urheber des heutigen lüneburgischen Hauses, ab.

D. Seit dem Ursprunge der jetzigen beyden Hauptlinien, oder seit 1546 — 1786 = 240 J.

a. Wolfenbüttel.

1. **Herzog August** gehörte unter die lobenswürdigsten Regenten seines Hauses.

    Er machte, als die alte wolfenbüttelsche Linie erlosch, auf das ganze Land derselben Anspruch, trat aber dem zellischen Hause Kalenberg ab, und behielt Wolfenbüttel, das er nur mit vieler Mühe von den Kaiserlichen befreyte. Er erweiterte diese Stadt, legte die dasige berühmte Büchersammlung an, sorgte für die Verbesserung des Kirchen und Schulenstaates. (Glockenthaler) st. 1666.   1634.

2. **Rudolph August** brachte, nebst seinen Vettern, die Stadt Braunschweig zum Gehorsam.

    Der Graf Georg Friedrich von Waldeck mußte sie mit 6500 M. belagern. Rudolph August errichtete nicht nur die Ritterakademie, sondern er verschaffte ihr auch ihre beyden Messen. Er ließ sich im spanischen Erbfolgekriege mit Frankreich in Verbindung ein; Kurhannover und Zelle rückten ihm aber, auf Anstiften des Kaisers, unvermuthet ins Land. st. 1704.   1671.
    1702.

    Ihm folgte sein Bruder Anton Ulrich, der das Lustschloß Salzthalen erbaute. st. 1704. Dessen Sohn August Wilhelm bemühte sich vergeblich, die Ausdehnung der Kurwürde auch auf

auf die wolfenbüttelsche Linie zu erhalten. Er starb 1731 ohne Erben. Eben dieses war das Schicksal seines Bruders Ludewig Rudolphs.

1735.

3. Das Fürstenthum Wolfenbüttel fällt an die beversche Nebenlinie.

Ferdinand Albrecht, Herzog Augusts dritter Sohn, der Ahnherr des heutigen wolfenbüttelschen Hauses, besaß anfangs weiter nichts, als das Schloß Bevern. Seine Söhne Ferdinand Albrecht II, und Ernst Ferdinand, setzten den Stamm fort. Jener, der Wolfenbüttel erbte, starb 1735.

Karl, des letztern Sohn, verbesserte den Zustand der hohen Schule zu Helmstädt, stiftete das Collegium carolinum zu Braunschweig, begünstigte die Manufacturen und den Handel, vergrößerte den Kriegsstaat, und zeugte sich überhaupt als einen rühmlichen Regenten. Im siebenjährigen Kriege ließ er seine Truppen zum Heere der Alliirten stoßen, und eben deßwegen wurde sein Land von den Feinden hart behandelt. st. 1780. — Unter seinen Brüdern hat sich besonders Ferdinand um die Vertheidigung seines Vaterlandes unsterblich verdient gemacht.

Karl Wilhelm Ferdinand, jetztregierender Herzog, geb. 1735, nimmt unter Deutschlands erhabenen Fürsten eine vorzügliche Stelle ein. Erbprinz Karl Georg August, geb. 1766.

b. Lüneburg oder Zelle.

1. Diese Linie erkennt den Herzog Georg für ihren Stammvater.

Herzog Wilhelms zu Zelle jüngster Sohn, den unter seinen sieben Brüdern das Loos traf, der Erhalter seines Geschlechts zu werden. Seine Brüder, die vor ihm regierten, erleb-
ten

ten den Abgang des mittlern braunschweigischen Hauses. Er selbst starb 1641. Von seinen vier Söhnen theilten sich, seiner Verordnung gemäß, die beyden ältrern, Christian Ludwig und Georg Wilhelm, in die Fürstenthümer Zelle und Kalenberg. Jener wohnte seitdem zu Zelle, und dieser zu Hannover. Bald wurde aber durch Christian Ludewigs unbeerbten Tod das ganze Land wieder vereinigt. 1665.

2. Das Land derselben wurde auf verschiedene Weise beträchtlich vergrößert.

Der westphälische Friede verschaffte ihm nicht nur das Kloster Walkenrieth und die Herrschaft Schauenburg, sondern auch den abwechselnden Besitz des Stiftes Osnabrück. Georg Wilhelm trat dem großen gegen Frankreich geschlossenen Bündnisse bey, und focht in verschiedenen Feldzügen. Dem Könige von Schweden nahm er die Herzogthümer Bremen und Verden weg, die er ihm aber gegen gewisse Vortheile wieder einräumte. Er nahm hierauf das durch das Aussterben seiner Herzoge erledigte Sachsenlauenburg in Besitz, und befriedigte Kursachsens Ansprüche durch eine ansehnliche Geldsumme. Im spanischen Erbfolgekriege stand er dem Hause Oestreich bey. st. 1705. 1673. 1676. 1679. 1689.

3. Ernst August verschaffte seinem Hause die Kurwürde.

Seine großen Verdienste um den Kaiser und das Reich bewirkten, daß er zum Kurfürsten erhoben wurde. Ein Erzamt erhielt er aber noch nicht. Ueberhaupt veranlaßte diese Erhebung große Streitigkeiten. st. 1698. 1692.

4. Georg Ludewig besteigt zuerst den Thron von Großbritannien.

Seine Mutter, die Tochter des Kurfürsten Friedrichs V von der Pfalz, stammte von Jacobs

XIV. Braunschweig.

1711.
1714.

I Tochter Elisabeth her, und er wurde deßwegen zum Thronerben von Großbritannien, und einige Jahre hernach zum Könige, erklärt. Er leistete im spanischen Erbfolgekriege dem Hause Oestreich wichtige Dienste. Nun wurde ihm endlich das Erzschatzmeisteramt zu Theil. Er errichtete das Oberappelationsgericht zu Zelle, vermehrte seine Erblande durch die Herzogthümer Bremen und Verden, die ihm Dänemark verkaufte, und Schweden für 1 Mill. Thaler abtrat, und suchte das Gleichgewicht von Europa durch die hannöverische Allianz aufrecht zu erhalten. st. 1728.

1710.

1715.

5. **Georg II** wurde in den siebenjährigen Krieg verwickelt.

Er behauptete das ihm streitig gemachte Erzschatzmeisteramt, gerieth mit dem König Friedrich Wilhelm I in einen gefährlichen Streit, der durch Wolfenbüttel und Gotha entschieden wurde, und half den dresdnischen Frieden befördern. Mit dem Könige Friedrich II von Preussen schloß er die westmünsterische Convention. Sein Land wurde nach der Schlacht bey Hastenbeck ganz von den Franzosen überschwemmt; Ferdinand setzte es aber wieder in Freyheit. Seine Truppen (auf 30,000 Mann) machten den grösten Theil des alliirten Heeres aus. Den Frieden erlebte er nicht. st. 1760. Seinem Andenken hat er durch die Stiftung der hohen Schule zu Göttingen, um die sich ihr erster Curator, Gerlach Adolph von Münchhausen, ein unsterbliches Verdienst erworben hat, das dauerhafteste Denkmahl gesetzt. — Wegen der Vollziehung der kaiserlichen Commißion in Meklenburg, die bereits seinem Vater übertragen worden war, erhielt er acht meklenburgische Aemter, die nun wieder eingelöset sind. Auch wurden ihm die Grafschaften Bentheim und Sternberg verpfändet, von welchen aber die letzte gleichfalls wieder eingelöset ist.

1730.
1745.
1746.
1757.

1737.

1752.

1782.

Georg

XIV. Braunschweig.

Georg II, jetziger König von Großbritannien geb. 1738 und Kurfürst von Braunschweig-Lüneburg, des vorigen Enkel, setzte den Krieg in Deutschland bis zum Frieden auf das rühmlichste fort, und bestrebt sich seitdem den Wohlstand seines deutschen Staates auf alle Weise zu befördern.

Verfassung.

a. Kurbraunschweig.

1. Die natürliche Beschaffenheit des Bodens ist größtentheils nur von mittelmäßiger Güte.

   Am fruchtbarsten sind die Gegenden an der Elbe und Weser, und die Marschländer. In den sandigen Landstrichen verbessert man den Boden durch starke Viehzucht. (Heidschnucken auf der lüneburger Heide. Große Bienenzucht.) Die Harzgegend bringt das wenigste Getreide hervor; desto reicher ist sie an Holz und Flachs. Das letztere hilft der Torf ersparen.

2. Es ist nicht hinlänglich angebaut und bevölkert.

   Man zählt 65 St. 70 Fl. über 3000 D. und überhaupt auf 100,000 contribuirende Feuerstellen. Die Anzahl der Einwohner beläuft sich auf 750,000.
   Im Bremischen hat man seit 1750 eine große Strecke Moorland urbar gemacht, die schon mit 41 Dörfern bebaut ist.

3. Die Fabricken und Manufakturen haben bereits eine hohe Stufe der Vollkommenheit erreicht.

   Leinewebereyen, Wollenmanufacturen (besonders zu Göttingen und Osterode.) Gold und Silbermanufacturen zu Zelle und Hannover.

XIV. **Braunſchweig.**

Wachsbleiche zu Haarburg — Leder, Tobacks⸗ preiſen, Glas, Gewehre, Pulver, Papier, Rauch⸗ und Schnupftoback, Seide. — Han⸗ del: mit Getreide, Vieh, Holz. Der Licent ſchränkt die Einfuhre mächtig ein.

4. **Die Auffklärung ſteigt merklich höher.**

Es giebt 750 lutheriſche Kirchen, über welche 53 Special⸗ und 7 Generalſuperintendenten die Aufſicht führen. Man duldet auch Refor⸗ mirte, Katholiken und Juden.

Zu den muſterhaften Unterweiſungsanſtalten gehören die hohe Schule zu Göttingen, die Ritterakademie zu Lüneburg, das Pädagogi⸗ um zu Ilefeld, die Gymnaſien und lateini⸗ ſchen Schulen zu Hannover, Göttingen, Zel⸗ le, Lüneburg, Stade, Verden u. a. m., und das Schulmeiſterſeminarium zu Hannover.

5. **Der Landesherr macht einen der anſehn⸗ lichſten Reichsfürſten aus.**

Er iſt achter Kurfürſt und Erzſchatzmeiſter. Im Reichsfürſtenrathe hat er 6 Stimmen. Das Land läßt er durch den geheimen Rath verwal⸗ ten. Verſchiedene Juſtizkanzleyen und Hof⸗ gerichte. Oberappellationsgericht zu Zelle. Kammerkollegium. Vier Conſiſtorien. Landſtände: Prälaten, Ritter und Städte. Zahl⸗ reicher und wohlhabender Adel. Die Auflagen ſind nicht drückend. 3 Mill. Tha⸗ ler jährlicher Einkünfte. (Die Bergwerke auf dem Harze tragen, nach Abzuge der Unkoſten, 450,000 Thaler ein.) Kriegsſtaat: 11 Regimenter zu Pferd, 16 R. zu Fuß: überhaupt 26,000 M.

b. **Braunſchweig-Wolfenbüttel.**

1. **Das fruchtbare Land iſt gut angebaut und bevölkert.**

Die

XIV. Braunschweig.

Die Gegenden an der Leine und Weser haben guten Getreideboden. Antheil an den harzischen Berg- und Salzwerken.

Man zählt 10 St. 8 Fl. 400 D. 17 Stifter und Klöster, und 185,000 Einwohner.

Es giebt allerley Wollen- und Seidenmanufacturen, Wachsbleichen, Toback und Lederfabriken. — Braunschweiger Tischer und Drechslerarbeiten. — Braunschweigische Mummie; Duchstein. — Zwey Messen zu Braunschweig.

Die lutherische Religion ist die herrschende; doch duldet man auch Katholiken und Reformirte.

Unterweisungsanstalten: Collegium carolinum zu Braunschweig. Hohe Schule zu Helmstädt. Gymnasien zu Braunschweig.

2. Der Landesherr gehört unter die ansehnlichern Reichsfürsten.

Landstände: Prälaten, Ritterschaft, Städte. Hohe Collegien: Geheimerrath, Kriegscollegium, Kammercollegium, Justizkanzley, Hofgericht.

Einkünfte?

Kriegsstaat: 5 R. zu Fuß, 1 R. Reiter, 2 Bataillions Landmiliz u. s. w.

XV.

XV. Meklenburg.

Land.

Ein großer, wasserreicher, meistentheils fruchtbarer Landstrich.

> Gränzen: die Ostsee, Lübeck, Ratzeburg, Lauenburg, Lüneburg, die Mark Brandenburg, Pommern.
> Größe: Meklenburg-Schwerin 220 Quadr. M.
> Boden: eben, mit Seen, Sandland und Waldungen untermischt.
> Flüsse: Elbe, Peene, Stör, Recknitz, Havel. Viele große Seen.

Geschichte.

A. Bis zum Herzogthume, oder bis 1348.

1. Die ältesten Einwohner dieser Gegend waren Wenden.

   > Wagrier, die nächsten Nachbarn der überelbischen Sachsen um Aldenburg; ostwärts Obotriten (Meklenburg); weiter nach Süden Polaben (Ratzeburg); diesseit derselben Lingonen und Warnaber um Warnow; sodann Wilzen; diesseit der Peene Küßiner und Circipaner um Demmin; jenseit Tollenser und Redarier (Rethra). Ihre Verfassung und Handlung. Städte.

2. Sie mußten zum Theil die Oberherrschaft der Beherrscher Deutschlands erkennen.

Karl

Kar! der Große zog, als er den Krieg mit den Sachsen geendigt hatte, einigemahl gegen die Wilzen zu Felde. Die Obotriten waren seine Bundesgenossen. Er legte zwey Festungen an der Elbe an, unter welchen sich Hochbuchi (Hamburg) befand.

Unter Kaiser Ludewig I wurde der h. Anschar Erzbischof zu Hamburg. — 834.

Ludewig der Deutsche ließ das wendische Land durch die sächsischen Herzoge verwalten, die aber wenig Ansehn behaupteten.

Heinrich I nöthigte die Obotriten sich taufen zu lassen. Unter Otto I entstand das Bißthum zu Starigard (Aldenburg), und zu Meklenburg, der Hauptstadt der Obotriten, wurde eine Kirche gebaut. — 931.

3. **Sie hatten aber eingene Fürsten, unter welchen sich besonders Gottschalk, Kruko und Heinrich auszeichneten.**

Der erstre, dem fast alle Slaven an der Ostsee gehorchten, bestrebte sich mit allem Eifer, das Christenthum einzuführen. Der aldenburgische Sprengel bekam nun noch die Bißthümer Meklenburg und Ratzeburg. Die dem Christenthume noch immer abgeneigten Wenden erregten aber einen Aufstand, und zerstörten unter andern zweymal Hamburg. Der erzbischöfliche Sitz wurde deßhalb nach Bremen verlegt.

Die Wenden wählten, statt des vertriebenen Gottschalks, den rüssischen Fürsten Kruto zu ihrem Könige, der noch weiter als Gottschalk herrschte, und den selbst Holsteiner, Stormarer und Ditmarser Tribut entrichten mußten.

Kruko wurde endlich vom Heinrich, Gottschalks Sohne, verdrängt. Dieser schwur dem sächsischen Herzoge Magnus den Eid der Treue, und, von ihm und seinem Nachfolger Lothar unterstützt, unterjochte er alle Slaven längst der Ostsee, von der Elbe bis zur Oder, und — 1105.

bis 1126

vielleicht bis nach Polen. Er wollte auch König von Dänemark werden.

4. Sie gerathen unter die Herrschaft Heinrichs des Löwen.

bis 1130

Während der Unruhen unter Heinrichs Söhnen, welche alle ohne Erben starben, ward die Ausbreitung des Christenthums gehemmt. Auch rissen sich manche Völker los. Der Kaiser Lothar erhob hierauf den Herzog Kanut von Schleswig zum Könige der Obotriten, der aber schon 1131 umkam. Wartiew und das Land der Pohlaben besaß einige Zeit hernach Gottschalks Enkel Pribislaw, und die Obotriten gehorchten dem Niclot. Unter dieser fiel der große Kreuzzug der Deutschen gegen die Obotriten und Wilzen vor, die noch immer die Nachbarn beunruhigten, und dem

1147.

Christenthume abgeneigt waren. Heinrich der Löwe, der Hauptanführer, zwang sie zu höherm Tribute, und stellte die Bißthümer wieder her. Die Wenden nöthigten ihn aber zu einem neuen Kriegszuge, in welchem Ni-

1161.

clot sein Leben einbüßte. Den Söhnen desselben räumte er nichts als den Bezirk von Werle ein; das übrige Land theilte er unter seine Feldherren. Schwerin erhob er zu einer Stadt und versahe es mit einer Besatzung, die einen Grafen zum Befehlshaber hatte. Die Wohnplätze der erschlagenen Wenden nahmen jetzt manche teutsche Colonisten ein.

5. Ein kleiner Theil derselben bekömmt an den Pribislaw wieder seinen eigenen Fürsten.

1164.

Pribislaw, Heinrichs ältester Sohn, machte einen unglücklichen Versuch, das väterliche Land wieder zu erobern. Endlich gelang es ihm aber dennoch. Der erzürnte Heinrich ließ nun seinen gefangenen Bruder Wratislav hinrichten, verband sich mit Dänemark, Brandenburg und andern, verwüstete das Land der Obotriten, und dachte sich, seit der Ueberwin-

dung

XV. Meklenburg.

dung aller Wenden, schon manchmal als einen König der Slaven.

Hierauf räumte er dem Pribislav das Land der Obotriten, bis auf den Bezirk von Schwerin, wieder ein: Der Wohlstand des Landes hob sich jetzt von neuen. Es gab verschiedene Städte, die aber noch keine deutsche Einrichtung hatten.

6. **Dessen Nachfolger mußten einige Zeit hindurch die dänische Oberherrschaft erkennen.**

Pribislav, der noch Heinrichs des Löwen Fall erlebte, starb 1180. Sein Sohn, Heinrich Borwin I, mußte das Land mit Niklot, Wratislavs Sohne theilen, weil ihn Heinrich der Löwe, sein Schwiegervater, nicht genug schützen konnte. Die wendischen Fürsten mußten die Oberherrschaft des Königes von Dänemark anerkennen. Diese hörte aber unter Heinrich Borwin II, der sich um Städte und Klöster verdient machte, wieder auf. Der Graf Heinrich von Schwerin bemächtigte sich des Königes Waldemars II von Dänemark und seines Sohnes, und bewirkte dadurch, daß dieser die Oberherrschaft über alle wendischen Länder, nur Rügen ausgenommen, aufgeben mußte. Waldemar, der den Vergleich nicht halten wollte, erlitt bey Bornhövde eine große Niederlage. — Die wendische Sprache wurde jetzt durch die deutsche verdrängt. Die Städte vermehrten sich.

1182.

1222.

1225.

1227.

7. **Heinrich Borwins II Söhne stifteten vier verschiedene Linien, von welchen aber drey wieder erloschen.**

Rostok. Urheber Heinrich Borwin II, dem Rostok sehr viel zu danken hat. Sein Sohn Waldemar gestand dieser Stadt viele Freyheiten zu, welche die Landeshoheit einschränkten. Nicolaus (das Kind) dessen Nachfolger trug sein

Land

1300. Land dem Könige Elrich VIII. von Dänemark
1314. zur Lehn auf, der nach seinem unbeerbten Tode, den größten Theil desselben sich zueignete.

Parchim. Pribislaw III Heinrich Borwins II jüngster Sohn, welcher, wegen seiner Händel mit dem Bischofe Dietrich von Schwerin, von den Geistlichen sehr verläumdet wurde. Sein
1325. Sohn Pribislaw IV schloß diese Linie.

Werle, oder Güstrow. Nicolaus IV, Heinrich Borwins zweyter Sohn, der Güstrow an einen bequemern Ort verlegte, und sich überhaupt der Städte sehr annahm. st. 1278. Seine Nachkommen theilten noch manchmal. Das Fürstenthum Rügen, welches ihnen Dänemark nach dem Abgange, der Herren, desselben verlieh, entrissen ihnen die Herzoge von Pommern. Sie dienten öfters den Kurfürsten von Brandenburg, oder standen mit ihnen in Verbindung. Ihr Land fiel an die Linie zu
1436. Meklenburg.

8. Die meklenburgische pflanzt das Geschlecht fort.

Johann Heinrich Borwins II ältester Sohn, der sogenannte Theologe, ertheilte den Städten Wismar und Lübeck große Freyheiten, und half dem deutschen Orden die Preussen unterjochen. st. 1264.

Heinrich der Pilger zog nicht allein nach Preussen, sondern auch nach Palästina, und muß-
1272-98. te in Aegypten 26 Jahr lang ein Gefangener seyn.

9. Unter den Fürsten derselben zeichnete sich besonders Heinrich der Löwe aus.

Während der Abwesenheit Heinrichs des Pilgers, entstanden über die Vormundschaft seiner Kinder große Unruhen, bis sein ältester Sohn Heinrich der Löwe die Regierung übernehmen konnte. Dieser wurde mit Wismar, das

nach

nach Unabhängigkeit strebte, in öftere Händel verwickelt. Er brachte als dänischer Statthalter die Stadt Rostock zum Gehorsam, und Dänemark belehnte ihn dafür mit dem rostockischen Gebiethe. Er gerieth mit dem Markgrafen Woldemar von Brandenburg in eine Fehde; auch wohnte er dem unglücklichen Zuge gegen die Ditmarsen bey. Wegen einer Landbebe, die er von den Geistlichen verlangte, that ihn der Bischof von Ratzeburg in den Bann. Nach dem Abgange der anhaltischen Kurfürsten von Brandenburg, bemächtigte er sich eines großen Theiles der Ukermark; er trat ihn aber für 8000 Mark Silber an den Kurfürsten Ludewig wieder ab. st. 1329. 1317.

B. **Von dem Herzogthume bis auf den Ursprung der jetzigen beyden Linien, oder von 1348 — 1652 = 304 J.**

1. Unter Heinrichs des Löwen Nachfolgern wird Meklenburg in ein Herzogthum verwandelt.

Seine Söhne, Albrecht und Johann I, stifteten die Linien zu Schwerin und Stargard. Der letztere machte sich bey dem Kaiser Karl IV so beliebt, daß derselbe nicht nur den Bezirk von Stargard, welcher bisher ein brandenburgisches Lehn gewesen war, zu einem Reichslehne erklärte, sondern auch ganz Meklenburg in ein Reichslehn und Herzogthum verwandelte. st. 1377. Seine Söhne, Johann II und Ulrich, theilten aufs neue. Ihre ganze Linie erlosch aber schon 1471. 1348.

2. Zu demselben kömmt die Grafschaft Schwerin hinzu.

Albrecht,

1443.

1357.

Albrecht, Heinrich des Löwen ältester Sohn, schloß mit dem Grafen von Schwerin einen Erbvertrag. Als nun der Graf Otto von Schwerin, dessen Tochter sein zweyter Sohn zur Gemahlin hatte, keinen Erben hinterließ, so wollte Albrecht die Grafschaft Schwerin in Besitz nehmen. Dessen Bruder, Nicolaus V, Graf von Schwerin und Tecklenburg, widersetzte sich aber, und es kam zu einer Fehde, die ein Vergleich endigte. Der Graf verkaufte dem Herzoge sein Recht für 20,000 Mark Silber, die aber nicht völlig bezahlt wurden.

3. Ein meklenburgischer Prinz wird König von Schweden.

1353.

Albrechts I zweyter Sohn gleiches Nahmens, dessen Mutter des schwedischen Königes Magnus Schmek Schwester war. Sein Vater gerieth deßwegen mit Dänemark, Pommern, Brandenburg und Lauenburg in einen Krieg, den er rühmlich endigte. st. 1379. Der König Albrecht machte sich aber bey den Schweden so verhaßt, daß er von denselben abgesetzt wurde, und er konnte, aller seiner und seiner Verwandten Bemühung ungeachtet, nicht wieder auf den Thron gelangen st. 1412. Sein

1423.

Sohn Albrecht IV hinterließ keine Erben.

4. Das Land wird nicht nur wieder vereinigt, sondern auch vermehrt.

Albrecht I hatte, außer dem König von Schweden, noch zwey Söhne, die Heinrich und Magnus hießen. Jener hinterließ einen Sohn Albrecht III, der gleich ihm die Raubschlösser zerstörte, und sein Geschlecht nicht fortpflanzte. st. 1385. Dagegen wurde Magnus I der Erhalter des Geschlechts. Unter dessen Enkeln Heinrich dem Fetten, und Johann III empörten sich die Bürger zu Rostock und Wismar wider ihre Obrigkeit. Die Kirchenversammlnng zu Basel, die sich in die Händel mischte, thut Rostock ja ganz Meklenburg in den Bann, und der Kaiser erklärt

flärte Rostock in die Reichsacht, von welcher
sie aber der Hansebund wieder befreyte. Die
Herzoge erbten hierauf das Fürstenthum Wenden, das sie dem Kaiser und Reiche zu Lehn   1436.
auftrugen. Heinrich der Fette, der seinen
kinderlosen Bruder Johann III überlebte, vereinigte, nach dem Abgange der stargardischen   1471.
Linie, ganz Meklenburg, und versetzte dennoch
viele Güter. st. 1477.

5. **Herzog Magnus II behauptet gegen Rostock
sein Ansehn sehr nachdrücklich.**

Er gerieth wegen eines Domkapitels, das er
daselbst errichtete, mit der Bürgerschaft in
weitläuftige Händel. Die Stadt widerstand   1484.
ihm und seinen Bundesgenossen, den Herzogen von Braunschweig und Pommern, tapfer;
sie mußte aber endlich nachgeben. Magnus
war überhaupt einer der größten Fürsten seines
Hauses. st. 1503.

6. **Heinrich der Friedfertige begünstigte die
Reformation und die Wissenschaften.**

Zwar wollte er nebst seinen Brüdern die augsburgische Confession nicht unterschreiben, er beförderte die Reformation aber demungeachtet
nicht wenig. Auch verbesserte er den Zustand
der 1419 gestifteten hohen Schule zu Rostock.
Ihm und seinen Brüdern verdankt auch das
Land die erste Polizeyordnung. Da er einen blödsinnigen Sohn hinterließ, so beerbte   1552.
ihn sein Bruder Albrecht.

7. **Albrecht IV nahm sich des Königs Christians II von Dännemark und Schweden nachdrücklichst an.**

Er gab sich viele Mühe, ihm wieder auf den
Thron zu helfen. Er wurde auch das Oberhaupt der Hansestädte, die jenen unterstützten, und ihn selbst mit der Hoffnung zur Krone schmeichelten. Er mußte aber Kopenha   1536.
gen

1536.

gen nach einer harten Belagerung übergeben, und dieser Krieg kostete ihm 300,000 Gulden, die ihm Karl V, Christians II Schwager, nicht wieder ersetzte. st. 1547.

7. Unter seinen Söhnen entstehen, der Theilung wegen, große Streitigkeiten.

1566.

Besonders zwischen dem Erstgebohrnen, Johann Albrecht, und seinem ältern Bruder Ulrich. Der ruppinische Machtspruch entschied endlich, daß die Einkünfte getheilt werden sollten; die Regierung aber blieb gemeinschaftlich. Ulrich, der auch Administrator des Stiftes Schwerin war, welches ihm sein Bruder Georg, ein berühmter Held seiner Zeit, entreissen wollte, hinterließ, gleich diesem und seinen andern Brüdern, keine Erben.

8. Johann Albrecht I zeichnete sich durch seinen großen Eifer für die lutherische Religion aus.

1552.

Er pflanzte unter Albrechts IV Söhnen sein Geschlecht allein fort. Zur Vertheidigung der evangelischen Religion, für die er sich öffentlich erklärt hatte, zog er nebst den Kurfürsten von Sachsen Moritz gegen den Kaiser Karl V zu Felde. Er reformirte hierauf den ganzen Kirchenstaat, und hob die meisten Klöster auf. Die Geistlichen veranlaßten zu Rostok Unruhen, in die sich Johann Albrecht mischte, und Gewalt brauchte. Der Streit dauerte bis 1563. Er stritt sich, einer neuen Policeyordnung wegen, auch mit seiner Landschaft herum. Er war übrigens ein gelehrter Fürst, der die Aufnahme der Wissenschaften in seinem Lande sehr beförderte, aber nicht gut wirthschafte. st. 1579.

9. Seine Enkel stifteten die schwerinsche und güstrowsche Linie, von welchen aber die letztere bald wieder erlosch.

XV. Meklenburg.

Johann IV, Johann Albrechts I Sohn, welcher gleichfalls mit seinen Landständen in Uneinigkeit gerieth, hinterließ zwey Söhne, die Adolph Friedrich und Johann Albrecht II hießen. Diese theilten unter mancherley Widersprüchen des Adels das Land. Johann Albrecht II, welcher Güstrow bekam, starb 1636. Sein Sohn Gustav Adolph, dem Güstrow sehr viel zu danken hat, und der unter die gelehrtesten Fürsten seiner Zeit gehörte, hinterließ keine Erben. Dieser Landesantheil fiel also wieder an die schwerinische Linie, welche Adolph Friedrich, Johanns IV ältester Sohn stiftete.

1592.
1620.
1695.

10. Sie sind in Gefahr, ihr Herzogthum zu verlieren.

Sie nahmen an den Kriegsunternehmungen des niedersächsischen Krieges Theil. Als nun derselbe vom Tilly und Wallenstein gedemüthiget worden war, so räumte der Kaiser dem letztern, um ihn für die Kriegskosten zu entschädigen, das Herzogthum Meklenburg ein. Wallenstein verlegte seine Residenz nach Güstrow, und Adolph Friedrich irrte indessen herum. Sein Bruder trieb mit Hülfe der Schweden Wallensteins Truppen aus Meklenburg heraus, und der pragische Friede söhnte die Herzoge mit dem Kaiser wieder aus. Zu diesen Widerwärtigkeiten des Krieges gesellte sich noch die Pest.

1628.
1634.
1638.

11. Unter der Regierung Adolph Friedrichs brachen die Streitigkeiten mit den Landständen schon sehr lebhaft aus.

Letztere wollten sich zu keinen Geldbeyträgen verstehen, und mancher Landtag lief daher fruchtlos ab. Auf des Herzogs Vorschlag wurde endlich ein beständiger Landausschuß gewählt. Auch entstand unter ihm das Land und Hofgericht. Im westphälischen Frieden mußte er Wismar an Schweden abtreten; dafür erhielt er

1620.
1622.

er die Bißthümer Schwerin und Ratzeburg, als Fürstenthümer, und die Commenthurey Mirow. st. 1658.

C. Seit der Stiftung der beyden jetzigen Linien, oder seit 1658.

a. Schwerin.

1. Christian Ludewig zog seinem Lande manches Unglück zu.

Er führte sich gegen seinen Vater und seine Brüder sehr unmoralisch auf, nahm, um desto eher von seiner ersten Gemahlin geschieden zu seyn, die katholische Religion an, vermählte sich hierauf mit einer französischen Prinzessin, und hielt sich seitdem meistens in Frankreich auf. Weil er Ludewigen XIV. einige Truppen gegen die vereinigten Niederlande schickte, so wurde sein Land von den Dänen und Brandenburgern verwüstet, und weil er die Festung Dömitz dem König nicht ausliefern konnte, so ließ ihn dieser gar in Verhaft nehmen. Dem ungeachtet lösete er nicht nur viele Aemter ein, sondern er sparte auch noch einen großen Schatz. st. 1692.

1672.

2. Friedrich Wilhelm stritt sich mit dem Herzoge von Strelitz, und mit seiner Ritterschaft.

Des vorigen Neffe, Herzog Friedrichs zu Grabow Sohn, dem Christian Ludewig das Fürstenthum Schwerin entzogen hatte. Nach dem Abgange der güstrowischen Linie entstand zwischen ihm und dem Herzog Friedrich Adolph von Strelitz ein Erbstreit. Er bemächtigte sich, mit Bewilligung des Kaisers, des ganzen Landes. Doch Schweden und und andere Stände des niedersächsischen Kreises nahmen sich des Herzogs von Strelitz so nachdrücklich an,

an, daß er ihm, durch den hamburgischen
Haupttheilungsvergleich, das Fürstenthum Ra- 1701.
tzeburg, die Herrschaft Stargard, die Aemter
Mirow und Nemerow u. s. w. abtreten mußte. Auch errichtete er damahls mit der Ritterschaft einen Vergleich, die Geldbeyträge
betreffend, welcher aber bald neue Streitig- st. 1713.
keiten veranlaßte. — Der nordische Krieg kostete dem Lande über 2,600,000 thlr.

3. **Karl Leopold mischte sich, zum großen
Nachtheile des Landes, in den nordischen
Krieg.**

Er vermehrte seine Truppen bis auf 16,000 M.
die der berühmte Graf von Schwerin anführte, und errichtete mit dem Könige Friedrich
Wilhelm I von Preussen ein Bündniß. Als
man Schweden durch die Belagerung von
Wismar zum Frieden nöthigen wollte, rück- 1715.
ten Dänen, Preussen und Braunschweiger
ins Land; der Herzog mußte den Dänen Rostock einräumen, und die Russen blieben auch
nach der Uebergabe von Wismar im Lande. bis 1717.
Sie sollen demselben auf 4 Mill. Thaler gekostet haben.

4. **Er gerieth mit seinen Verwandten, besonders aber mit seiner Ritterschaft, in die lebhaftesten Streitigkeien.**

Er wollte seinem jüngern Bruder Christian Ludewig nicht genug Unterhalt verschaffen.
Der Herzog von Strelitz verlangte unter andern Entschädigung wegen der russischen Ein-
quartirung. Die Ritterschaft, die Karl Leopold zu Geldbeyträgen zwingen wollte, wendete sich an den Kaiser. Dieser übertrug es
den braunschweigischen Häusern, sie zu schützen. Es rückte hierauf eine ansehnliche
braunschweigische Mannschaft ins Land. Der 1719.
Herzog verfuhr demungeachtet noch immer ge-
waltsam.

5. Er verliert darüber die Regierung.

1728.   Diese wurde seinem Bruder Christian Ludewig
        übertragen, der aber, durch ein allgemeines
        Aufgeboth des letztern genöthigt, das Land
1733.   verlassen mußte. Nun rückten aber nicht al-
        lein mehr lüneburgische, sondern auch preus-
        sische Truppen herein. Braunschweig zog
        aber endlich alle seine Mannschaft bis auf
        400 Mann aus dem Lande, und es wurden
        ihm für die Kriegskosten (1,108,611 thlr.) acht
        Aemter eingeräumt. Christian Ludewig ver-
        schaffte sich dagegen holsteinische und schwarz-
        burgische Truppen.

**6. Seine Nachfolger regieren weniger unru-
hig.**

1747.   Da Karl Leopold ohne Erben starb, so folgte
        ihm sein Bruder Christian Ludewig, welcher
        mit der Ritterschaft und Landschaft einen wich-
1755.   tigen Erbvergleich errichtete. st. 1756.
        Friedrich, ein guter Regent, der das Ungemach
        des siebenjährigen Krieges von seinem Lande
        nicht abzuwenden vermochte, stiftete, der Strei-
        tigkeiten mit Rostok wegen, die hohe Schule
1760.   zu Bützow, und erhielt im Frieden zu Teschen
1779.   das Recht der Nichtappellation, welchem von
        der Ritterschaft lebhaft widersprochen wurde.
        st. 1785.
        Friedrich Franz, jetztregierender Herzog, des
        vorigen Neffe, geb. 1756. Erbprinz Fried-
        rich Ludewig, geb. 1778.

b. Strelitz.

Der Stammvater dieser Linie war Adolph Friedrich II, Adolph Friedrichs I jüngster Sohn, der
bis zum hamburgischen Vergleiche nur die Aemter Feldberg und Strelitz besaß. Jetzt regiert
sein Enkel Adolph Friedrich IV, geb. 1738.
Seine Schwester Sophie Charlotte ist Königin von Großbritannien.

Ver-

XV. Meklenburg.

Verfassung.

1. **Der größtentheils ergiebige Boden wird zu wenig benutzt.**

   Die vorzüglichsten Producte sind: Getreide, Vieh, Holz.

   Man zählt 45 St. 3 Klöster und auf 600 adliche Güter. — Die Einwohner, die sich auf 250,000 belaufen sollen, treiben wenig Manufacturen und Handel. Hauptsächlich wird Getreide, Butter, Wolle, Toback (meistens unbereitet) und Vieh ausgeführt. Den bessern Anbau des Landes verhindert am meisten die Leibeigenschaft.

   Die lutherische Religion ist die herrschende, doch duldet man auch Reformirte und Katholiken. — Hohe Schulen zu Rostock und Bützow.

2. **Die Herzoge gehören zu den eingeschränktesten Fürsten in Deutschland.**

   Die Landstände in beyden Ländern machen ein Corpus aus, und der Adel, der erste unter den Ständen, genießt die größten Vorrechte.

   Jeder Herzog hat einen besondern Regierungsstaat. Zu Güstrow ist ein gemeinschaftliches Hof- und Landgericht.

   Einkünfte: des Herzogs von Schwerin 700,000 thl.; des Herzogs von Strelitz 300,000 thl.

   Kriegsstaat: in Schwerin 1500 M.

XVI.

XV. Holstein.

Land.

Ein beträchtlicher, niedrigliegender Landstrich.
  Gränzen: die Nordsee, Hamburg, die Elbe, Lauenburg, Lübeck, die Ostsee und die Eyder.
  Größe: 173 Quadr. M.
  Boden: in der Mitte Heideland, im Westen und Süden Marschland, durch Dämme verwahrt.
  Flüsse: Eyder (neuer Kanal) Trave, Stör. Viele Seen.
  Länder: Herzogthum Holstein, Herrschaft Pinneberg, und die Stadt Altona.

Geschichte.

A. Bis auf das Haus Oldenburg, oder — 1459.

1. Die ältesten Einwohner dieses Landes waren Sachsen.

Im Mittelalter wurde es Nordalbingien genennt. Karl der Große, der auch die nordalbingischen Sachsen, die den Albion zu ihrem Anführer hatten, bezwang, baute Hochbuchi, das er einem Grafen anvertraute. Der Friede, den er mit dem jütländischen Könige Hemming schloß, machte die Eyder zum Gränzflusse Deutschlands. Die sächsischen Herzoge ließen dieses Land durch Grafen verwalten, welche die Einfälle der Normänner nicht zurückhalten konnten.

808.

810.

2. Es

2. Es bekömmt seinen eignen Grafen aus dem schauenburgischen Hause.

Der Kaiser Lothar verlieh dem Grafen Adolph von Schauenburg, dessen Ahnherr ein jedler Herr von Sandersleben war, die Grafschaften Holstein und Stormarn. Sein Nachfolger Adolph II ward, als Heinrich des Großmüthigen Lehnsmann, von Albrechten dem Bären vertrieben, von jenem aber bald wieder eingesetzt. Er jagte hierauf den wendischen Fürsten Pribislaw, der indessen im Holsteinischen manches erobert hatte, aus Wagrien, und bevölkerte die durch den Krieg verwüsteten Gegenden durch Niederländer und Westphälinger. Er baute auch Lübeck, aber an einem andern Orte wieder auf. Dieses zog die Handlung von Bardewik an sich; auch schadeten Adolphs Salzwerke zu Oldesloh den Lüneburgischen. Heinrich war hierüber eifersüchtig, und Adolph mußte ihm Lübeck abtreten. Er starb auf einem Zuge gegen die Wenden. 1113. 1138. 1140. 1158.

3. Er befand sich einige Zeit hindurch unter der Herrschaft der Dänen.

Adolph III focht für Heinrichen den Löwen in Westphalen, verneineigte sich aber mit demselben, so daß ihm dieser Holstein wegnahm, das ihm aber der Kaiser, nebst den andern Einkünften von Lübeck wieder einräumte. Als hierauf Adolph den Kaiser nach Palästina begleitete, nahm ihm Heinrich sowohl Holstein als Lübeck weg. Adolph eroberte es aber nicht nur wieder, sondern er bemächtigte sich auch der Grafschaft Stade, mit welcher ihn der Erzbischof von Bremen belieh. Er gerieth hierauf mit Dänemark in Krieg, und in die Gefangenschaft. Während der Zeit besezten die Dänen das ganze Land. Graf Heinrich von Schwerin endigte jedoch ihre Herrschaft, und Adolph III war in dem Treffen bey Bornhövde Oberanführer. 1180. 1189. 1192. 1201. 1227.

Hamburg, welches Dänemark seinem Statthalter dem Grafen Albrecht von Orlamünde überlassen hatte, verkaufte bey dieser Gelegenheit seine Freyheit.

4. Es bekam zwey regierende Fürsten.

1238.
Adolph IV, welcher den Städten Itzehoe, Kiel, Aldenburg und Ploee lübeckische Freyheiten verlieh, wollte, in Verbindung mit Dänemark, Lübeck bezwingen; er mußte aber dem Ausspruche des Kaisers zufolge, seine Ansprüche verkaufen.

1243.
Johann I und Gerhard I theilten das Land. Jener erhielt Waarien und Kiel, und dieser Holstein und Stormarn. Die Nachkommenschaft Johanns erlosch zuerst. Seine Söhne waren mit den Ditmarsen und mit Lübeck in Fehden verwickelt. Auch machten sie sich durch drückende Auflagen bey ihren Unterthanen so verhaßt, daß sich diese manchmal sehr unruhig bezeigten. Johann der Freygebige verkaufte Travemünde an Lübeck, und beförderte übrigens den Handel, besonders zu Kiel. An den dänischen Staatsveränderungen dieser Zeit nahm er großen Antheil. Sein Sohn Adolph VII hinterließ keine Erben.

1390.

5. Unter diesen machte sich besonders Gerhard der Große berühmt.

Die Söhne Gerhards I, des Stifters der holsteinischen Linie, theilten abermahls. Auch diese hatten meistens mit Lübeck und den Ditmarsen zu kämpfen. Johann, Gerhards I Enkel, wurde der Ahnherr der Grafen von Schauenburg und Pinneberg. Ein anderer Enkel desselben war Gerhard der Große. Auch dieser that einen Feldzug gegen die Ditmarsen, und er brachte sie zuletzt zu einer Verzweiflung, welche für sein Heer die traurigsten Folgen hatte. (Es wurden 12 Fürsten und Grafen, und 2000 andere getödtet.) Er stand hierauf seinem Neffen, dem Herzoge Waldemar

1319.
1329.

demar von Schleswig, wider den König Christoph von Dänemark bey, und als jener mit Hülfe desselben den Thron bestieg, trat er ihm Schleswig ab. Gerhard räumte dasselbe dem König Christoph wieder ein. Da dieser aber aufs neue Krieg mit ihm anfieng, und von ihm gefangen wurde, so mußte er ihm ganz Jütland abtreten.

6. **Seine Söhne nahmen besonders an Dänemarks Schicksalen lebhaften Antheil.**

Gerhard wurde in Jütland ermordet. Seine Söhne Heinrich II (der Eiserne) und Nicolaus rächten seinen Tod nachdrücklich. Vergebens suchte man ihnen ihre Eroberungen in Dänemark zu entreissen, und der König Woldemar III mußte Heinrichen für Seeland 8000 Mark Silber bezahlen. Heinrich focht auch gegen Lübeck, gegen die Finnen, und wohnte der Schlacht bey Crecy bey. Seine Schwester sollte des Königes Hakon von Norwegen Gemahlin werden. Waldemars III Tochter Margarethe kam ihr aber zuvor. Die Schweden trugen hierauf Heinrichen ihre Krone an, und dieser empfahl ihnen den meklenburgischen Prinzen Albrecht. - st. 1381. 1340. 1361.

7. **Dieser verschaffte ihnen den Besitz von Schleswig.**

Nicolaus bewirkte, daß die Königin Margarethe seinen Bruderssohn Gerhard mit dem Herzogthume Schleswig belieh, und die Grafen von Schauenburg überließen ihnen Wagrien. Er starb ohne Erben. Gerhard, der Schleswig und Holstein vereinigte, blieb auf einem Feldzuge gegen die Ditmarsen. Er hinterließ drey unmündige Söhne. Diesen wollte der König Erich von Dänemark Schleswig wieder entreissen. Ihr Vormund, der Graf Heinrich von Schauenburg, that ihm tapfern Widerstand. Endlich that der Kaiser Sigmund den Ausspruch, daß die Grafen Schleswig wieder 1386. 1390. 1400. 1404. 1413. 1424.

XVI. Holstein.

1427.

der herausgeben sollten. Nun wendete sich Heinrich, der älteste, an den Pabst. Er starb bey der Belagerung von Flensburg. Die Hansestädte, die ihn unterstützt hatten, rüsteten für seine Brüder eine Flotte von 260 Schiffen aus, die Kopenhagen belagerte. Eben diese vermittelten endlich einen Vergleich, und und Adolph, der seinen Bruder überlebte, behielt Schleswig. Die Dänen wollten ihn nach

1240.
1448.

Christophs Tode zum Könige wählen; er schlug ihnen aber seinen Schwestersohn, den Grafen Christian von Oldenburg, vor, der überhaupt sein Nachfolger wurde. st. 1459.

B. Unter der Herrschaft des oldenburgischen Hauses, seit 1459.

a. Königliche Linie.

1. Graf Christian von Oldenburg erbt nicht allein Holstein, sondern besteigt auch den dänischen Thron.

Die Grafen von Oldenburg stammten von den rüstringischen Grafen her, die sich in die oldenburgische und delmenhorstische Linie theilten. Dietrich der Glückliche, der das ganze Land wieder vereinigte, hatte die Schwester des Grafen Adolphs des VIII. zur Gemahlin. Sein zweyter Sohn Gerhard pflanzte den oldenburgischen Stamm fort. Den ältesten, Christian, wählten die schleswigischen und holsteinischen Stände zum Herzoge von Schleswig und Grafen von Holstein, und der Graf Otto von Schauenburg, der nächste Verwandte, ward durch eine Geldsumme befriedigt.

1460.

2. Holstein wird zu einem Herzogthume, erhoben.

Der

XVI. Holstein. 219

Der Kaiser Friedrich III schenkte dem Christian nicht nur Ditmarsen, sondern ernennte ihn auch zum Herzoge von Stormarn, Holstein und Ditmarsen. st. 1481.
Der König Johann I und sein Bruder der Herzog Friedrich theilten Schleswig und Holstein. Die Schenkung Ditmarsens war vom Kaiser wiederrufen worden, weil dieses Land unter dem Erzbißthume Bremen stand. Johann und Friedrich versuchten es aber dennoch, sich desselben zu bemächtigen; allein die Ditmarsen, welche die Lage ihres Landes zu benutzen mußten, brachten ihm eine große Niederlage bey, in welcher zwey Grafen von Oldenburg, 60 holsteinische Edelleute, und überhaupt auf 4000 M. getödtet wurden. Johann st. 1513. 1497.

3. **Friedrich wird an die Stelle seines Neffen zum Könige gewählt.**

König Christian II, unter dem Holstein ein unmittelbares Reichslehn wurde, bewirkte durch seine Grausamkeit, daß er sowohl in Schweden als in Dänemark abgesetzt wurde. Die Dänen übertrugen nun Christians I jüngerm Sohne, Friedrich I, die Krone. Lübeck unterstützte ihn mit 1200 M. und mit 18 Schiffen, mit welchen er Kopenhagen einschloß, und zur Uebergabe nöthigte. Während der Zeit beförderte sein Sohn Christian, als Statthalter von Schleswig und Holstein, die Reformation. Er selbst trat zum schmalkaldischen Bunde. st. 1533. 1523. 1528.

4. **Christian III fand in Dänemark vielen Widerstand.**

Er theilte die Herzogthümer mit seinen Brüdern, Johann dem Aeltern und Adolphen. Die Lübecker, welche Friedrich beleidigte, indem er die Holländer begünstigte, machten, von zwey Bürgermeistern angetrieben, den Entwurf, dem Könige Christian II wieder auf den Thron zu helfen. Der Oberanführer ihrer 1544.

rer Mannschaft, der Graf Christoph von Oldenburg, bemächtigte sich der Stadt Kopenhagen. Die Dänen wählten aber nun Christian II zu ihrem Könige. Sein großer Feldherr Johann Ranzow nahm dem Grafen Christoph alle Eroberungen wieder ab, und die Lübecker sahen sich genöthigt, zu Hamburg Friede zu machen. Christian III starb 1559.

1536.

5. König Friedrich II erobert Ditmarsen, und streitet sich mit Hamburg.

1559. Das erstere that er in Verbindung mit den Herzogen von Holstein, und der tapfere Ranzow war Oberfeldherr.

1573. Hamburg, welches durch seinen blühenden Handel reich geworden war, versagte schon dem Könige Christian I die Huldigung, und versprach ihm weiter nichts, als Ergebenheit. Auch der König Johann konnte weiter nichts erlangen. Friedrich II erpreßte aber wenigstens eine Tonne Goldes. st. 1588.

6. König Christian IV erndete im dreißigjährigen Kriege wenig Ehre ein.

1625.
1626. Er ließ sich von den Ständen des niedersächsischen Kreises als Herzog von Holstein zum Kreisobersten wählen. Zu Hameln stürzte er vom Walle. Sein Bundesgenoß, der Graf von Mansfeld, erlitt bey der dessauer Brücke eine Niederlage, und Lüneburg schlug sich zur kaiserlichen Parthey. Nun folgte die Schlacht bey Königslutter. Wallenstein und Tilly drangen in Holstein und Jütland ein, und Christian mußte im Frieden zu Lübeck versprechen, daß er sich nicht weiter in die deutschen Angelegenheiten mischen wollte.

1629.

7. Auch gerieth er mit Hamburg in Streit.

1603. Dieses hatte ihm nach manchem Widerspruche gehuldigt. Der vom Kaiser verwilligte Elbzoll

XVI. Holstein.

zoll veranlaßte aber neue Uneinigkeit. Es erfolgte zwischen der königlichen und hamburgischen Flotte ein Treffen, das zum Nachtheile der letztern ausschlug. Hamburg erhielt hierauf, des dänischen Widerspruches ungeachtet, einen Sitz auf dem Reichstage. Endlich kam es wieder zum Vergleiche. Der glückstädter Elbzoll wurde abgeschafft, und die Stadt mußte 100,000 Thaler bezahlen. — Christian IV schäffte übrigens, indem er das Erstgeburthsrecht einführte, das vermeinte Wahlrecht der schleswigschen und holsteinschen Stände ab. Er nahm, als der letzte Graf von Schauenburg starb, die Herrschaft Pinneberg in Besitz, die er mit dem Herzoge von Holstein-Gottorp sehr ungleich theilte. st. 1648. 1640. 1643. 1608.

8. **Es herrschten zwischen dem königlichen und herzoglichen Hause lebhafte Streitigkeiten.**

Als König Friedrich III mit dem schwedischen Karl Gustav in Krieg gerieth, so rückte dieser durch Holstein gegen Dänemark an, und Itzehoe ward bey der Gelegenheit in einen Steinhaufen verwandelt. Im roeschildischen Frieden bedung Karl Gustav seinem Schwiegervater, dem Herzoge Friedrich III von Holstein-Gottorp die Unabhängigkeit aus. König Christian V nöthigte durch den rendsburger Vergleich den Herzog Christian Albrecht, derselben zu entsagen, und nahm, als er demselben widersprach, sein ganzes Land in Besitz. Der Friede stellte zwar alles wieder her, aber die fortdauernde Union gab sehr bald zu neuen Händeln Gelegenheit, die durch den Vergleich zu Altona auf einige Zeit wieder gehoben wurden. Christian V rückte auch zweymal vor Hamburg. Das erstemal erpreßte er 220,000 thlr. Das zweytemal wurden die Dänen von der Sternschanze zurückgeschlagen, und 1658. 1675. 1684. 1679.

1686.	und die benachbarten Fürsten vermittelten einen Vergleich.

9. **Diese gaben zum nordischen Kriege die erste Veranlassung.**

st. 1699. 1700.	Der junge Herzog von Holstein-Gottorp Friedrich VI, Karls XII Schwager, nahm 500 Schweden ins Land, und baute verschiedene Schanzen. Christians V Nachfolger, der König Friedrich VI, besetzte hierauf das ganze Land des Herzogs, ließ die Schanzen niederreissen, und belagerte Tönningen, welches aber Schweden, Lüneburger und Holländer entsetzten. Der
1701.	traventhaler Friede unterbrach diese Streitigkeiten nur auf kurze Zeit, und Holstein empfand noch manchmal das Ungemach des nord-
1712.	heimischen Krieges. Der schwedische Feldherr Steubock besetzte Rostock, schlug die Dänen bey Gadebusch (die 6000 Mann verloh-
1714.	ren) und berennte die Stadt Altona. Russen, Dänen und Sachsen nöthigten ihn, sich mit seinem Heere zu ergeben. Tönningen wurde erobert und geschleift, und die Dänen
1714.	bemächtigten sich aller Länder des Herzogs von Holstein. Sie und ihre Bundesgenossen schleif-
1716.	ten auch Wismar. Dänemark behielt im Frie-
1710.	den den holsteinischen Antheil an Schleswig, den Frankreich und Großbritannien ihm gewährten, und den der Kaiser dem Herzoge nicht wieder verschaffen konnte.

10. **Dänemark entsagt der Oberherrschaft über Hamburg.**

1727.	König Friedrich IV untersagte der Stadt Hamburg alle Handlung in seinen Staaten, und legte zu Altona ein Handlungscomtoir an. Nach mancherley Händeln kam es unter dem
1736.	König Christian VI zum Vergleiche, den Hamburg mit 500,000 Mark erkaufen mußte. Sowohl Dänemark als Gottorp hatten von derselben vieles Geld geliehen, und ihr einen Theil ihres Gebiethes versetzt. Dieß bahnte zum

gottorpischen Vergleiche den Weg, der den dänischen und holsteinischen Ansprüchen auf Hamburg ein Ende machte. 1765.

11. Endlich wird ganz Holstein unter der dänischen Herrschaft vereinigt.

Dänemark überließ die Grafschaften Oldenburg und Delmenhorst an den Großfürsten von Rußland, und bekam dafür den herzoglichen Antheil von Holstein. 1773.

b. Herzogliche Linie.

A. Holstein-Sonderburg.

König Christian III theilte die Herzogthümer mit seinen Brüdern, Johann den ältern und Adolphen. Eben dieses that sein Nachfolger Friedrich II in Ansehung Ditmarsens. Des letztern zweyter Bruder, Johann der jüngere, erhielt auch ein Drittel der königlichen Hälfte, und war der Stammvater der sonderburgischen Linie, die sich unter seinen Söhnen in vier Linien trennte. Die beyden ersten von demselben, Sonderburg und Norburg haben wiederaufgehört. Die Linie zu Ploen hatte auf die erledigten Grafschaften Oldenburg und Delmenhorst das größte Recht; Dänemark nahm sie aber in Besitz, und brachte es endlich durch einen Vergleich dahin, daß ihm Ploen alle seine Ansprüche abtrat. Das Land dieser Linie fiel, vermöge eines 1736 geschlossenen Erbvertrages, nach dem Tode des letzten Herzogs Johann Friedrich, an Dänemark. 1667. 1676. 1761.

B. Holstein-Gottorp.

1. Die Fürsten dieses Hauses machten sich unter andern um die Wissenschaften verdient.

Stifter derselben der König Friedrich I. Seine Söhne, König Friedrich II und der Herzog Adolph

Adolph, theilten abermahls, und letzterer pflanzte den gottorpischen Stamm fort. Er war besonders an der Unterjochung der Ditmarsen
Ursache, die er allein durchsetzen wollte, und
von deren Land er ein Drittel bekam. st. 1586.
Johann Adolph hatte viele Neigung für die
reformirte Religion, und legte eine berühmte Büchersammlung zu Gottorp an. Friedrich
III bewies sich gleichfalls als einen Gönner der
Wissenschaften. Er nahm die aus Holland
geflüchten Arminianer auf, und es entstand
1621. durch dieselben Friedrichsstadt.

2. Sie gerathen, der Unabhängigkeit wegen,
mit der königlichen Linie in lebhafte Streitigkeiten.

Eine reiche Quelle derselben war die sogenannte
Union und Communion, die noch auf mancherley Art vergrößert wurde. Friedrich III
mußte im dreyßigjährigen Kriege des Kaisers
Parthey ergreifen, und dem Kriegsvolke dessel-
1627. ben seine besten Oerter einräumen. Eben belagerte Christian IV Gottorp, als man zu Lü-
1632. beck Friede machte. Seine Tochter vermählte sich hierauf mit dem Könige Karl Gustav
1658. von Schweden, und dieser verschaffte ihm im
rothschildischen Frieden die Unabhängigkeit.
Er hielt es auch im folgenden Kriege mit dem
Könige von Schweden. Die Kaiserlichen, die
Polen und die Brandenburger mißhandelten
sein Land, besetzten Gottorp und schlossen ihn
1659. in Tönningen ein. Während der Zeit starb
er. (Er hatte einen großen Handelsentwurf
gemacht, und er schickte deßwegen einen Ge-
1660. sandten nach Persien.)

3. Diese kamen, besonders unter den Herzogen
Christian Albrecht und Friedrich IV, zum
Ausbruche.

Jener erhielt durch den kopenhagner Frieden die
Bestätigung der Unabhängigkeit. Bald gerieth
er

XVI. Holstein.

er aber, wegen des Bißthumes zu Lübeck, welches sechs gottorpische Prinzen nach einander besessen hatten, mit Dänemark aufs neue in Streit. (S. 222) st. 1694. (Er stiftete 1665 die hohe Schule zu Kiel.) Sein Nachfolger Friedrich IV brachte Dänemark, durch seine Verbindung mit Schweden, dergestalt auf, daß es sein ganzes Land besetzte. Er blieb in der Schlacht bey Clissow.   1702.

5. Das herzogliche Haus bekömmt, statt seines Antheils an dem Herzogthume Holstein, die Grafschaften Oldenburg und Delmenhorst.

Dem Nachfolger Friedrichs VI, Karl Friedrich, wurde Schleswig entrissen. Peter der Große   1720. gab ihm seine Tochter Anne zur Gemahlin, mit welcher er den nachmaligen Kaiser Peter III zeugte. Dieser machte die lebhaftesten Anstalten, Schleswig wieder zu erobern; sein   1762. Tod verhinderte ihn aber an der Ausführung. Sein Sohn, der jetzige Großfürst von Ruß-   1773. land, trat die eingetauschten Grafschaften Oldenburg und Delmenhorst an die bisher unversorgte Linie des gottorpischen Hauses, und zwar an den Fürst-Bischof Friedrich August von Lübeck, ab. Der Kaiser erhob Oldenburg zum Herzogthume, und dieses bekam nun statt Holstein-Gottorps Sitz und Stimme auf dem Reichstage.——Friedrich Augusts ältrer Bruder, der Herzog Adolph Friedrich, ward König von Schweden.   1743.

Verfassung.

1. Das Land gehört unter die fruchtbarsten und angebautesten Landstriche Deutschlands. Producte: Weitzen, Gerste, Bohnen, Erbsen, Rübsaamen. Vortreffliche Rindvieh- und Pferdezucht. Torf. Fische. Salzwerk zu Oldeslob.

Man zählt 14 St. 18 Fl. und auf 312,000 Einwohner. Der holsteinische Adel macht mit dem schleswigschen einen Körper aus. Die Bauern der Edelleute sind meistens Leibeigene.

Die lutherische ist die Hauptreligion; doch duldet man auch Reformirte, Katholiken, Mennoniten und Juden. Hohe Schule zu Kiel. Gymnasium zu Altona.

Manufacturen und Fabriken zu Altona und Glückstadt, die, nebst Kiel, den größten inländischen Handel treiben. Hamburg und Lübeck versorgen aber Holstein mehr, als geschehen sollte.

2. Der König von Dänemark hat wegen Holsteins Sitz und Stimme im Reichsfürstenrathe.

Er unterhält einen Regierungsstaat, an dessen Spitze sich ein Statthalter befindet. Von dem dänischen Heere liegen einige Regimenter in Holstein, und das Land muß 1350 M. stellen.

XVII. Einige der vornehmsten Fürsten und Grafen.

Nassau.

In der Wetterau; 12 M. lang und 7 breit. Größtentheils bergig und waldig. Schöne Weide auf dem Westerwalde.

Der Stammvater dieses Hauses ist Otto, Herr zu Laurenburg, Kaiser Konrads I Bruder. Seine Nachkommen besaßen Geldern und Zütphen, und entlehnten ihren Nahmen von der neuerbauten Burg Nassau. Sie trennten sich um die Mitte des 13ten

1181.

Ih. in zwey Linien, die Walram und Otto stifte- **1256.**
ten. Des erstern Sohn Adolph wurde römischer
König. Die folgenden Grafen vermehrten und theilten wie gewöhnlich ihr Land. Schon Kaiser Karl
IV erhob die Herren der walramischen Linie zu
gefürsteten Grafen; sie bedienten sich aber dieses **1365.**
Titels nicht. Endlich bestätigte ihnen Kaiser Leo- **1688.**
pold die fürstliche Würde von neuen. Sie theilten sich in die Linien von Usingen, Saarbrück
und Weilburg. Auch die ottonische Nachkommenschaft trennte sich wieder in verschiedene Zwei-
ge, welche aber die zu Oranien-Dietz sämtlich über-
lebt hat. Diese besitzt die Erbstatthalterwürde der
vereinigten Niederlande.
Man rechnet 130,000 Einwohner. Nassau-Diez hat
zwey Stimmen im Fürstenrathe; die übrigen Fürsten gehören aber zum wetteraulischen Reichsgra-
fencollegium. Die Einkünfte von Dietz betragen
auf 240,000, Weilburg 100,000, Saarbrück und
Usingen 120-130,000 Thaler. Die Einwohner
sind meistens lutherisch. Gute Strumpffabriken
zu Usingen. Warme Bäder zu Wisbaden.

Lippe.

In Westphalen sehr bergig. 30 Quadr. M. 76000
Einwohner. 5 St. 4 Fl. 130 Bauerschaften. Vorzüglich reformirte Einwohner; sodann auch Lutheraner. Ein Graf dieses Hauses, Nahmens Bernhard, kömmt schon zu Kaiser Lothars Zeiten vor.
Simon VI verordnete seinen ältesten Sohn zum
regierenden Herrn, und setzte den beyden übrigen
gewisse Aemter und Güter aus. Diese bildeten **1597.**
die Linien zu Detmold, Brake und Schauenburg,
von welchen die mittlere 1709 erloschen ist. Nebenlinien von der detmoldischen sind: Bisterfeld
und Wittenfeld, und von der schauenburgischen
Alverdissen. Zu Detmold ist eine Regierungs-
kanzley, ein Hofgericht, ein Consistorium u. s. w.;
zu Lemgo ein Gymnasium.

Johanniter-Meisterthum oder Fürstenthum Heitersheim.

Der Großprior und oberste Meister ist seit Karls V Zeiten ein Reichsfürst.

Waldeck.

Zwischen Paderborn, Hessen und Herzogthum Westphalen. 6 M. lang und 5 breit. — Die Herren stammen von den Grafen von Schwalenberg ab. Sie theilten sich vorzüglich in die eisenbergische und wildungische Linie. Jene wurde 1682 in den Reichsfürstenstand erhoben, und erhielt auch Sitz und Stimme. Der neue Fürst Georg Friedrich hinterließ aber keine Erben. Hierauf gelangte Friedrich Anton Ulrich von der wildungischen Linie zur fürstlichen Würde, aber nicht zum Sitze im Reichsfürstenrathe. Die Grafschaft, die vor verschiedenen fürstenthümern den Vorzug hat, liefert besonders Getreide, Vieh, Holz, Eisen, Bley, Kupfer, Gold, Marmor, Alabaster. Sie enthält auch mineralische Quellen. 13 St. 1 Fl. Die Einwohner, meistens Lutheraner, verfertigen wollne Tücher und Zeuge. Der Fürst hat über 100,000 thlr. Einkünfte, und unterhält 5 Compagnien Soldaten.

Solms.

In der Wetterau. Die Herren stammen von Verwandten des nassauischen Hauses her. Es regieren gegenwärtig vier Fürsten, zu Hohensolms, Braunfels, Rödelheim und Laubach. Zu ihren Besitzungen gehört die eigentliche Grafschaft Solms, auf beyden Seiten der Lahn, und ein Theil der Herrschaft Münzenberg.

Oberysenburg.

Größtentheils in der Wetterau. Ein fruchtbarer Landstrich. Die Herren derselben theilen sich jetzt in in 2 Hauptlinie. 1) Offenbach-Birstein, (Nebenlinie Philippseich) die seit 1744 in den Reichsfürstenstand erhoben ist, und 2) Büdingen, die drey regierende Herren hat.

Witgenstein.

Zwischen Hessen, Nassau und Herzogthum Westphalen. 4 1/2 Meile lang, höchstens 3 breit; zum Theil sehr bergig. An der Lahn und Eder. Linien: Sayn-Witgenstein zu Witgenstein, und Sayn-Witgenstein zu Berleburg. 50,000 thlr. Einkünfte.

Oettingen.

In Schwaben. 6 Meilen lang, 4 breit. An der Donau. Die Grafen besaßen im 14ten Jh. einen Theil von Unterelsas, und nennten sich daher Landgrafen von Elsas. Die Söhne Friedrichs IV, der die gantze Grafschaft besas, bildeten die Linien zu Oettingen, Flochberg und Wallerstein. um 1429 Die erstere, welche die beyden andern überlebte, trennte sich wieder in die öttingische und wallersteinische. Jene, die sich zur evangelischen Religion bekennte, und 1674 die reichsfürstliche Würde erhielt, erlosch 1731; die wallersteinische, welche katholisch blieb, theilte sich in die spielbergische, wallersteinische und balderische, von welchen die beyden erstern 1734 und 1774 die fürstliche Würde erlangt haben. Jeder Fürst hat seinen Regierungsstaat; zu Oettingen ist ein gemeinschaftliches Consistorium. Die Einwohner sind theils Katholiken, theils Lutheraner.

Meisterthum Mergentheim des deutschen Ordens.

Dieses entstand um 1190, und bezwang seit 1226 Preussen, das er 1525 aber wieder verlohr. Der Hoch-

Hochmeister oder Deutschmeister (jetzt der Erzherzog Maximilian zu Oestreich) ist der erste geistliche Reichsfürst nach den Erzbischöfen, und seine Einkünfte betragen etwa 100,000 thlr. Die zerstreut liegenden Herrschaften und Güter des deutschen Ordens sind sehr beträchtlich. Sie bestehen aus dem Meisterthume zu Mergentheim und 12 Balleyen. Diese sind Elsas, Oestreich, Coblentz, Etsch, die noch zum preussischen Gebiethe gerechnet werden; ferner Franken, Altenbiesen, Westphalen, Lothringen, Hessen, Sachsen, Thüringen, Utrecht, die zum deutschen Gebiethe gehören. Diese Balleyen werden durch Landcommenthuren regiert, die nebst den Rathsgebiethigern das Capitel ausmachen. Die Balleyen sind in Commenthureyen eingetheilt. Die Ritter in Hessen, Sachsen und Thüringen bekennen sich zur evangelischen Religion.

Hohenloh.

Zwischen Mergentheim, Wirzburg, Anspach, Würtemberg u. s. w. Höchstens 5 3/4 Meilen lang und 6 1/2 breit. Abwechselnder Boden. Salzwerke und Gesundbrunnen. Flüsse: Kocher, Jagst, Tauber. Das Haus stammt am wahrscheinlichsten von dem fränkischen Herzoge Eberhard, Kaiser Konrads I Bruder, ab. Georgs Söhne stifteten die neensteinische und waldenburgische Linie. Jene trennte sich in die Linien zu Neenstein oder Oeringen, ingleichen Langenburg, Ingelfingen und Kirchberg; und diese in die Linie zu Gartenstein und Schillingsfürst. Alle diese Linien besitzen nunmehr die fürstliche Würde. Es gehört ihnen nicht nur die Grafschaft Hohenloh, sondern auch die Grafschaft Obergleichen in Thüringen. Jene enthält 10 St. 3 Fl. und 12 Schlösser. Die Einwohner sind theils Katholiken, theils Lutheraner. Zu Oeringen ist ein Gymnasium.

st. 1551.

Schwarzburg.

In das obere und untere getrennt. Ein schöner und fruchtbarer Landstrich, (goldene Aue) der Getreide, de, Wein, Holz und Mineralien liefert. Flüsse: Schwarze, Ilm, Gera, Saale, Helme, Wipper. Salzwerk zu Frankenhausen. 12 St., 2 gemeinschaftliche, und auf 100,000 Einwohner. Die Grafen von Schwarzburg und von Käfernburg sind einerley Ursprunges. Diese starben 1385 aus; jene theilten sich 1552 in die jetzigen beyden Linien, die Joh. Günther I zu Arnstadt (hernach Sondershausen) und Anton Albrecht I zu Rudelstadt stifteten. Des erstern Enkel theilten sich in die arnstädtische, und sondershäusische Linie, von welchen die erstere wieder erloschen ist. Diese wurde 1697 in den Reichsfürstenstand erhoben, erhielt aber erst 1754 Sitz und Stimme im Reichsfürstenrathe. Eben dieses war bey der rudelstädtischen Linie der Fall, welche 1710 zur fürstlichen Würde gelangte. Der Kurfürst und die Herzoge von Sachsen sind Lehnsherren. Jeder Fürst unterhält einen doppelten Regierungsstaat.

Stollberg.

Am Harze, in Thüringen. Reich an Holz und Mineralien. Graf Heinrich des Aeltern Söhne, Ludewig Georg und Christoph, bildeten zwey Linien, von welchen aber die erste bereits mit den Enkeln ausstarb. Die zweyte theilte sich in die werningerobische und gedersche, die 1742 in den Reichsfürstenstand erhoben worden ist. Die stollbergische trennte sich in die eigentlich stollbergische und in die roßlaische. Zu den Besitzungen derselben gehört 1) die eigentliche Grafschaft Stollberg, 2) ein Theil von der Grafschaft Hohenstein, und 3) die Grafschaft Werningerode, die 80,000 thl. einbringt. Die Einwohner sind lutherisch.

st. 1572.

Die Fürsten und Grafen Reussen.

An der Saale und Elster. Ein bergiger und waldiger Landstrich. — Für den Stammvater dieses Hauses hält man einen Grafen Heinrich von Glitzberg

berg in Heſſen, dem der König Heinrich IV eine Voigtey im Oſterlande ertheilt haben ſoll. Sein Sohn Heinrich II baute Weyda, und hieß daher edler Voigt von Weyda. Heinrich III, der das ganze Voigtland beſaß, theilte es unter ſeine vier Söhne; von den durch dieſelben geſtifteten Linien däuckte aber nur die plauiſche fort, welche die Enkel ihres Stifters in die ältere und jüngere abſonderten.

1502. Jene, die das Burggrafthum Meißen, und die fürſtliche Würde beſaß, iſt wieder erloſchen; dieſe, die reußplauiſche, ſtiftete Heinrich der Jüngere, der Reuſſe. Seine drey Söhne bildeten die ältere mittlere und jüngere Linie. Die mittlere erloſch 1616; die ältere zu Greitz hat 1778 die fürſtliche Würde erhalten; die jüngere hat ſich wieder in die Linien zu Gera, Schleitz und Lobenſtein getheilt. Die Herren, lauter Heinriche, unterſcheiden ſich durch Zahlen, die bis auf hundert gehen. Ihre Herrſchaften, nur ein Theil des ehemaligen Voigtlandes, enthalten 9 St. 3 Fl. 211 D. Lutheriſche Religion. Gymnaſium. — Manufacturen, Fabriken zu Gera.

Schönburg.

1573. Zwiſchen Meißen und dem Altenburgiſchen, an der Mulde. Ein fruchtbarer, an Eiſen und Steinen reicher Landſtrich. — Alban, aus der jenſeit des Rheines gelegenen Gegend gebürtig, ſoll vom Kaiſer Otto I zum Grafen wider die Sorben verordnet worden, und der Stammvater dieſes Hauſes ſeyn. Dieſes theilt ſich jetzt in die beyden Hauptlinien zu Waldenburg und Penig, die ſeit 1700 die reichsgräfliche Würde beſitzen. Jene theilt ſich in die beyden Linien zu Hartenſtein und Stein oder Rußdorf, und dieſe in die Aeſte zu Wechſelburg und Penig ab. Die denſelben gehörige Herrſchaften enthalten 74 St. und 129 D. Sie ſind theils Kurſächſiſches, theils Reichsafterlehn. Die lutheriſchen Einwohner treiben allerley Manufacturen. Zu Glauchau iſt eine gemeinſchaftliche Regierung.

Unmit-

Unmittelbare Reichsritterschaft.

Kaiser Sicamund bestätigte zuerst ihre Verbindung und Verfassung. Sie theilt sich in die 3 Ritterkreise Schwaben, Franken und am Rheine, die unter einem allgemeinen, abwechselnden Directorium stehen. Jeder Kreis ist wieder in Cantons oder Oerter getheilt, die, so wie die Kreise, ihren besondern Director oder Hauptmann, und einige Ritterräthe haben. Diese Reichsritterschaft hat aber weder auf Reichs- noch Kreistägen Sitz und Stimme.

1422.

XVIII. Einige der vornehmsten Reichsstädte.

Frankfurth am Mayn.

Schon unter den fränkischen Königen stand hier ein Palast, und die Stadt war jederzeit dem Kaiser und Reiche unterworfen. Sie enthält jetzt 43,000 Einwohner. Der Magistrat besteht aus 43 Personen, an deren Spitze sich ein Schultheiß befindet. Man duldet alle im deutschen Reiche verstatteten Religionen. Die Juden bewohnen eine eigene Gasse. Jährlich 2 Messen. Allerley Manufacturen und Fabriken von Seide, Taback, Porzellan u. s. w. 1100 M. Soldaten. Ein Gebieth von verschiedenen Dörfern.

Augsburg.

In Schwaben. Ehedem in Vindelicien, und eine Colonie des Drusus. Kaiser Friedrich I ertheilte ihr viele Freyheiten, die Rudolph I bestätigte.

P 5 Ein

Ein Magistrat von 45 Personen. Die Einwohner 40,000 an der Zahl, sind halb katholisch, und halb evangelisch, und es befinden sich unter ihnen viele Künstler besonders in Zinn. 300 M. Soldaten.

Ulm.

In Schwaben, und an der Donau. Karl IV bestätigte zuerst ihre Freyheit. Größtentheils katholische Einwohner. Ein evangelisches Gymnasium. Ein ansehnliches Gebieth.

Regensburg.

In Bayern an der Donau. Schon Kayser Friedrich I befreyte es von der bayerschen Oberherrschaft. Der Sitz des Reichstages. Lutherisch.

Nürnberg.

Die ersten Einwohner desselben waren Noriker, die sich in dem alten Nordgaue niederließen, und das Castrum Noricum bauten. Es gehörte wahrscheinlich nie zu einem Herzogthum. Es hat jetzt auf 8,000 Häuser, und 40,0000 Einwohner. Der Rath besteht aus 34 patrizischen, und 8 Handwerks-Rathsherren. 6 Prediger und 30 Diaconi. Auf 1,300 M. Soldaten. Viele geschickte Mahler, Kupferstecher, Künstler in Elfenbein, Holz, Metallen. Ein sehr ansehnliches Gebieth von 20 Quadr. Meilen. Hohe Schule zu Altdorf.

Mühlhausen.

In Thüringen. Seit den ältesten Zeit reichsunmittelbar. Das Reichsschulzenamt kaufte die Stadt bereits dem Kaiser Ludewig ab. Ein Gebieth von 20 Oertern.

Hamburg.

18 Meilen vom Ausflusse der Elbe. Ehedem der Sitz eines Erzbisthums, zwar auf holsteinischem Boden, aber durch den Antheil an dem hanseatischem Bunde, und durch seinen blühenden Handel frühzeitig so mächtig, daß es die Behauptung
seiner

XVIII. Einige b. vorm. Reichsstädte. 235

seiner Freyheit wagen konnte. Die unmittelbare Reichsstandschaft wurde ihm schon 1618 vom kaiserlichen Kammergerichte zugesprochen, und von Holstein endlich anerkannt. (S. 223) Es enthält jetzt über 100,000 Einwohner. Zum Stadtrathe gehören 4 Bürgermeister, 4 Syndici, 24 Rathsherren, 4 Secretarien u. s. w. Die Polizey und die ganze Verfassung ist musterhaft eingerichtet. Die lutherischen Einwohner gehören zu 5 Kirchspielen, an welchen 53 Geistliche angestellt sind. Der älteste unter den 5 Hauptpredigern wird der Senior genennt. Andere Religionen werden nicht öffentlich geduldet. Das hiesige Gymnasium gehört unter die besten. Zur Sicherheit der Stadt dienet nicht nur ein ordentlicher Kriegsstaat, der aus 1 C. Infanderie, 1 C. Dragoner, und 1 Artillerie Corps besteht, sondern es sind auch die Bürgerwachen nach den 5 Kirchenspielen in eben so viel Regimenter eingetheilt, die unter 5 Obersten (Rathsherren) und 57 Hauptleuten stehen. Die vornehmsten Manufacturen und Fabriken beschäfftigen sich mit Zucker, Kattun, Strümpfen, Golddrath, Band, Sammet u. s. w. Der meiste Handel wird mit Leinwand, Tuch, seidenen Zeugen, Weinen, Zucker, Kaffe, und andern ausländischen Producten getrieben. Die Menge der Kaufleute und Mäkler ist sehr groß. Börse, Münzfuß, wie der lübeckische. Ein Gebieth von verschiedenen Ländereyen und Dorfschaften.

Lübeck.

Auf holsteinischen Boden an der Trave. Graf Adolph von Holstein war ihr zweyter Erbauer (S.   ) 1144. Herzog Heinrich der Löwe verlieh ihr das berühmte Stadtrecht. Auch verlegte er das aldenburgische Bißthum hierher. Kaiser Friedrich I soll ihre Reichsunmittelbarkeit gegründet haben; sie stand aber in der Folge noch unter Holstein und Dänemark. Bald spielte sie aber, als das Haupt der Hansestädte, eine der glänzendsten Rollen. Jetzt enthält sie 22,000 lutherische Einwohner. 1158.

Der

Der Magiſtrat beſteht aus 4 Bürgermeiſtern und 16 Rathsherren. Sie treibt noch immer allerley Manufacturen, und ihre Handlung und Schiffahrt ſind noch ziemlich beträchtlich.

Bremen.

An der Weſer. Ehedem der Sitz eines Erzbisthums, deſſen Herrſchaft ſich die Stadt frühzeitig zu entziehen ſuchte. Nach der Schlacht bey Mühlberg **1547.** wurde ſie, auf Veranlaſſung des Erzbiſchoffes, von kaiſerlichem Kriegsvolke belagert. Der Graf von Mansfeld und die Hamburger entſetzten ſie aber. Im Jahr 1648 wurde ihre Reichsſtandſchaft beſtätigt. Es ereigneten ſich aber zwiſchen ihr und Schweden, dem im weſtphäliſchen Frieden das Bremiſche Erzbiſthum, als ein Herzogthum, eingeräumt worden war, öfters Händel. Kurbraun- **1731.** ſchweig hat durch einen Vergleich ihr die Reichsſtandſchaft zugeſtanden. Sie zählt 20000 meiſtens reformirte Einwohner. Verſchiedene Manufacturen, weitläuftiger Handel. Ein akademiſches Gymnaſium. Eine Beſatzung von 600 Mann.

XIX. Uebersicht
der allgemeinen Geschichte und Verfassung Deutschlands.

Land.

Einer der größten, gemäßigsten, fruchtbarsten Landstriche in Europa.

Gränzen: 20° 1/8.—36 2/3 Oftl. und 45° 1/4 — 55 Nbr. — Frankreich, die vereinigten Niederlande, die Eyder, Dänemark, Schweden, die Ostsee, Preussen, Polen, Ungern, Italien, Schweiz.

Größe: 12,000 Quadr. M. (nach Cronie 12,796 Quadr. M.).

Boden: Er hat gegen die Nord- und Ostsee einen weit von Süden her sich erstreckenden Abhang, und die nordwestlichen Gegenden kämpfen beständig mit dem eindringenden Meere. Im westlichen Drittel hören die eigentlichen Gebirge gar auf; Süddeutschland ist hingegen ganz mit Flüssen, Bergen und Wäldern angefüllt. Eben dieses hat größtentheils starken Boden; in Norddeutschland giebt es aber manche Flußarme, magre Striche, Heiden und Sandgegenden.

Gebirge: in Süddeutschland das vogesische Gebirg, der Schwarzwald, die rauhe Alb., die eigentlichen Alpen, der kahle Berg, das Riesengebirg, die mährisch-ungerischen Gränzgebirge; in Norddeutschland der Fichtelberg, der Harz mit dem Brocken.

Flüsse: 1) südliche; zwey besondere, die Etsch und Piave, und dann als des Donaugebieths, zu dem, auf der Nordseite, die Altmühl, die Nabe, der Regen, die Morawa, nebst der Theya, die Waag, auf der Südseite der Lech, die Iser, der Jun, die Ens, die Leytha, der Raab, der Drau und die Sau gehören; 2) nördliche, oder sieben Flußgebiethe: a) der Schelde, b) der Maas, c) des Rheines (Mosel, Neckar, Lahn, Lippe), d) der Ems, e) der Weser (Werra, Fulda, Leine, Aller), f) der Elbe (Molawa, Eger, Saale, Havel), g) den Oder (Neisse, Welse, der neue Graben, der die Oder und Spree verbindet, die Warte und Netze). Zwischen der Elbe und Oder die Küstenflüsse: Eyder und Trave.

Seen: der Boden- oder Costnitzer- oder Bregenzer See, der Chiemsee, der cirknitzer See u. a. m.

Luft: im Ganzen gemäßigt, und fast überall durch Waldluft, und im Süden noch überdieß durch die mit den Ausdünstungen vieler Bäche, Flüsse und Seen vermischte Berg und Thalluft, und in Norden durch See- und Heideluft abgeändert.

Geschichte.

A. Bis auf die fränkische Monarchie oder bis 486.

1. Deutschlands älteste Einwohner machten mehrere, von einander unabhängige Völker eines Hauptstammes aus.

Nach dem Plin, 1) Vindiler (Burgunder Wariner, Cariner, Guttonen, 2) Ingävonen (Cimpern, Teutonen, Chaucen, 3) Istävonen, (Landbewohner) 4) Hermionen (Sueven, Hermundurer, Chatten, Cheruscer, 5) Peuciner, Bastarner. Nach dem Tacitus: Marsen, Gambrivier, Sueven, Vandalen.

Schil-

und Verfassung Deutschlands. 339

Schilderung ihrer Beschäftigungen, ihrer Lebensart, ihrer Sitten und Gebräuche.

2. Vergebens bestreben sich die Römer, das eigentliche Deutschland ihrer Herrschaft zu unterwerfen.
    Krieg mit den Cimpern und Teutonen.
    Cäsar jagt den Ariovist aus Gallien.
    Feldzüge der Römer unter dem August, deren Wirkung die varische Niederlage vereitelt.
    Hermann und Marbod.

3. Die deutschen Völker treten allmählig in größere Verbindungen zusammen, die zuletzt den Umsturz des römischen Reiches befördern.
    Marcomannischer Krieg.   466.
    Vandalen, Sueven, Westgothen, Burgunder theilen sich in die römischen Provinzen. In um 400. Deutschland verliehren sich die ehemaligen vielen Völkerschaften unter den Franken, Schwaben, (Alemannen) Thüringern und Sachsen. In das nördliche und östliche Deutschland rücken Wenden ein.
    Damahlige Verfassung. Gauen. Herzoge, Grafen. — Römische Cultur unter den am linken Ufer des Rheines und am rechten Ufer der Donau gelegenen Ländern. Die sich auch unter die Anwohner der gegenüberliegenden Ufer verbreitete. In Constantins Jahrhunderte waren bereits die Bißthümer Trier, Maynz und Cöln vorhanden.

B. Bis auf Karln den Großen oder von 486 bis 768 = 282 J.

1. Chlodewig stiftet die fränkische Monarchie.
    Die Franken, die unter dem Childerich schon tief in die Niederlande hervorgerückt waren, drangen, vom Chlodewig angeführt, in Frankreich

486.
496.

reich ein, und endigten daselbst die römische Herrschaft völlig. Chlodewig überwand hierauf die Alemannen, und nahm ihnen Elsaß und die Gegend von Speyer, Worms und Maynz ab, woraus sich das westliche oder rheinische Francien bildete. Aus dem übrigen Gebiethe der Alemannen entstand in der Folge das Herzogthum Schwaben. Eine fränkische Colonie, die Chlodewig, den Alemannen im Rücken, über den Rhein führte, veranlaßte die Benennung Ostfranken, welche das heutige Franken bezeichnete. Der große Chlodewig, der unter seiner Nation die christliche Religion einführte, befestigte seine Monarchie, indem er alle übrigen Fürsten der Franken unterdrückte. st. 511.

2. **Diese wurde durch die vielen Theilungen und Streitigkeiten ihrer Beherrscher immer ohnmächtiger.**

Chlodewigs vier Söhne theilten das Reich. Der westliche Theil, das heutige Frankreich bekam drey, der östliche Theil, oder was die Franken in Deutschland besaßen, einen Regenten. Neustrien und Austrasien. Die fränkischen Könige unterjochten die Thüringer, deren Land sie mit den Sachsen theilten. (S. 104) Auch Bayern gerieth frühzeitig unter die Herrschaft derselben. (S. 53) — Ursprung des Lehnwesens. Fränkischer Hofstaat. Thronfolge.

Bald veranlaßten die vielen Theilungen lebhafte Streitigkeiten und innerliche Kriege, welche die schrecklichsten Auftritte begleiteten.

3. **Die Majores Domus reissen während der Zeit die Regierung an sich.**

Die ersten Staatsminister, die zuletzt als Herzoge der Franken die eigentlichen Regenten vorstellten, und die morovingischen Könige zum Spiele ihrer Laune machten. Pipin von Her-

und Verfassung Deutschlands. 241

Herstal unterdrückte die Empörungen der Friesen und Alemannen. Karl Martel trieb die Saracenen aus Frankreich zurück. 732.

4. Bonifacius bringt den deutschen Kirchenstaat mit dem römischen Stuhle in Verbindung.

Unter den gedachten beyden Herzogen der Franken kamen irländische und englische Missionarien nach Deutschland. Unter diesen zeichnete sich besonders Bonifacius (Winfried) aus, seit 719. der den deutschen Kirchenstaat dem römischen Stuhle unterwarf, und die päbstlichen Grundsätze von Fegefeuer, von der Anbetung der Heiligen, von der Seelenmesse u.s.w. einführte. (S. 43. 56. 90. 104)

Benedict von Nursia (st. 544) war der Urheber des Benedictiner-Ordens.

5. Pipin der Kleine entreißt dem merovingischem Geschlechte den fränkischen Thron.

Karl Martels Sohn. Sein älterer Bruder Karlmann begab sich in ein Kloster. Pipin erkundigte sich hierauf beym Pabste, ob der, welcher die Regierung verwaltete, auch des Thrones würdig sey, und Bonifacius salbte 752. und krönte ihn. Pipin schenkte dem Pabste 754. das Exarchat, das er den Longobarden abgenommen hatte. st. 768.

C. Von Karln dem Großen bis auf Rudolphen I, oder von 768 — 1272 = 504 J.

1. Karl der Große erhebt die Macht der fränkischen Monarchie auf den höchsten Gipfel.

Er überlebte seinen Bruder Karlmann und verdrängte dessen Söhne. Durch die Eroberung 771. des longobardischen Reiches legte er den ersten
Grund

783. Grund zur Verbindung Italiens mit Deutschland. Nach 33 Jahren und 50 Feldzügen unterjochte er endlich auch die Sachsen. (die Siege bey Detmold und an der Hase, bewirkten die Unterwerfung der Westphalen, Engern, und Ostphalen. Die Whimoder und Nordalbinaier widerstanden am längsten. (S. 214) Karl verwüstete ihr Land, versetzte 10.000 von ihren Familien, und räumte ihre Wohnsitze den Obotriten ein. Tausende mußten sich entweder taufen lassen, oder in die Weser springen. Einführung des Zehnten. Ursprung der Bißthümer Osnabrück, Münden, Halberstadt, Verden, Bremen, Münster, Elze, (Hildesheim) die den maynzischen und cölnischen Sprengel sehr erweiterten.) — Auch der bayerische Herzog Thassilo mußte ihm endlich sein Herzogthum aufopfern. (S. 43.)

Die Böhmen nöthigte er zum Tribute. (S. 16) Durch einen mit dem jütländischen Hemming geschlossenen Frieden, machte er die Eider zur Gränze Deutschlands. (S. 214)

2. Er bringt die römische Kaiserwürde auf die Beherrscher Deutschlands.

799. Schon 797 überschickten ihm die Römer ihre Stadtfahnen. Leo III nahm zu ihm seine Zuflucht. Karl begab sich hierauf nach Rom, und hielt in der Peterskirche öffentlich Gericht. Leo, den er frey gesprochen hatte, rief ihn ganz unerwartet zum Kaiser aus, und das

800. Volk genehmigte es durch frohen Zuruf. Karl unterschied aber noch immer den römischen Kaiser von dem Könige der Franken und Longobarden.

3. Er macht sich um die Wohlfahrt seiner Unterthanen unsterblich verdient.

793. Sein Versuch, den Rhein und die Donau durch einen Kanal zu verbinden. Capitularien. Einführung der Schulen. Verdienste um die Muttersprache, Polizey, Landwirthschaft, Handlung.

lung. Münze. Zölle. Königliche Commissarien. — Karl st. 814.

4. Ludewig I veranlaßte durch eine frühzeitige Theilung große Verwirrung.

Er theilte schon 817 die Monarchie unter seine 3 Söhne erster Ehe. DieseTheilung wollte er, zum Besten Karls des Kahlen, seines Sohnes von der welfischen Judith, wieder abändern. Hierdurch verwickelte er sich, sein ganzes übriges Leben hindurch, in Streitigkeiten und Kriege mit seinen Söhnen, die ihn einigemal gefangen nahmen, und zur öffentlichen Kirchenbuße nöthigten. st. 840.

5. Der Vertrag zu Verdun hebt die Verbindung zwischen Deutschland und Frankreich wieder auf.

Ludewig der Deutsche und Karl der Kahle vereinigten sich wider ihren älteren Bruder Lothar, der nach der Schlacht bey Fontenai zu Verdun einen Theilungsvertrag eingehen mußte. Karl der Kahle bekam den westlichen Theil der fränkischen Monarchie, oder das heutige Frankreich bis an die Rhone, Saone, Maas und Schelde. Ludewig der Deutsche erhielt den östlichen Theil, oder das heutige Deutschland; doch bedung er sich am linken Ufer des Rheines noch die Gegenden um Maynz, Worms und Speyer aus. Der ganze übrige, zwischen den gedachten vier Flüssen und dem Rheine gelegenen Landstrich (also Elsas, Lothringen, die östliche Schweitz u. s. w.) wurde, nebst Italien und der Kaiserwürde, dem Lothar zu Theil. Sein mittlerer Sohn Lothar II stiftete das sogenante lothringische Reich.   Der Pabst sprach seinem Sohne die Erbfähigkeit ab. Ludewig der Deutsche, und Karl der Kahle theilten hierauf sein Reich in zwey Hälften. Ludewig bekam die östliche; 10 Jahre hernach wurde aber auch die westliche mit Deutschland vereinigt.

843.

893.

870.

879.

st. 911.

Boso stiftete das Königreich Burgund, das sich über Provence, Dauphine, Lionnois und einen Theil von der Grafschaft Burgund erstreckte. Mit diesen wurde in der Folge das zweyte burgundische Königreich, welches Savoien, den westlichen Theil der Schweitz u. s. w. begriff, und den welfischen Rudolph zum Urheber hatte, vereinigt.

6. Karl der Dicke vereinigt fast die ganze fränkische Monarchie, aber nur auf eine kurze Zeit.

876.

884.

887.

Ludewigs des deutschen Söhne, Karlmann, Ludewig II, und Karl der Dicke, theilen sich in Bayern, Sachsen und Schwaben. Der letztere, der nicht nur die beyden andern erbte, sondern zuletzt fast die ganze Monarchie zusammenbrachte, machte mit den Normännern, die Trier überfallen und verbrennt hatten, und denen er ein großes Heer entgegen stellen konte, zum großen Verdrusse seiner Stände Frieden. Der Herzog Arnulph von Kärnthen, Karlmanns Sohn, der vornehmste unter den Mißvergnügten erschien, von einem tapfern Gefolge aus Bayern und Kärnthen begleitet, unvermuthet auf der Reichsversammlung zu Tribur (im Darmstädtischen), und ward zum Könige ausgerufen. Karl starb 888.

Die Verwirrung unter Ludewig I verschaffte den Großen immer mehrere Vorrechte und Freyheiten.

Die Einfälle der Wenden veranlaßten Herzoge in Thüringen (S. 105) Sachsen (S. 180) Bergschlösser, deren Besitzer sich in Straßenräuber verwändelten.

7. Deutschland macht seitdem einen eignen Staat aus.

Frankreich trennte sich nun ganz. Arnulph ließ sich zwar zu Rom die Kaiserkrone aufsetzen; dieß war aber im Grunde weiter nichts als eine ne bloße Ceremonie. st. 899. Sein Sohn Ludewig das Kind beschloß seinen Mannsstamm. **911.**

Konrad I, aus fränkischem Geschlechte, hatte mit den Herzogen zu kämpfen; mit Arnulphen von Bayern, (S. 44) mit Heinrichen von Sachsen und Thüringen (S. 105).

8. **Heinrich I. machte sich um Deutschlands Sicherheit außerordentlich verdient.**

Er unterbrach die Streifereyen der Ungern, die ganz Deutschland beunruhigten (S. 103), durch einen neunjährigen Stillstand mit denselben, und benutzte diese Zwischenzeit, nicht nur die Gränzen in Sicherheit zu setzen (Burggrafen zu Meißen (S. 106) zu Schleswig (S.   ) sondern auch verschiedene Oerter mit Mauern umgeben zu lassen. Die freyen Leute, die er als Besatzung in dieselben verlegte, machten den Hauptstoff der künftigen Bürger aus. Zwey Niederlagen, die er hierauf den Ungern beybrachte, benahmen ihnen auf ziemlich lange Zeit zu weitern Einfällen den Muth. st. 936. **924.**

934.

9. **Ottos I. Regierung hatte auf Deutschlands Verfassung großen Einfluß.**

Er gelangte unter mehrern Brüdern allein zum Thron. Bey seiner Krönung äußerten sich zuerst die Vorrechte von Kurfürsten, an welchen die drey vornehmsten Erzbischöfe, und vier weltliche Oberamten Theil nahmen. Er ordnete den Hermann Billung zum sächsischen Herzoge an. (S. 180) Seinem Bruder, dem Erzbischof Bruno von Cölln, verlieh er das Herzogthum Lothringen. (Dieser bildete daraus zwey Herzogthümer, Ober- und Niederlothringen, und nur das erste behielt den Nahmen bey. Den Herzog von Bayern ließ Otto seine Macht nachdrücklich empfinden. (S. 45) Unter seiner Regierung kamen die Pfalzgrafen in Lothringen, Sachsen, Schwaben und Bayern auf. Er brachte endlich auch Böhmen und die Niederlausitz zum Gehorsame; er machte sich den Polen und den Dänen furchtbar.

968. Zu Magdeburg errichtete Otto ein Erzbißthum, dem er die Bischöfe zu Meißen, Merseburg, Zeitz, Havelberg, Brandenburg und Posen unterwarf. Den Sprengel des Erzbißthums Hamburg erweiterte er durch die Bißthümer zu Schleswig, Ripen, Arhus und Aldenburg.

966. Für seine Schwester Mathilde stiftete er die Abtey Quedlinburg.

10. Eben derselbe brachte die römische Kaiserwürde mit dem deutschen Königsthrone aufs neue in Verbindung.

951. Adelheide, des König Lothars Wittwe, bewog ihn, nach Italien zu ziehen, und der siegreiche Otto eignete sich nicht allein die Kaiserkrone, sondern auch die longobardische zu;
961. aber er nennte sich seitdem nur einen römischen Kaiser. Für Deutschland selbst hatte diese Verbindung nachtheilige Folgen. Otto und seine Nachfolger sahen sich zu öftern Kriegszügen nach Italien genöthigt, welche nicht nur deutsches Blut und deutsches Geld kosteten, sondern auch die Aufmerksamkeit der Beherrscher Deutschlands ablenkten.

974. Auf den großen Otto folgten sein Sohn und Enkel, denen schon beym Leben des Vaters die Thronfolge zugesichert war. Ottos II Neffe Otto verwaltete die beyden Herzogthümer Bayern und Schwaben zugleich. (S 45) Unter Otto III wurde die Verbindung zwischen Deutschland und Italien völlig befestigt. Heinrich II schloß
1024. endlich den sächsischen Mannsstamm. — Die Regierung desselben war besonders für die Geistlichen sehr günstig. Ursprung des von dem Pabste errichteten Bißthumes zu Bamberg. (S 60).

11. Heinrich IV unterliegt den ungerechten Anmaßungen des Pabstes.

Nach Heinrichs II Tode gelangte Konrad aus dem Hause der Herzoge von Franken auf den Thron. Die Wahl geschah vom ganzen Volke, und der Erzbischof von Maynz hatte die erste Stimme. Unter Konrad II wurde das burgundische Reich mit dem deutschen vereinigt, und die Mark zu Schleswig hörte wieder auf. 1032.

Heinrich III, unter dem die Leitha zum Gränzflusse zwischen Ungern und Deutschland wurde, behandelte die Herzogthümer noch ganz nach seinem Gefallen.

Heinrich IV machte sich bey den Sachsen und Thüringern so verhaßt, daß sie die Waffen gegen ihn ergriffen (S. 106). Diese gefährliche Lage desselben benutzte Gregor VII, seine herrschsüchtigen Absichten durch zu setzen. Schon hatte er die Simonie, die Investitur mit Ring und Stab, und die Priesterehe verboten, und nun bediente er sich zuerst gegen den Kaiser des Kirchenbannes. Der bedrängte Heinrich mußte nach Italien wandern, und sich vor dem Pabste demüthigen. In Deutschland bekam er auch mit verschiedenen Gegenkaisern zu kämpfen, und zuletzt wurden seine eigenen Söhne wider ihn aufgehetzt. st. 1107. 1077.

12. Die stolzen Entwürfe desselben befördern unter andern Kreutzzüge, Ritterorden und neue Mönchsorden.

Heinrich V mußte durch das sogenannte Concordat die Belehnung mit Ring und Stab aufgeben. 1112.

Die Kreutzzüge lenkten die Aufmerksamkeit auf einen ganz neuen Gegenstand. Anfangs fanden sie in Deutschland wenig Beyfall. Bald eilten aber deutsche Ritter, Bürger und Bauern schaarenweise nach dem gelobten Lande, um sich entweder ein Recht zum Himmel zu erfechten, oder von einem unangenehmen Zustande in ihrem Vaterlande zu befreyen. seit 1095.

Eben

Eben diese Kreutzzüge gaben zu Entstehung der Ritterorden Gelegenheit; der Johanniter 1099; der Tempelherren 1118; der Marianer oder deutschen Ritter 1190. Sie brachten neue Kenntnisse nach Deutschland.

Um diese Zeit entstanden auch die Mönchsorden der Cartheuser, Cisterzienzer und Prämonstratenser.

13. Die deutschen Fürsten und Herren erlangten während der Zeit den erblichen Besitz ihrer Länder.

Die Gauen verwandelten sich in Grafschaften, die jetzt vom Vater auf den Sohn forterbten. Sie und andere Edelleute entlehnten von ihren Stammsitzen erbliche Geschlechtsnahmen, in Ansehung deren neugebauten Schlösser oder Ländertheilung zuweilen eine Aenderung veranlaßten. Die meisten fürstlichen Häuser unserer Zeit bildeten sich damals aus gräflichen Geschlechtern. Das häufige Aussterben verschiedener Familien veranlaßte häufige Veränderungen.

14. Deutschland verwandelte sich in ein Wahlreich.

1125.

1137.52.

1169.

Da mit Heinrichs V Tode der fränkische Mannsstamm erlosch, so konnte das Wahlrecht desto eher eingeführt werden. Man übergieng daher Heinrichs Schwestersöhne, und wählte zuerst den Herzog Lothar von Sachsen. (S.181) Auf diesen folgten Konrad III und Friedrich I. Letzterer ließ seinen vierjährigen Prinzen Heinrich zum römischen Könige erwählen, und dieser bemühte sich, das Reich wieder völlig erblich zu machen. Er mußte sich aber mit der Wahl seines Sohnes, Friedrichs II begnügen. Philipps und Ottos IV streitige Wahlen verschafften dem Pabste größern Einfluß, den die von ihm veranlaßten Gegenkaiser, Friedrich II, Heinrich Raspe, (S.107) und Wilhelm

und Verfassung Deutschlands.

helm von Holland bewiesen. Seit der Wahl Friedrichs I übten nur sechs bis acht Erzbischöfe und Reichsbeamten, (Böhmen, Pfalz, Sachsen, Brandenburg) das Wahlrecht aus. Zu Frankfurth am Mayn gieng die Wahl, und zu Aachen die Krönung vor sich.

15. Seine vaterländischen Rechte wurden durch das römische und kanonische Gesetzbuch verdrängt.

Diesen verschaffte Deutschlands Verbindung mit Rom Eingang, und deutsche Jünglinge, welche die auswärtigen hohen Schulen besuchten, trugen zum ausgebreiteten Gebrauche derselben nicht wenig bey. Die reichsständischen Häuser wendeten jetzt alle Vorsicht an, ihr bisheriges Erbfolgerecht zu erhalten. Ihre landesherrliche Macht vermehrte sich merklich, und das Faustrecht riß immer stärker ein.

16. Heinrichs des Löwen Fall bringt große Veränderungen in Deutschland hervor.

Er wurde widerrechtlicher Weise in die Acht erklärt. Das welfische Haus verlohr das Herzogthum Sachsen, ingleichen Pommern und Meklenburg. (S. 203) Bayern kam an das Haus Wittelsbach. (S. 47). Aus dem Ueberreste der welfischen Länder entstand das Herzogthum Braunschweig.

17. Noch mehrere dergleichen ereignen sich während des sogenannten großen Zwischenreiches.

Diese Benennung rührt von den päbstlichgesinnten her. Es folgten auf einander Heinrich Rasre 1246, Wilhelm von Holland 1247, Friedrich II 1250, Konrad IV 1254, Richard von Kornwall und Alphons von Castilien 1257. Nach Conradins Enthauptung wurden die drey Herzogthümer Franken, Schwaben und Elsaß, die er vereinigte, zerstückelt. Dies benutz

1296.

nutzten geistliche und weltliche Herren, besonders Würtemberg, (S. 70) Baden, (S. 81) und Wirzburg. Daher entstanden in diesen Ländern so viele Reichsstädte, Reichsstifter und Reichsritter. In Oestreich und Thüringen ereigneten sich damals wichtige Erbschaftsfälle. (S. 4.1107). Hessen verwandelte sich in einen besondern Staat. (S. 97).

Verschiedene deutsche Städte schlossen zu ihrer Sicherheit Verbindungen, als die Hansestädte 1241 und die rheinischen Städte 1254. Der Pabst, die Reichsstände maßten sich bey dieser Verwirrung immer mehrere Rechte an. Jener, der die neuen Orden der Franciscaner, Dominicaner und anderer Bettelmönche einführte, und die Inquisition stiftete, eignete sich jetzt das Recht zu, deutsche Bißthümer, Abteyen und Pfründen zu vergeben. Ja er dachte sich sogar über den Kaiser und die Könige erhaben.

Mit der Abnahme der kaiserlichen Gewalt im Gegensatze wuchsen unter Friedrich II die reichsständischen landesherrlichen Rechte. Deutschland bekam dadurch die Gestalt eines zusammengesetzten Staatskörpers. — Kaiserliches Hofgericht. Austräge.

D. Von Rudolphen I bis auf Maximilianen I oder von 1272 — 1493 = 221 J.

1. Rudolph I verschaffte der Kaiserwürde einen neuen Glanz.

Seine Wahl beförderten am meisten der Kurfürst von Maynz, (S. 57) und der Burggraf Friedrich von Nürnberg. Von seinen sechs Töchtern wählte sich jeder von den drey weltlichen Kurfürsten eine zur Gemahlin. Nur der König Ottocar von Böhmen wollte sich ihm nicht unterwerfen. (S. 5.) Rudolph benutzte die Ueberwindung desselben, seine Söhne ansehnlich zu versorgen. (S. 6.) Zu einem

nem Römerzuge hatte er keine Neigung. Desto eifriger war er auf die Vertheidigung der Raubschlösser bedacht. st. 1291.

2. **Adolph von Naßau bewies sich ungemein eigennützig.**

Auch dieser hatte dem Kurfürsten von Maynz vorzüglich seine Wahl zu danken. Er brauchte die Subsidiengelder, die er vom Könige Eduard I von England bekam, die Landgrafschaft Thüringen an sich zu reissen. (S. 112) Eine Uneinigkeit zwischen ihn und seinem Wohlthäter, dem Kurfürsten von Maynz, bewirkte, daß ihm die Krone abgesprochen wurde, und er verlohr gegen seinen Gegner, den Herzog Albrecht von Oestreich, Schlacht und Leben. 1298.

Hessen wurde damahls ein Reichslehn. (S. 91)

3. **Auf eben die Art machte sich Albrecht I verhaßt.**

Er wollte den rheinischen Kurfürsten ihre Zölle am Rheinstrome streitig machen, das Königreich Böhmen an sich reissen, (S. 17) seines Vorgängers Ansprüche auf Thüringen durchsetzen, (S. 113) und die Schweitz unterjochen. Alle diese Entwürfe mißglückten ihm aber.

4. **Auf Heinrichs VII Wahl zeigte sich der Einfluß des Pabstes sehr lebhaft.**

Das Werkzeug desselben war der damalige Kurfürst von Maynz, der sich unter dem Nahmen Peter Aspalt ebedem als Arzt um den Pabst verdient gemacht hatte. Die Wahl fiel auf den Grafen Heinrich von Luxemburg. (S. 26) Dieser verschaffte seinem Hause das Königreich Böhmen. (S. 18) Zu seinem Unglücke ließ er sich aber zu einem Römerzuge verführen, der ihm das Leben kostete. 1313.

5. **Deutschland bekömmt zum erstenmal zwey Könige.**

Herzog Friedrich der Schöne von Oestreich machte sich nunmehr die größte Hoffnung zum Throne. Allein der Erzbischof Peter von Maynz, der dem Hause Oestreich abgeneigt war, versagte ihm nicht nur seine Stimme, sondern brachte auch Trier und Brandenburg, den König Johann von Böhmen, und den Herzog Johann von Lauenburg auf seine Seite. Alle diese wählten den Herzog Ludewig von Bayern. (S. 47) Cöln, der Kurfürst Rudolph von der Pfalz, Sachsen-Wittenberg und Heinrich von Kärnthen, als König von Böhmen, erklärten den Herzog Friedrich zum König, welcher aber seinem Gegner weichen mußte. (S. 6) Ludewig gerieth mit dem Pabste in weitläuftige Händel, die der Unabhängigkeit des deutschen Reiches gefährlich waren. Um diese zu retten, stifteten die Kurfürsten den sogenannten Kurverein.

1314.

6. Der Pabst läßt einen Gegenkönig nach dem andern auftreten.

Zuerst erschien der böhmische Prinz Karl, dessen Wahl der Erzbischof Heinrich von Maynz nicht veranstalten wollte. (S. 57) Die meisten Kurfürsten blieben aber dem Kaiser Ludewig bis an seinen Tod ergeben. st. 1347. Karls Feinde wählten endlich den Grafen Günther von Schwarzburg, welcher der deutschen Krone sein tapferes Leben aufopferte. Karl IV. der seitdem allein regierte, machte sich um das deutsche Reich durch die sogenannte goldene Bulle verdient. Eben derselbe verminderte aber die kaiserlichen Hoheitsrechte und Kammergüther außerordentlich. Unter seiner Regierung befestigten die meisten Reichsstädte ihre Freyheit. (S. 18. 160) st. 1378.

1346.

1349.

1356.

Unter ihm entstanden die Herzoge zu Jülich, Berg, Cleve, Holstein, Würtemberg, Meklenburg. Besondre Schicksale der Mark Brandenburg. (S.159) —— Hohe Schulen zu Prag, Wien, Heidelberg, Leipzig.

Karl

und Verfassung Deutschlands. 253

Karl bewirkte noch die Wahl seines Sohnes Wenzel, unter dessen Regierung die größten Unruhen herrschten. Krieg zwischen den bayerischen Herzogen und Städten. (S. 50) Unruhen in Böhmen. (S. 18) Der Pabst Bonifacius IX brachte endlich einige Kurfürsten auf den Gedanken, den Wenzel abzusetzen. Der Herzog Friedrich von Braunschweig, der sein Nachfolger werden sollte, wurde ermordet. (S. 188) Hierauf wählte man den Pfalzgrafen Ruprecht. (S. 32) Auf diesen folgten Siegmund und Jobst von Mähren. (S. 18) Letzterer starb aber frühzeitig.   1400.

                                                            1411.

7. Unter Siegmunds Regierung setzt der Hussitenkrieg einen großen Theil Deutschlands in Bewegung.

Die Kirchenversammlung zu Kostnitz, welche die Freyheit der deutschen Kirche wenig oder gar nicht begünstigte, legte durch Hussens Verbrennung den Grund zu dem unseligen Hussitenkriege. (S. 18) In demselben zeigte sich zuerst der Einfluß den der Gebrauch des Pulvers auf das Kriegswesen hatte, sehr merklich. Die Burggrafen von Nürnberg und die Markgrafen von Meißen hatten demselben die Erlangung der Kurwürde zu danken. (S. 116. 160)   1415.

Siegmund beschloß den luxemburgischen Mannsstamm. (S. 26)   1437.

Sein Nachfolger, Albrecht II, versprach herrliche Aussichten. st. 1438. (S. 7)

8. Friedrichs III lange Regierung zeichnete sich durch fruchtlose Berathschlagungen aus.

Vergebliche Bemühung desselben, das Faustrecht abzuschaffen, und die Gerichtsverfassung ordentlich einzurichten. (Schwäbischer Bund.) Durch die aschaffenburger Concordata bewilligte er dem Pabste große Vorrechte, unter deren Drucke das katholische Deutschland noch jetzt seufzet.   1448.

We-

Wegen der vielen Reichstäge, die unter Friedrichs III Regierung gehalten wurden, kam die Gewohnheit auf, Bevollmächtigte auf den Reichstag zu schicken.

9. Eben dieselbe war aber für die Aufklärung außerordentlich wichtig.

1453. Die Eroberung von Constantinopel, welche der unthätige Friedrich nicht verhindern konte, bewirkte, daß griechische Gelehrte nach Italien flüchteten, und durch das Studium der vortrefflichen Schriften ihres Vaterlandes den guten Geschmack beförderten. Ungleich wichtiger aber war die Erfindung der Buchdruckerey. (Lorenz Küster zu Harlem, Johann Gänsefleisch und Johann Guttenberg zu Mannz machten seit 1436 mehrere Versuche, die Pe-

1459. ter Schlöffer zu Maynz zur Vollkommenheit brachte.)

E. **Von Maximilianen I bis auf den westphälischen Frieden, oder von 1493 — 1648 = 155 J.**

1. Maximilian I hob das deutsche Reich aus seinem verwirrten Zustande heraus.

Er gründete die heutige Macht seines Hauses. (S. 8) Den Landfrieden beförderte er am meisten durch die Errichtung des Reichskammergerichts, und durch die jetzige Kreisverfassung. Unter ihm entstand auch der Reichshofrath. Nach ihm und dem Reichskammerte bildete sich die Gerichtsverfassung der einzelnen Länder. Auch gaben diese Gerichte zum lebhaftern Gebrauche des justinianischen Gesetzbuches Gelegenheit.

Wichtige Veränderungen in Kriegswesen. Regimenter, die aus 3-4000 M. bestanden, und von Obersten, Nachobersten und Hauptleuten commandirt wurden. Fähnlein oder Haupt-
manns-

mannschaften. Flinten mit brennender Lunte. Im Treffen stand das Fußvolk nach 30: 40 Mann tief.

Die Entdeckung von Amerika und die außerordentliche Ergiebigkeit der sächsischen Bergwerke vermehrte den Luxus ungemein. Noch waren große Schmäuse, und ungeheure Pokale an den deutschen Höfen sehr gewöhnlich.

Die Vermehrung der Bücher, welche die Druckerey beförderte, und verschiedene neugestiftete hohe Schulen, Wittenberg (S. 119) Frankfurth an der Oder (S. 162) trugen zu den stärkern Fortschritten der Aufklärung sehr viel bey. Es gab damahls schon verschiedene berühmte Männer unter den deutschen Gelehrten z. B. Celtes, Peutinger, Pirkheimer, Erasmus, Tritheim, Kranz, Aventin.

2. Die Reformation befreyte unter der Regierung Karls V einen großen Theil Deutschlands von der Oberherrschaft des Pabstes. Diese fieng bereits in Maximilians letztern Jahren an, (S. 119) und dieser vortreffliche Fürst war derselben nicht abgeneigt. Am meisten aber äußerte sich dieselbe, als Karl V die Regierung angetreten hatte. Außer Luthern reformirte nun auch Ulrich Zwingli. Luther, dem Philipp Melanchthon Beystand leistete, machte den deutschen Adel auf seine Freyheit aufmerksam. Einmüthig kündigten jetzt Landesherr und Unterthanen dem Pabste und den Bischöfen den Gehorsam auf; besonders in Hessen, (S. 94) Sachsen, (S. 120) in Baden, (S. 82) in Würtemberg, (S. 74) in vielen Reichsstädten. Oft entstand ein vermischter Religionsstaat. Die Klöster wurden nun in Hospitäler und andere milde Stiftungen verwandelt. Der deutsche Orden verlohr bey dieser Gelegenheit Ostpreussen. (S. 176) Der Reichstag von 1526, der bey Karls V anhaltender Abwesenheit die Religionssache dem Gewissen eines jeden überließ, beförderte den

1517.

1519.

Fort=

Fortgang der Reformation noch weiter. Desto lebhafter widersetzte sich derselben der Reichstagsschluß von 1529, der den Nahmen der Protestanten veranlaßte. (S. 1:o) Auf die Uebergabe der augsburgischen Confession folgte abermahls ein widriger Reichstagsabschied, dessen schlimmen Folgen der Religionsvertrag zu Nürnberg, und der Friede zu Cadan vorbeugten.

1530.

1532. 34.

Die Wiedertäufer zu Münster verdrängten Bischof, Domkapitel, Stadtobrigkeit, und erst nach 16 Monaten wurden diese Unruhen durch die Eroberung der Stadt Münster geendigt. Als einen eifrigen Feind der Reformation zeigte sich besonders der Herzog Heinrich der Jüngere von Braunschweig. (S. 94. 122. 129)

3. Eben dieselbe bedroht der schmalkaldische Krieg mit einer großen Gefahr.
Geschichte des schmalkaldischen Bundes und des dadurch veranlaßten Krieges. (S. 94. 122. 129).

1547.

Reichstag zu Augsburg, wo sich Karls V Macht auf dem höchsten Gipfel zeigte. Interim. Der Kurfürst Moritz zwingt dem Kaiser den Vertrag von Paßau ab. (S. 129) Auf diesen folgt der Religionsfriede zu Augsburg, der die Verfolgung und Verachtung der Protestanten untersagte, die geistliche Gerichtsbarkeit festsetzte, das Schicksal der Klöster bestimmte u. s. w.

1555.

4. Auch erhebt sich an dem neuerrichteten Jesuiterorden ein mächtiger Feind derselben.

1543.

Der Stifter desselben war Ignaz von Loyola, ein spanischer Edelmann, der bald 8 Gehülfen bekam. st. 1556. Anfangs genehmigte der Pabst nur 60 Glieder, bald hernach wurde er aber ohne Einschränkung bestätigt, und noch im 16ten Jh. wuchs er bis auf 10,000 Köpfe an, die sich in der Folge über 20,000 vermehrten. Deutschland war in 5 Provinzen vertheilt.

und Verfassung Deutschlands. 257

vertheilt. Collegien zu Wien, Prag, Ingolstadt, München, Maynz, Dillingen, Wirzburg, Fulda, Speier, Heiligenstadt, die zwischen 1552 und 1574 entstanden. — Dieses Ordens Schulunterricht, Moral, Eingang bey Höfen, Erwerbungsmittel, innere Einrichtung — Beherrschung der Welt — genaue Verbindung mit dem päbstlichen Stuhle. — Bemühungen gegen die Protestanten.

1821

5. **Karl V erwirbt sich indessen verschiedene Verdienste.**

Neue Kammergerichtsordnung. Erneuerung des Landfriedens. Verbesserte Kriegsverfassung. Reichsmatrikel. Römermonate. (Ursprung des Steuerwesens.) Münzordnung. Peinliche Halsgerichtsordnung. Reichspolizeyordnung. — Karl legte die Regierung nieder, und sein Bruder Ferdinand I verwaltete sie nur kurze Zeit. (S. 9) st. 1564.

1558.

6. **Unter seinen Nachfolgern wurden die Religionshändel immer lebhafter.**

Unruhen, die Wilhelm von Grumbach veranlaßte. (S. 182) Maximilian II, der sie dämpfte, hätte für Deutschlands Ruhe länger regieren sollen. st. 1576. Seinen Nachfolger Rudolph II lenkten spanische und jesuitische Rathschläge, bey welchen man die unter den Protestanten herrschenden Streitigkeiten zu benutzen suchte. Johann Calvin trieb die theologische Uneinigkeit, die sich in Ansehung der Lehre vom Abendmahle, zwischen Luthern und Zwingli geäußert hatte, noch weiter, und das Concordienbuch (S. 111) befestigte den Unterschied zwischen den Lutheranern und Reformirten. Die Jesuiten griffen nunmehr die Verbindlichkeit des Religionsfriedens immer lebhafter an, und suchten eine katholische Gegenreformation durch allerley Gründe zu rechtfertigen. Folgen

1567.

1480.

R

aen ihrer Bemühung in Steyermark, [S. 9.] Baden, [S. 83] Achen. Unglückliche Versuche des Erzbischofes Gerhard von Cöln, [S. 65] und des Bischofs Johann Georg zu Straßburg, die evangelische Religion anzunehmen. —— Neuer Calender Gregors XIII.

1581.

7. Diese brachen zuletzt in den unseeligen dreyßigjährigen Krieg aus.

Beyde Religionspartheyen, zu deren Erbitterung auch der jülichsche Erbstreit das Seinige beytrug, (S. 37. 40. 122. 130). errichteten Gegenbündnisse, als die Union und Lige (S. 34. 51) Veranlassung des dreyßigjährigen Krieges. (S. 10. 20) Schlacht bey Prag. (S. 35. 51) Die Uebertragung der pfälzischen Kur wurde auf das Haus Bayern hob die Religionsgleichheit der Kurfürsten auf ewig auf. Jene hatte für Badendurlach, (S. 86) Hessencassel, (S. 96) Meklenburg (S. 209) schlimme Folgen. Tilly sollte nunmehr die katholische Gegenreformation durchsetzen, und der König Christian IV von Dänemark war in seinen Bemühungen, sie zu verhindern, unglücklich: (S. 220) Jetzt erfolgte das Restitutionsedict, das besonders den Prinzen aus dem sächsischen, brandenburgischen, braunschweigischen, meklenburgischen, holsteinischen und pommerschen Hause, die sich die Verwaltung der meisten Erz und Hochstifter im Ober- und Niedersächsischen Kreise zugeeignet hatten, höchst unangenehm war. Nur Gustav Adolph war der Held, der Deutschlands Freyheit rettete. (S. 131) Nach seinem Tode betrat Bernhard die große Laufbahn. (S. 124) Schlacht bey Nördlingen, (S. 124. 132) Prager Friede, dem der Herzog Wilhelm von Weimar, die Herzoge von Meklenburg, die Herzoge von Braunschweig-Lüneburg, und der Kurfürst von Brandenburg beytraten. Nun war es ein Glück für Deutschlands Freyheit, daß Frankreich sich mit Schweden von neuen ver-

1629.

1630.

1632.

1635.

verband. (S. 124) Unter der Regierung Ferdinands III versetzten die Schweden den Krieg meistens in die kaiserlichen Erblande. Eben das that Bernhard am Rheine, dessen Eroberungen sich Frankreich zueignete. *seit 1639*

8. Der westpfählische Friede, der denselben endigte, hat die heutige Verfassung des deutschen Reiches am meisten gegründet.

Er wurde zu Münster und Osnabrück geschlossen. Außer Schweden und Frankreich wurden auch andere deutsche Häuser, als Brandenburg, Meklenburg, Braunschweigslüneburg und Hessencassel, durch ansehnliche Länder und Rechte entschädigt. (Schweden bekam ganz Vorpommern, ingleichen Wismar, Bremen und Verden. Es verlangte auf 10 Monathe noch 20 Mill. Thaler, die bis auf 5 herabgesetzt, und auf 7 Kreise vertheilt wurden. Frankreich erhielt die völlige Hobeit über die Städte und Bißthümer Metz, Toul und Verdun, und die Landgrafschaft Elsas). Das pfälzische Haus, (S. 35) Meklenburg, [S. 209] Würtemberg, [S. 76] und Baden-Durlach [S. 87] wurden wieder in den Besitz ihrer Länder gesetzt. Der westphälische Friede bestätigte auch den allgemeinen Religionsfrieden, in den jetzt die Reformirten mit eingeschlossen wurden; er bestimmte das Verhältniß zwischen Lutherischen und Reformirten, zwischen Katholischen und Evangelischen; er befestigte in Ansehung des ganzen Reiches eine vollkommne, gegenseitige Gleichheit der Religion. Er bestimmte überhaupt die Landeshoheit der deutschen Reichsstände auf das genaueste. Er wies zugleich dem Reichstage, dem Kammergerichte, dem Reichshofrathe seine jetzigen Gränzen an. *1648.*

9. Der dreyßigjährige Krieg hat auch in manchem andern Betracht auf Deutschland großen Einfluß gehabt.

Die Lebensart der Fürsten hat sich seit der Zeit auffallend geändert, und es herrschte seitdem größerer Luxus. Manche deutsche Länder waren durch denselben so verwüstet worden, daß sie sich lange nicht wieder erholen konnten. Die Landstände, die dieses am meisten fühlten, geriethen dadurch in größere Abhängigkeit von ihren Landesherren. Z. B. Erfurth (S. 56) Braunschweig (S. 193) Der Bund der Hansestädte hatte sich nunmehr getrennt. (Auf dem Hansetage von 1630 erschienen nur von sehr wenigen Städten Abgeordnete, und nur Lübeck, Hamburg und Bremen setzten die Verbindung fort.)

Auch in Ansehung der Kriegsverfassung brachte dieser Krieg große Veränderungen hervor. Die deutschen Fürsten unterhielten seitdem eine stehende Mannschaft, welche zur Vermehrung der Steuern Anlaß gab.

Um diese Zeit kam das Postwesen recht in Aufnahme. Franz von Taxis ward Kaiser Maximilians erster Postmeister. Lamoral von Taxis erhielt vom Kaiser Matthias eine erbliche Belehnung über das Oberreichspostmeisteramt in Deutschland, das schon 1626 über 100,000 Ducaten einbrachte. Andere Reichsfürsten legten, nach Oestreichs Beyspiele, mehrere Posten an.

F. Seit dem westphälischen Frieden, oder seit 1648.

1. Unter der kurzen Regierung Ferdinands IV ereigneten sich verschiedene merkwürdige Veränderungen in der deutschen Verfassung.

1654. Damahls wurde der letzte Reichsabschied verfertigt, durch den die heutigen Kammerzieler und das Präsentationswesen entstand. Den Reichsständ

ben würde verstattet, zur Unterhaltung
nöthigen Festungen und Besatzungen, von
n Unterthanen Geldbeyträge zu verlangen.
Reichsfürstenrath wurde geschlossen, und
neuen Fürsten hatten seitdem große Mü-
Sitz und Stimme in demselben zu bekom-
...

em westphälischen Frieden zuwider sich man-
Bedrückungen der Protestanten äußerten,
vereinigten sich die Evangelischen, dem Kai-
und Reiche deswegen Vorstellungen zu thun.
m Kurfürsten von Sachsen wurde von neu
das Directorium aufgetragen. So entstand
heutige Verfassung des evangelischen Cor-
s.

e der Regierung des Kaisers Leopold
as deutsche Reich sehr oft den Angrif-
udewigs XIV ausgesetzt.   1655.
ch den pyrenäischen Frieden verlohr es einen   1659.
heil des burgundischen Kreises. Ludewig XIV
ufgebracht, daß man seine Absichten auf die ver-
nigten Niederlande verhindert hatte, behan-   1672.
elte das Erzstift Trier feindselig, und besetz-
e die 10 Reichsstädte in Elsaß. Der Kaiser,
Spanien, Münster, die rheinischen Kurfürsten, Brandenburg, das ganze deutsche Reich
— alles vereinigte sich jetzt wider Frankreich.
Die Schweden, die einen unglücklichen Zug
ins Brandenburgische gethan hatten (S. 16.)
wurden nunmehr allgemein bekriegt. Die
Franzosen verlohren ihren großen Turehne;
die Reichsarmee bekam gute Anführer. Dem
ungeachtet nahm der Krieg bald wieder eine
günstige Wendung für die Franzosen, und der
Kaiser schloß, ohne sich um die Einwilligung
der Reichsstände zu bekümmern, mit dem Könige von Frankreich einen besondern Frieden.   1679.

ieser entriß demselben ansehnliche Länder.
errichtete die Reunionskammern zu Breisach,
Metz und Besanz, deren Aussprüche ihn be-
rechti-

rechtigent sollten, diei angeblichen Zubehörun-
gen der Landgrafschaft Elsas, die drey lothrin-
gischen Bißthümer, und die Grafschaft Burgund mit seinen Staaten zu vereinigen. Man
stellte deßwegen zu Frankfurth eine Zusammen-
kunft an; aber während derselben kam Straßburg in französische Gewalt. Einige der vor-
dern Kreise errichteten eine sogenannte Asso-
ciation; allein der Kaiser, der damahls mit
den Türken, die Wien belagerten, in Krieg

1683.
1684. verwickelt war, sahe sich genöthigt, einen zwan-
zigjährigen Stillstand mit Frankreich einzuge-
hen, und auf alle bis zum 1. August 1681 re-
unirte Orte Verzicht zu leisten.

Einige Jahre hernach ließ Ludewig XIV, seiner
Streitigkeiten mit Pfalz und Cöln wegen, (S.
37. 66), abermahls ein mächtiges Heer über
1688. den Rhein rücken, welches im Badenschen,
im Würtembergischen und in der Pfalz schreck-
liche Verwüstungen anrichtete. Nun kündig-
te das ganze Reich dem Könige von Frankreich
1689. den Krieg an; aber die Reichsarmee, die nach
und nach derschiedene deutsche Fürsten zu An-
führern hatte, richtete gemeiniglich am wenig-
1697. sten aus. Frankreich gab im ryßwickischen
Frieden die Festung Philippsburg wieder zurück; dagegen behielt es aber Straßburg, und
alle übrigen Eroberungen am linken Ufer des
Rheines.

4. Das deutsche Reich wurde hierauf in den
spanischen Erbkrieg verwickelt.

Der Kaiser Leopold, oder vielmehr sein Sohn
Karl (S. 11) und der bayerische Kurprinz
(S. 52) machten in demselben Hauptpersonen
aus. In Deutschland verbanden sich die asso-
ciirten Kreise (Franken, Schwaben, Kur-
rhein, Oberrhein, Westphalen) mit dem Kaiser. Der Kurfürst von Bayern trat zur französischen Parthey. (S. 52) Er vereinigte sich
bey Duttlingen mit dem Villars, und bey
1703. Donauschingen mit dem Tallard. Jetzt erschien

schien aber Marlborough in Deutschland, der
die bayerschen Verschanzungen auf dem Schel=
lenberge erstieg, und das englisch=östreichische
Heer unter Marlborough und Eugen erfocht
bey Blindheim einen entscheidenden Sieg. Aug.
Bayern gerieth hierauf in östreichische Gewalt,
und da die kaiserlichen Waffen auch in den
Niederlanden einen glücklichen Fortgang hat= 1705.
ten, so zeigte sich Frankreich endlich geneigt,
Straßburg, Breisach, Landau u. s. w. wieder 1709.10.
heraus zu geben. Durch das veränderte Staats=
ministerium in England und Josephs I Tod
wurde die Gestalt der Sache gar sehr geändert. 1711.
Der utrechter Friede sprach dem Kaiser Karl
VI einen ansehnlichen Theil der spanischen 1713.
Monarchie zu. [S. 11]. Zwar war er damit
noch nicht zufrieden; allein Frankreich, das
sich jetzt seiner ganzen Macht wider den Kai=
ser und das Reich bedienen konnte, nöthigte
ihn zu Rastadt die Präliminarien, und zu Ba= 1714.
den den Definitiv=Friedenstractat zu unter= d. 4. März
zeichnen. Frankreich gab Breisach und Frey= d. 7. Sept
burg, ingleichen Kehl zurück. Cöln und Bay=
ern wurden wieder hergestellt.

5. Während der Zeit verbreitete sich auch der
sogenannte nordische Krieg zuweilen auf den
deutschen Boden.

Der König von Schweden Karl XII nöthigte den
König August II von Polen, zum altranstädter 1700.
Frieden. [S. 133] Nach der Schlacht bey 1709.
Pultawa wurde der dänisch=russische und der
polnisch=sächsische Bund erneuert. Stanis=
laus mußte nach Pommern zurückweichen. Der
Kaiser hielt es daher für rathsam, nebst den
Seemächten, die Neutralität für Deutschland
fest zu setzen, die ein Reichsschluß und alle im 1710.
Kriege begriffenen Mächte, Karl XII ausge=
nommen, genehmigten. Hierauf nahmen auch
Braunschweig=Lüneburg und Preussen an die=
sem Kriege Theil. [S. 166. 196] Mit dem=
selben

selben standen auch die Unruhen in Meklenburg in Verbindung. [S. 211]

6. **Deutschlands Verfassung** erlitt indessen
wichtige Veränderungen.

1681. Die französischen Anfälle gaben zur Einrichtung
der heutigen Reichskriegsverfassung Gelegenheit.

Es ereigneten sich allerley Veränderungen in den
fürstlichen Häusern, als in der Pfalz [S. 38]
im Altenburgischen [S. 123] im Jenaischen
[S. 185] im Meklenburgischen [S. 210] im
Sachsenlauenburgischen [S. 133.] durch
welche die Zahl der regierenden Häuser,
Sachsen ausgenommen, vermindert wurde.
Das braunschweigisch-lüneburgische Haus erlangte die neue Kurwürde [S. 59]; Brandenburg, Sachsen und Braunschweig-Lüneburg erwarben sich Kronen; der Kaiser erhob
viele Grafen zu Fürsten, von welchen aber
nur einige in den Reichsfürstenrath gelassen
wurden. Verschiedene alte Fürsten verlangten jetzt mehrere Stimmen.

In der Pfalz veranlaßten die Religionsveränderungen Unruhen. [S. 48] Das Corpus der
Evangelischen nahm sich der Bedrängten ernstlich an. Der König Georg I. von Großbritan-
1720. nien vermittelte einen Vergleich, der aber seine Absicht verfehlte.

7. Die polnische Königswahl veranlaßte hierauf einen neuen Krieg mit Frankreich.

1733. Ludewig XV unterstützte den Stanislaus; Karl
VI. nahm sich des Kurfürsten Friedrich Augusts
II von Sachsen an. [S. 333] Dieser Krieg
nahm am Ende die Wendung, daß nun auch
1735. Lothringen an Frankreich kam. [S. 10] Frie-
1738. de zu Wien.

8. Ei-

§. Einen ungleich wichtigern veranlaßte die östreichische Erbfolge.

Karl VI. der sie seiner ältesten Tochter durch die pragmatische Sanction zu sichern geglaubt hatte, erreichte seine Absicht nicht. [S. 11. 53. 167] Der Marschall Belleisle brachte es dahin, daß der Kurfürst von Bayern sich um die Kaiserkrone bewarb. [S. 53] Seine Wahl erfolgte 1742. Marie Therese, welche die Seemächte mit einigem Gelde, am meisten aber ihre getreuen Ungern unterstützten, sahe sich nunmehr in Stande, unter dem Grafen von Khevenhüller und Bärenklau ein Heer ins Feld rücken zu lassen, welches nicht nur Oberöstreich von den Feinden befreyte, sondern bis in Bayern vordrang, und München eroberte. Durch den breslauer Frieden entledigte sie sich ihres Hauptfeindes, des Königs von Preussen, und die vereinigte östreichische Macht eroberte jetzt nicht allein Böhmen, sondern auch Bayern. Der König Georg II. von Großbritannien, ihr Bundesgenoß, siegte bey Dettingen über den Noailles. Auch Sardinien und Kursachsen vereinigten sich jetzt mit derselben. Die Franzosen griffen nun zwar die östreichischen Niederlande an; der Prinz Karl von Lothringen brach aber dagegen in Elsas ein. Karls VII Beystand zu leisten, rückte jetzt Friedrich II in Böhmen ein. Der zurückgeeilte Prinz Karl trieb ihn, mit Hülfe der Kursachsen, nicht nur aus Böhmen heraus, sondern die Oestreicher besetzten auch Glatz und das preussische Oberschlesien, und behaupteten an der Donau und in der Oberpfalz wieder die Oberhand.

1743.
St. 1740.
1752.
1755.
1742.
Febr.
Jun.
1743.
Juny.
1744.
Aug.
1745.

Während der Zeit starb Karl VII. Nun ward Franz, der Gemahl der Marie Therese, gewählt. Oestreich war aber, seitdem nicht allein in den Niederlanden, sondern auch in Schlesien unglücklich. Dresdner Friede. [S. 167] Friede zu Achen, den der große Kaunitz unter

20. Jan.
Septmbr
Dec.

1748. unterzeichnete, der die Verbindung zwischen Oestreich und Frankreich veranlaßte.

9. Die Protestanten wurden in verschiedenen katholischen Ländern hart bedrängt.

Besonders in Oestreich. Man schaffte die Protestanten aus Steyermark, Kärnthen und
1752. Oberöstreich nach Ungern und Siebenbürgen.
Die Vorstellungen des evangelischen Corpus
1755. wurden zu Wien sehr übel aufgenommen. Man
beschuldigte daher Oestreich, als wenn es dem
Religionswesen im deutschen Reiche eine andere Gestalt zu geben suchte. Der Kaiser
wollte auch, ohne den Widerspruch der meisten altfürstlichen Häuser zu achten, den Für-
1754. sten von Thurn und Taxis in den Reichsfürstenrath einführen. Noch andere Streitigkeiten zwischen Preussen und Meklenburg,
Preussen und Kursachsen, Preussen und
Hannover.

10. Der siebenjährige Krieg verhängte aufs neue großes Ungemach über Deutschland.

Ursache und Ausbruch desselben. (S. 168) Der
König von Preussen ward vom Reichshofrathe
als ein Stöhrer des Landfriedens betrachtet,
und man beschloß auf dem Reichstage, eine
1757. Reichsarmee gegen ihn ins Feld rücken zu
Jan. lassen, die ihm aber wenig schadete. Kursachsen, (S. 135) Kurbraunschweig, (S. 194)
Braunschweig-Wolfenbüttel, (S. 196) Hessencassel [S. 99] und einige andere Reichsfürsten nahmen an diesem Kriege lebhaft Theil,
und deutsche Länder wurden damahls von Franzosen, Engländern, Russen und Schweden
durchzogen, und zum Theil gemißhandelt.
1763. Friede zu Hubertsburg.

11. Die meistens ruhige Regierung Josephs II ist nichtsdestoweniger an großen Begebenheiten reich.

Franz

Franz I starb 1765. Sein Sohn Joseph II. (geb. 1741, erwählt 1764) veranstaltete endlich eine Kammergerichtsvisitation, die sich aber 1776 völlig trennte. Aufhebung des Jesuiterordens. — Oldenburg verwandelt sich in ein Herzogthum. — Deutsche Truppen fochten in Amerika. — Bayrischer Erbkrieg und Friede zu Teschen. (S. 54. 170) — Josephs neuer Versuch, Bayern mit seinen Staaten zu verbinden, veranlaßt den Fürstenbund (170). — Josephs Bemühungen, das katholische Deutschland von der geistlichen Oberherrschaft des Pabstes so viel möglich zu befreyen. 1767.
1773.
1779.
1785.
seit 1780

Verfassung.

1. Deutschland liefert seinen Bewohnern fast alle möglichen Bedürfnisse und Bequemlichkeiten des Lebens.

Der westliche und der südliche Theil versorgt es mit guten Weinen und edeln Obstarten; Der mittlere liefert eine große Menge Getreide; der nördliche, besonders der an der See gelegene, schickt sich vortrefflich zur Viehzucht. Die Gebirge im Südosten enthalten einen großen Reichthum von Mineralien.

2. Es gehört unter die angebautesten und volkreichsten Länder in Europa.

Man rechnet in ganz Deutschland auf 2300 St. gegen 3000 Marktflecken, und über 82,000 Dörfer.

Die Zahl der Einwohner, die sich auf 28 Mill. beläuft, ist unter die einzelnen Kreise folgendermaßen vertheilt.

Kreise.	Flächenraum.	Volksmenge.	Auf 1 Quadr. M.
Oestreich	2227	4,200,000	1864
Burgund	469	2,000,000	4264
Bayern	1020	1,800,000	1770
Franken	484	1,000,000	2066

Schwa-

268 XIX. Uebersicht der allgem. Geschichte

Schwaben	729	1,856,000	2550
Westphalen	1160	2,207,000	1900
Niederrhein	458	1,182,000	2580
Oberrhein	502	1,475,000	2940
Niedersachsen	1288	2,176,000	1700
Obersachsen	2160	3,921,000	1820
Böhmen	961	2,266,000	2360
Mähren	369	1,137,000	2870
Schlesien u. Glatz	770	1,128,000	2374
Lausitz	189	3,494,000	2190
	12,769	26,42,000	

Rechnet man die einzelnen, zu keinem dieser Kreise und Länder, gehörigen Bezirke hinzu, so wird obengedachte Volksmenge für ganz Deutschland völlig wahrscheinlich.

Die Einwohner an der Ostseite der Elbe, ingleichen in Böhmen, Mähren, und im östlichen Theile des östreichischen Kreises, sind Slaven; die übrigen gehören alle zu den Deutschen. Sie reden aber sehr verschiedene Mundarten, welche stufenweise von der höchsten Mundart bis zu der niedrigsten herabsteigen. Auf der höchsten Stufe stehen die Schwaben, Bayern und Oestreicher, ein wenig tiefer die Franken, und noch tiefer die Thüringer, die sich an die niedrigste Mundart der Sachsen anschliessen.

Es macht einen aus 300 verschiedenen Staaten zusammengesetzten Staatskörper aus. Jene sind entweder geistliche oder weltliche. Die Geistlichen bestehen in Erzbisthümern, Bißthümern, Probsteyen, Abteyen und Ritterorden. Zu diesen gehören Kurfürstenthümer, Herzogthümer, Landgrafschaften, Markgrafschaften, Fürstenthümer, Grafschaften, Herrschaften, Reichsstädte, Reichsdörfer. Alle diese Länder sind in folgende 10 Kreise vertheilt.

1. Oestreichischer Kreis. Die östreichischen Staaten. [S. ?]

2. Der

2. **Burgundischer Kreis.** Die dem Hause Oestreich gehörigen Niederlande. [S. 25]

3. **Westphälischer Kreis.** Die Bißthümer Münster, Osnabrück, Paderborn, Lüttich; 7 Abteyen. Die Herzogthümer Cleve, Jülich, Berg und Oldenburg; die Fürstenthümer Minden, Verden, Nassau, Ostfriesland, Mörs; 27 Grafschaften, als Delmenhorst, Mark, Ravensberg, Schaumburg, Lippe, Sternberg, Bendheim, Steinfurt, Tecklenburg und Lingen, Hoya, Diepholz, Wied, Sayn, Rietberg, Pyrmont u. s. w.; 7 Herrschaften und 3 Reichsstädte, als Cöln, Achen und Dortmund.

4. **Nieder- oder Kurrheinischer Kreis.** Die drey Erzbißthümer Maynz, Trier und Cöln, die Pfalz, die Fürsten von Aremberg, ingleichen von Thurn und Taxis, die Grafschaften Niedernsenburg, das Burggrafthum Reineck, die Herrschaft Beilstein, die deutsche Ordensballen Coblenz.

5. **Oberrheinischer Kreis.** 5 Bißthümer, als Worms, Speyer, Straßburg, Basel, Fulda; das Johannitermeisterthum zu Heitersheim, die Abtey Prüm, 2 Probsteyen; die Landgrafschaft Hessen; 7 Fürstenthümer, als Hersfeld, Simmern, Lautern, Veldenz, Zweybrücken, Nassau, Waldeck; 14 Grafschaften, als Katzenellenbogen, Hanau-Münzenberg, Hanau-Lichtenberg, Spanheim, Salm, Solms, Obernsenburg, Witgenstein, u. a. m.; 4 Herrschaften; 5 Reichsstädte, als Worms, Speyer, Frankfurth am Mayn, Friedberg, Wetzlar; 1 Reichsdorf.

6. **Schwäbischer Kreis.** Die Bißthümer Costniz und Augsburg; 25 Abteyen; das Herzogthum Würtemberg; die Markgrafschaft Baden; die 3 Fürsten Hohenzollern, Fürstenberg und Lichtenstein; 3 Landgrafschaften; die deutsche Ordensballen Elsas und Burgund; 8 Grafschaften; 11 Herrschaften; 31 Reichsstädte, als Augsburg, Ulm, Reutlingen, Nördlingen, Laufbeuern u. a. m.

7. Baye-

7. **Bayerischer Kreis.** Das Erzbißthum Salzburg; die Bißthümer Freysingen, Regensburg und Passau; 3 Probsteyen und Abteyen; die Herzogthümer Bayern und Neuburg; die Oberpfalz, das Fürstenthum Sulzbach; die Landgrafschaft Leuchtenberg; 3 Grafschaften; 5 Herrschaften; die Reichsstadt Regensburg.

8. **Fränkischer Kreis.** Die Bißthümer Bamberg, Wirzburg und Eichstedt; das deutsche Ordensmeisterthum zu Mergentheim; die Markgrafen von Brandenburg-Anspach-Bayreuth; das Fürstenthum Hohenloh; 7 Grafschaften, als Henneberg, Schwarzenberg u. a. m.; 5 Herrschaften, 5 Reichsstädte, als Nürnberg u. s. w.

9. **Obersächsischer Kreis.** Die Kurfürstenthümer Brandenburg und Sachsen; das Herzogthum Pommern; die sächsischen Fürstenthümer Weimar, Gotha, Koburg, Meiningen, Hildburghausen, Altenburg, Querfurth, und das Fürstenthum Anhalt; die Abtey Quedlinburg; die Stifter Merseburg, Naumburg-Zeiz und Walkenrieth, 7 Grafschaften, als Schwarzburg, Mansfeld, Stollberg, Werningerode, Barby, Hohenstein, Reuß und Schönburg; der Fürst von Hatzfeld.

10. **Niedersächsischer Kreis.** Die Bißthümer Hildesheim und Lübeck; die Abtey Gandersheim; die Herzogthümer Magdeburg, Bremen, Zelle, Grubenhagen, Calenberg, Sachsenlauenburg, Wolfenbüttel, Holstein und Meklenburg; die Fürstenthümer Halberstadt, Blankenburg, Schwerin und Ratzeburg; die Grafschaft Ranzau; die Reichsstädte Lübeck, Goslar, Mühlhausen, Nordhausen, Hamburg, Bremen.

Zu keinem dieser 10 Kreise gehören Böhmen, Mähren, die Lausitz, Schlesien, die Grafschaft Mömpelgard; die 3 Kreise der unmittelbaren Reichsritterschaft, 24 Herrschaften, die sogenannten ganerbschaftlichen Oerter, und die Reichsdörfer.

4. Das Oberhaupt desselben ist der Kaiser.
Erst wird er zum römischen Könige, und dann zum römischen Kaiser erwählt. Die Wahl verrichten drey geistliche, und 5 weltliche Kurfürsten. Die Krönung wird zu Frankfurth von den Kurfürsten von Maynz und Cöln wechselsweise vollzogen; alle drey geistlichen Kurfürsten aber setzen die Krone auf. Die weltlichen Kurfürsten verrichten ihre Erzämter. [Dies geschieht durch Reichserzunterbeamten.] Seine Einkünfte sind sehr gering. Wenn noch kein neuer Kaiser gewählt ist, so stellen Kursachsen und Kurpfalz die Reichsvicarien vor.

5. Er hat an der höchsten und gesetzgebenden Gewalt nur einen kleinen Antheil.
Er ist oberster Lehnsherr und Richter, und Schutzherr des römischen Stuhles. Zu seinen Vorrechten gehören Standeserhöhungen, Bestätigung der hohen Schulen, das Recht, der Wahl der Prälaten beyzuwohnen, u. s. w. Die unmittelbaren Reichsstände üben auf dem seit 1663 beständigen Reichstage zu Regensburg nebst dem Kaiser die höchste Gewalt aus. Im Nahmen des Kaisers erscheint ein Prinzipalcommißarius und Concommißarius. Die Reichsstände schicken Gesandten. Alle Vorträge auf dem Reichstage müssen vorher von Kurmaynz zur Dictatur gebracht werden. Die Reichsstände machen drey Collegien aus: 1] der Kurfürsten, 2] der Fürsten, und 3] der Städte. Der Fürstenrath ist in die geistliche und weltliche Bank eingetheilt. Auf jener sind 35, auf dieser 63 Stimmen. Auch ist noch eine Querbank vorhanden. In Ansehung des Directoriums wechseln Oestreich und Salzburg mit einander ab. Die Reichsstädte sind in die rheinische und schwäbische Bank abgetheilt. Jene hat 14, und diese 37 Stimmen. Das Directorium führt Regensburg. Corpus der Catholischen und Evangelischen. Aus den verglichenen Berathschlagungen der

3 Collegien entsteht ein Reichsgutachten, das, vom Kaiser bestätigt, in einen Reichsschluß sich verwandelt. Die beyden obersten Collegien entscheiden eigentlich. Reichstagsabschied.

6. Einen desto größern besitzen die gesammten Reichsstände.

Jeder derselben übt in seinem Gebiethe die Landeshoheit aus, die aber durch Reichsgesetze verschiedentlich bestimmt, und mehr oder weniger, mit den Landständen getheilt ist. Die Kurfürsten geben ihre besondere Einwilligung zu Reichsbündnissen, Reichskriegen, Veräusserungen von Reichsländern, u. s. w.

Das deutsche Reich hat seine besondern Reichsgrundgesetze, als die goldne Bulle von 1356, der allgemeine Landfrieden von 1495, der passauer Vertrag von 1552, der augsburgische Religionsfrieden von 1555, der westphälische Frieden von 1648, die kaiserliche Wahlcapitulationen, die Reichstagsschlüsse und Reichsabschiede u. s. w.

Es giebt zwey hohe Reichsgerichte. 1] Das Reichskammergericht zu Wetzlar. Der Kaiser bestellt den Kammerrichter und zwey Präsidenten; die Kurfürsten, der Kaiser, Oestreich und Burgund, und die Kreise ernennen die Beysitzer. Kammerzieler. Visitationen. 2] Der Reichshofrath. Ein Präsident. 18 Reichshofräthe, [5 lutherische und 1 reformirter], der Reichsvicekanzler. Austräge. Kaiserliche Commissionen. Kaiserliche Landgerichte und Hofgerichte.

7. Die Kriegsverfassung des deutschen Reiches ist nicht sehr furchtbar.

Jeder Reichsstand darf Krieg führen, nur nicht gegen den Kaiser, und einen Mitreichsstand. Zur Reichsarmee stellt jeder sein Contingent, wobey eine Matrikel von 1681 folgendermaßen zum Grunde gelegt wird:

Oest

Oestreich	2522 C.	5507 J.
Burgund	1321	2708
Bayern	800	1494
Franken	980	1902
Schwaben	1321	2707
Niederrhein	600	2707
Oberrhein	491	2853
Westphalen	1221	2708
Niedersachsen	1322	2707
Obersachsen	1322	2707
	12000 C.	28000 J.
	40,000 M.	

Diese Zahl kan verdoppelt und verdreyfacht werden. Die Kreise vertheilen die Ausrüstung unter sich. Jeder hat seinen besondern Befehlshaber. Die Reichsgeneralität wird auf dem Reichstage gewählt. Operationscasse.

8. Die katholische und die evangelische Religion machen die beyden Hauptreligionen aus. Jene erkennt die geistliche Oberherrschaft des Pabstes, der große Vorrechte besitzt. Sie zählt 9 Erzbischöfe, 23 Bischöfe, die unmittelbare Reichsfürsten sind; noch 18 — 20 andre Bischöfe, und eine große Menge Abteyen und Probsteyen, von welchen einige Sitz und und Stimme auf dem Reichstage haben. Diese Prälaten werden von ihren Stiftern gewählt, von dem Pabste, und wenn sie nicht eximirt sind, von den Bischöfen bestätigt, von dem Kaiser aber belehnt. Sie stehen in Absicht ihrer Person bloß unter dem Pabste. Die große Anzahl der Klöster hat Joseph II bereits zu vermindern gesucht. Deutscher Orden und Johanniterorden.

Die Kirchenverfassung der Evangelischen (Lutheraner und Reformirte) hängt bloß von ihrem

rem Landesherrn ab. Es werden auch häufig Juden geduldet.

9. **Deutschlands Aufklärung hat bereits eine hohe Stufe der Vollkommenheit erstiegen.** Es zählt 38 hohe Schulen, die halb katholisch, und halb protestantisch sind. Es besitzt viele gelehrte Gesellschaften, Bibliotheken, Gemähldegallerieen, Münzcabinette, Kunst- und Naturaliensammlungen. Die Anzahl seiner lebenden Schriftsteller beläuft sich auf 6000, und es giebt eine große Menge Buchhandlungen und Buchdruckereyen. Es hat von jeher unter den deutschen Gelehrten große Sprachforscher, Geschichtsammler, Geographen, Statistiker, Naturkundige, Mathematiker, Chemisten, Philosophen, Aerzte, Rechtsgelehrte und Theologen gegeben. In den schönen Wissenschaften haben die Deutschen einige von ihren Nachbarn zum Theil noch nicht übertroffen. Es giebt jedoch unter ihnen vortreffliche Mahler, Kupferstecher und Tonkünstler, auch einige geschickte Bildhauer und Baumeister.

10. **Es herrscht unter den Einwohnern desselben meistens sehr viel Fleiß und Emsigkeit.** Diese treiben am meisten Ackerbau, Weinbau, Viehzucht, Handwerke, Künste, Manufacturen, Fabriken, und zum Theil auch die Handlung. Am fleißigsten sind die Protestanten in Norddeutschland. Ausgeführt wird: Getreide, Bier, Pferde, geräuchertes Fleisch, Butter, Käse, Honig, Wachs, Leinewand, Band, Wolle, Toback, Hopfen, Wein, wollene Zeuge, Holz, Eisen, Stahl- und Metallarbeiten, allerley Mineralien, Porzellan, Spiegel und Glaswaaren, nürnberger Waaren, Buchdruckerschwärze u. s. w. eingeführt: Wein, feine Tücher und Zeue, alle ost- und westindischen Producte u. s. w.

Man rechnet 1) in Reichsthalern, guten Groschen und Pfennigen, 2) in Reichsgulden, Groschen,

schen, Kreutzern und Pfennigen, 3) in meiß‑
nischen Gulden, Groschen u. s. w. Es herr‑
schen verschiedene Münzfüße, als der alte
Reichsfuß, der neue Reichs‑ oder leipziger
Fuß zu 18 Gulden, der Conventionsfuß zu
20 Gulden, der 24 fl. Fuß. Alle deutschen
Reichsstände haben, jedoch mit gewissen Ein‑
schränkungen, das Recht münzen zu lassen
Die Menge der Münzsorten im deutschen Rei‑
che ist daher außerordentlich groß.

XX. Verzeichniß der bey diesem Lehrbuche gebrauch‑ ten Werke.

Büschings Erdbeschreibung, 3ter Theil (Deutsch‑
land).
Bertrams Einleitnng in die Staatsverfassung der
heutigen europäischen Reiche und Staaten (Deutsch‑
land) Halle 1778. 8.
‒ und Krausens Geschichte von Anhalt. 2
Theile. Halle 1780. 82. 8.
Christianis Geschichte von Schleswig und Holstein.
(Meine) Geschichte und Beschreibung des Herzog‑
thums Gotha, 4 Theile. 1779‒1781. gr. 8.
‒ Geschichte Thüringens, 6 Bände. 1782‒1785.
gr. 8.
Götzens Entwurf einer Geschichte des hochfürstli‑
chen Hauses Hessen. Erlangen, 1784. gr. 8.
Möschels Geschichte der Mark Brandenburg. Ber‑
lin 1783. 86. 8.
Michälis Einleitung zu einer vollständigen Geschich‑
te der kur‑ und fürstlichen Häuser in Deutschland,
2 Theile. Lemgo 1759. 60. 4. 3ter Theil von Ham‑
berger, 1785.
Mösers osnabrückische Geschichte. 2 Theile. (2te
Auflage) Berlin und Stettin. 1780. gr 8.
Normanns geographisches und historisches Hand‑
buch der Länder‑ der Völker‑ und Staatenkunde.
2 Bände 1785. 1786. gr. 8.

XIX. Uebersicht der allgem. Geschichte

Pelzels Geschichte von Böhmen. (3te Auflage) 2 Theile. Wien und Prag. 1782 gr. 8.

Pütters historisch politisches Handbuch der deutschen Staaten. 1 Theil. Göttingen 1758. gr. 8.

— vollständiges Handbuch der deutschen Reichshistorie. (2te vermehrte Auflage.) Göttingen. 1772. gr. 8.

— deutsche Reichsgeschichte in ihrem Hauptfaden entwickelt. Göttingen 1778. gr. 8.

— historische Entwicklung der heutigen Staatsverfassung des deutschen Reichs. 1ter Theil — 1558. 2ter Th. — 1740. gr. 8.

W. A. Rudloffs Versuch einer pragmatischen Einleitung in die Geschichte und heutige Verfassung der kur, und fürstlichen Häuser. 1ter Th. 1768. 8.

F. A. Rudloffs pragmatisches Handbuch der mecklenburgischen Geschichte. 3 Bände. 1780-86, gr. 8.

Sachsens Einleitung in die Geschichte der Markgrafschaft Baden, 5 Theile. Karlsruhe 1764-73. 8.

Sattlers Geschichte Würtembergs unter den Grafen. 5. B.; des Herzogthums, 13 B. 4.

Schmidts Geschichte der Deutschen. 7 Bände. Ulm. gr. 8.

Spittlers Geschichte Würtembergs unter der Regierung der Grafen und Herzoge. Göttingen, 1783. gr. 8.

— Geschichte des Fürstenthums Hannover seit den Zeiten der Reformation bis zu Ende des 17. Jh. 1ter Th. Göttingen 1786. gr. 8.

Statistische Uebersicht der vornehmsten deutschen und sämmtlichen europäischen Staaten. 1786. ll. Fol.

Westenrieders Geschichte von Bayern für die Jugend und das Landvolk. 2 B. München 1784-85 gr. 8.

tsch Staaten.

fte.	Kriegsmacht.
00:.	300000 M.
00	224000
00	20000?
00	27000
00	26000
00	5000
00	6000
00	12000
00	
00	
00	2200
00	4000
00	
00	3000
00	
00	5500
	3000

Verbesserungen.

S. 1. Z. 1. (v.u.) March.   S. 18. Z. 7. Karl IV. Z. 11. Landständen. S. 19. Z. 11. Podiebrad. Z. 5. (v. u.) erfolgten. S. 24. Z. 16. Jägerndorf. S. 47. Z. 14. (v.u.) Reihe. S. 50. Z. 3. Streitigkeiten — 1388. S. 38. Z. 12. Karl Theodor. S. 62. Z. 1. IV. Z. 12. nicht Trier, sondern Coblenz ist die Residenz des Kurfürsten. S. 66. Z. 1. (v.u.) 200,000. S. 69. VII. S. 123. Z. 4. (v.u.) 1672. S. 164. Z. 1. (v.u.) 1676. S. 165. Z. 11. (v.u.) streiche man ihren aus.   S. 174. Z. 20. 160. S. 180. Z. 11. 772.   S. 184. Z. 11. 1546. S. 222. Z. 15. — 1720. S. 238. Z. 3. Waag, Z. 4. Inn, Z. 10. Moldawa — der. Z. 13. (v. u.) st. unter in.

www.ingramcontent.com/pod-product-compliance
Lightning Source LLC
Chambersburg PA
CBHW032106230426
43672CB00009B/1654